新时代中国经验

新型城镇化背景下的城乡关系

李 斌 著

A Study on Urban-Rural Relationship under China's New Urbanization

社会科学文献出版社
SOCIAL SCIENCES ACADEMIC PRESS (CHINA)

本书出版获得中南大学社会学一流学科能力提升
项目资金支持

总　序

一

中南大学社会学学科于1999年筹建，2000年招收首届社会学本科生，同年获社会学硕士学位授予权并招收硕士研究生；2003年获人类学硕士学位授予权，2005年获批社会学一级学科硕士点，2005年增设人口学硕士点，2010年获批社会工作硕士（MSW）学位点，2012年自主设置“社会政策与社会管理”交叉学科博士点，2017年底，获批社会学一级学科博士点，2019年社会学本科专业获批进入教育部“双万计划”。目前正在培养的学生类别有：社会学本科生、社会学（一级学科）硕士研究生与博士研究生、社会工作专业硕士生、社会政策与社会管理二级点博士研究生以及博士后。

截至2020年，社会学学科有教师22人，其中教授10人（博士生导师7人），他们是李斌、潘泽泉、胡彬彬、李桂平、车文辉、董海军、谷中原、吕鹏、刘惠颖、刘灿姣；副教授10人，他们是彭远春、米莉、杨成胜、谢新华、刘玉梅、马润生、陈立新、尹碧昌、颜敏、吴灿；讲师2人，他们是黄娟、田孟。本学科教师中有：文化名家暨“四个一批”人才1人，国家“万人计划”哲学社会科学领军人才1人，教育部新世纪优秀人才2人，湖南省芙蓉学者1人，全国一级学会（中国社会学会）常务理事1人，教育部高等学校教学指导委员会委员1人，全国二级学会（中国社会学会社会调查研究方法专业委员会）会长1人，中国社会学会社区研究专业委员会副会长1人，湖南省重大决策咨询智囊团专家1人，中南大学

“升华学者计划”特聘教授 2 人。另外，本学科还相继聘请了国内外多名教授为客座教授。

本学科设置有社会学、人口学、人类学、社会工作 4 个研究所，拥有中国村落文化研究中心、中国农民工研究中心、和谐社会研究基地等 10 个研究中心及基地，1 个专业委员会——湖南省社会学会社会调查方法专业委员会，建有 1 个社会调查资料统计分析中心、1 个计算机辅助电话调查系统以及 10 个校外社会调查基地。

本学科致力于国内外学术交流，承担学科发展责任，践行学科使命。本学科承担了 2012 年的中部地区社会工作人才队伍建设高端论坛第三届会议，2013 年的教育部社会学类专业教学指导委员会暨系主任联席会议，2015 年的以“经济新常态下的社会改革与社会治理”为主题的中国社会学学术年会，2019 年 11 月的首届中国社会物理学论坛暨第二届中国计算社会科学论坛。中南大学社会学学科已经成为中南地区社会学研究与人才培养的重镇，在教育部第三轮学科评估中排名第 20 位，第四轮学科评估为 B－。

本学科经过近 20 年的建设，形成了 5 个特色鲜明、相对稳定的培养方向：社会学理论与方法，社会政策与社会管理，城市化与城乡社区发展（应用社会学），人口健康、社会心理与经济行为（人口学）以及民间习俗与中国村落文化（民俗学与人类学）。（1）社会学理论与方法方向带头人潘泽泉，为美国密歇根大学访问学者、教育部新世纪优秀人才、湖南省重大决策咨询智囊团专家、湖南省宣传文化系统“五个一批”优秀人才，主持教育部重大招标课题“有序推进流动人口市民化研究”，其所著的《国家调整农民工社会政策研究》入选国家哲学社会科学成果文库，两次获高等学校科学研究优秀成果奖，出版专著 6 部、发表论文 100 余篇。（2）城市化与城乡社区发展方向带头人李斌，为美国斯坦福大学访问学者，2020 年入选湖南省芙蓉学者，中国社会学会常务理事，中国社会学会社区研究专业委员会副会长，教育部高等学校教学指导委员会委员，教育部新世纪优秀人才，主持国家社科基金重大课题“新型城镇化背景下的城乡关系研究”，发表论文 100 余篇，出版专著 7 部、大型书系 4 套。（3）社会政策与社会管理方向带头人李桂平，出版学术著作 6 部，在《财政研究》《法学》等刊物发表论文 40 多篇。（4）人口健康、社会心理与经济行为方向带头人董海军，为美国德州农工大学社会学系访问学者，中南大学“升华育英计划”人选，成果获第六届高等学校科学研究优秀成果奖（人文社会科学）二等奖，出版著作5部，发表论文60多篇；开设“舞龙舞狮”国家级精品资源共享课程，曾获得教育部第七届高校校园文化优秀成果一等奖1项，负责管理运动创伤与康复中心、健康理论教育功能实验室、体育保健实验室、运动生理实验室、运动与解剖实验室、体能训练实验室。（5）民间习俗与中国村落文化方向带头人胡彬彬，为中国村落文化研究中心主任、博士生导师、文化名家暨“四个一批”人才、国家“万人计划”哲学社会科学领军人才、国家社科基金重大项目首席专家、湖南省政协常委。

二

迈克尔·曼①的社会变迁理论基于其本体性论断，认为政治权力、军事权力、经济权力和意识形态权力是人类社会权力的四种基本表达形式。我们知道，中国经过40多年的转型，国家综合实力已经发生根本性变化，经济总量已经跃居全球第二，科技实力与军事实力也得到增强，总而言之，目前中国上述四种基本表达形式所指的对象与内容均发生了结构性变化。其中，变化的逻辑与变迁的结果之间的关联有些较好地遵循了人们的良好愿望，有些则并没有，其总体的呈现是：各行各业的效率获得了极大提升，同时分化也前所未有。国内，改革开放总设计师邓小平推动市场化改革的初衷是让一部分人先富起来，然后“先富带动后富，最终实现共同致富”，2020年中国即将实现全国范围内的所有贫困县脱帽、贫困村出列的伟大壮举。世界格局层面，中国一直希望能够“和平崛起”，经济体量已经稳居世界第二，不少科学技术实现赶超。然而，权力运作的逻辑似乎并没有因为良好的愿望而变得“温驯”。国内不同阶层之间的“任性”，即所谓的“有所为，有所不为”现象大行其道。如此逻辑致使优势地位群体

① Mann, Michael, *The Sources of Social Power*, vol. 1: *A History of Power from the Beginning to A. D.* 1760 (Cambridge: Cambridge University Press, 1986); Mann, Michael, *The Sources of Social Power*, vol. 2: *The Rise of Classes and Nation-states*, 1760 - 1914 (Cambridge: Cambridge University Press, 1993).

的欲望非常容易成为“有所为”，而弱势群体的基本权利则沦为“有所不为”。这就导致处于弱势地位的个体、群体乃至阶层难以获得应有的发展，各种稀缺资源的分布日趋“极化”，群体之间的不合理差距扩大。因“权力”而有的亢奋、兴奋、郁闷、无奈、悲痛、愤怒与反击不仅填满了我们的影视作品、游戏王国与阅读材料，而且在日益成为我们的基本生活惯习。国际上，中国经历 18 ~ 19 世纪的屈辱后，奋起直追，取得了长足发展。但是以美国为首的“联盟”正在对中国实施有计划有预谋的“围堵”与“扼杀”：中美贸易战、科技战、信息战、钓鱼岛问题、台湾问题、南海问题等，无时无刻不在提醒以国家军事霸权为基石的美元霸权、科技霸权、话语霸权仍然是当今世界大行其道的基本逻辑。正因为迈克尔·曼的四种权力表达形式具有很强的理论穿透力与解读能力，赵鼎新才称其为一个比较好的社会学理论范式。[①]

尽管历史与现实似乎一直在揭示权力逻辑作用下形成的“权力社会”的各种表现形态，然而对“权利社会”的追求一直是中国政府的目标：从毛泽东的“为人民服务”，到邓小平的“只要人民满意”，到江泽民的“代表最广大人民群众的根本利益”，再到胡锦涛的“权为民所用、情为民所系、利为民所谋”，再到习近平的“人民对美好生活的向往，就是我们的奋斗目标”的新时代中国特色社会主义思想。老百姓既要过好日子，更要过有尊严的日子，需要社会运行从“权力逻辑”变更到“权利逻辑”，即从“权力社会”过渡到“权利社会”。

三

屈原《离骚》云，“纷总总其离合兮，斑陆离其上下”。我们有幸处于这样一个伟大的时代，有幸经历人类历史上不曾有过的快速跳跃式的发展，目睹并感受周边人群的物质、精神与心态从贫困到小康再到富足，远离自卑走向自尊与自强。面对纷繁复杂的变迁，并能够从中整理出主线逻辑，是当代社会科学的基本使命。因此，社会科学研究者不仅要认真阅读增强理论能力，更要进入实践场域，体验社会事实本身以及变迁，同时保

---

① 赵鼎新：《从美国实用主义社会科学到中国特色社会科学——哲学和方法论基础探究》，《社会学研究》2018 年第 1 期，第 17 ~ 40 页。

持将社会事实与宏大理论对接的冲动与实干精神，观社会原本之现象、发真实之疑问、询实用之解答，形成并拓展中国特色之理论。

中南大学社会学学科本着上述精神与时代使命，深刻领会“积跬步以至千里，积怠惰以致深渊”的古训，记录、总结、提炼与升华社会学师生的经验感悟与理论思考。在中南大学双一流学科经费的支持下，我们推出了“新时代中国经验”学术书系。本书系的前三本书《中国特色社会治理与变迁研究》《社会调查过程与新升华》以及《知识与模式：社会工作案例精选》已经委托中南大学出版社于 2019 年出版。作为“新时代中国经验”学术书系的后续两本书，《公众环境行为及其影响因素》《振兴与融合：新型城镇化背景下的城乡关系》则委托社会科学文献出版社出版。

德谟克利特说过，智慧生出三种果实：善于思想、善于说话、善于行动。中南大学社会学学科致力于“三个善于”，承担使命，勇于发展。

目　录

第一章　导　论

一　国内外城市化理论

城市化是当今世界发生的最伟大的变化，它已经成为衡量一个国家现代化水平的关键指标之一。[①] 城市化本身自然意味着城乡关系变动，农村所占份额减少，城市规模提升，城乡人口结构发生根本性改变。从世界各国城市化的历史与现状分析，人们会发现城市所占的份额或地位与这个国家的科技、经济、人口、政治、社会文化的发展程度高度相关，发展程度越高，城市所占份额越大，否则就较低。但总体上，进入21世纪以后，世界各国均已不同程度地步入了城市化的快车道。因此，对城市化以及因城市化而引发的城乡关系变动的研究就显得特别重要。

（一）国外城市化理论及其变动

社会整体变迁意义上的进步莫过于城市社会取代农业社会[②]，城市化是人口从乡村流入城市以及人口在城市的集中[③]。城市化不仅会在城镇体系方面发生巨大变化，还会在城镇之间引起土地利用模式改变、社会生态改变、建筑环境改变和城镇生活的本质变化。[④] 罗西认为城市化一词至少

---

① 张天勇、王蜜：《城市化与空间正义——我国城市化的问题批判与未来走向》，人民出版社，2015，第5页。

② 马克思、恩格斯：《马克思恩格斯全集》第3卷，中共中央马克思恩格斯列宁斯大林著作编译局译，人民出版社，1971，第41页。

③ 赫茨勒：《世界人口的危机》，何新译，商务印书馆，1963，第9页。

④ 保罗·诺克斯、琳达·麦克卡西：《城市化》，顾朝林、汤培源、杨兴柱等译，科学出版社，2009，第12页。

有四个方面的含义：一是城市中心对农村腹地影响的传播过程；二是全社会人口逐步接受城市文化的过程；三是人口集中的过程，包括集中点的增加和每个集中点的扩大；四是城市人口占全社会人口比例的提高过程。[①]而如何实现城市化则是更为复杂的问题，学术研究领域已经相应地发展出许多城市化理论。

1. **城市化理论**

(1) 区位理论。这一理论强调区位空间生产要素的不同，空间上的集聚会产生效益，侧重于中心区位的发展。(2) 城乡结构转换理论，从二元结构融合视角分析人口迁移，认为人口迁移会导致城乡结构融合。(3) 非均衡发展理论，从经济发展不平衡的角度论述区域经济发展中产业空间聚集的原因和机理。(4) 协调发展理论，从人与自然和谐发展和可持续的角度论述城镇化发展规律，典型的理论有霍华德的田园城市论、恩维的卫星城市论和沙里宁的有机疏散论等。(5) 城镇化发展阶段论。美国地理学家诺瑟姆提出诺瑟姆 S 形曲线，这条曲线显示出城市化发展的不同时期其发展速度不一样：初期（城市化率在 30% 以下）城市化水平低，农业占主导地位；中期（城市化率在 30% ~ 70%），工业成为国民经济主导，服务业比重上升，城市人口快速增加；后期（城市化率在 70% 以上），城乡差别越来越小，农业人口比例很低。[②]

2. **实践中的城市化模式**

除了丰富的城市化理论成果之外，在具体的实践中，不同国家也形成了不同的城市化模式，按照政府与市场机制在城市化进程中的作用以及城市化进程与工业化和经济发展的相互关系，可以大致将世界城市化模式分为以下三种。一是政府调控下的市场主导模式，主要代表国家是西欧各国。在这种模式下，市场机制是主导，政府通过行政、法律等手段，发挥引导作用，城市化与工业化总体上是一种比较协调的互动关系，是同步型城市化。二是自由放任的城市化发展模式，以美国为代表，对城市化基本采取自由放任的政策，走市场化的发展道路，政府的调控力量比较薄弱。三是受殖民地经济制约的被动城市化模式，如拉美和大部分的非洲国家。其大多被动采用殖民地时期宗主国的城市化模式，表现形式多为过度城市

---

① 许学强：《现代城市地理学》，中国建筑工业出版社，1989，第 66 ~ 78 页。

② Ray, M. Northam, *Urban Geography* (New York: John Wiley & Sons, 1975), pp. 65 - 67.

化，这种模式存在颇多问题。

3. 人口城市化路径

城市化被期待能够带领人类迈向公平、富足、有活力的未来，能够消除城乡之间的隔阂，化解二元社会固有的矛盾。20 世纪 50 年代，全球只有 29% 的人口居住在城市，随着城市人口的增加，这一比例到 1990 年上升到 43%，2014 年上升至 50% 左右，预计到 2030 年会增加到 61%[①]。绝大多数人口居住在城市正在成为现实。于是，人口城市化问题越来越受到关注，人的城市化也逐渐被认为是城市化的关键。西蒙·库兹涅茨认为城市化是城市和乡村之间的人口分布方式的变化。[②] 从 W. L. 托马斯和 F. 兹纳涅茨基对在欧美的波兰农民进行研究开始，西方开启了人口城市化问题研究，学者们逐步关注移民文化性身份的转换所引发的适应问题。由于流动人口现象变得越来越复杂、越来越不同于以往，学术界出现了一些新思路，提出了许多有影响的理论和模式。

相对宏观一些的话语主要涉及社会结构、政治与社会系统整合、市场的结构性动力等。比较盛行的理论主要有“二元经济结构理论”、“推－拉”理论、新古典经济均衡理论、新古典主义经济学理论、新经济移民理论、劳动力市场分割理论、世界体系理论。这些理论在很大程度上的确揭示了发达国家人口迁移与城市化的一些动态机理，总结了其人口迁移与城市化发展的内在的逻辑对应关系。

中观层次的话语主要是指人口城市化过程中的社会资本、社会网络、社会政策、社会空间研究，包括迁移预期收入理论[③]、移民网络理论、公民权理论[④][⑤]、社会孤立（social disaffiliation）假设[⑥]、贫穷集中或社会孤立

---

① Johansen, A., Sornette, D., “Finite-time Singularity in the Dynamics of the World Population, Economic and Financial Indices,” *Physical A Statistical Mechanics & Its Applications* 294 (2001): 465－502.

② 西蒙·库兹涅茨：《人口、收入与资本》，《国际社会科学杂志》1999 年第 3 期。

③ Todaro, M., “Internal Migration in Developing Countries: A Survey,” *Diw Roundup Politik Im Fokus* 11 (1980): 248.

④ Turner, B. S., “Vulnerability and Human Rights,” *Societies Without Borders* (2006).

⑤ Solinger, D. J., “Citizenship Issues in China's Internal Migration: Comparisons with Germany and Japan,” *Political Science Quarterly* 114 (2013): 455－478.

⑥ Castel, Robert, “The Roads to Disaffiliation: Insecure Work and Vulnerable Relationships,” *International Journal of Urban & Regional Research* 24 (2010): 519－535.

理论[①②]、社会分割理论[③]或社会网络分割（segregation of network）理论[④]、生命周期迁移理论[⑤⑥]，以及对社会政策与社会排斥、社会政策与社会整合或社会一体化[⑦]、社会政策与社会平等与正义的研究等。

微观层次的话语主要体现为人口城市化过程中的社会融入或社会整合研究、社会认同研究、群体适应研究[⑧]、社会距离研究等，具体包括社会融入理论，如“盎格鲁遵从”论、“大熔炉”论[⑨]、融合论、多元文化论、文化生成论、区域融合论、社会关系网络研究、复杂网络生长模型研究、集体行为研究、相对剥削感[⑩⑪]、资源动员理论[⑫]、政治过程理论[⑬]、社会建构理论、集体认同感、框架建构[⑭]、雇佣关系与心理契约理论等。除此

---

① Wilson, William Julius, "When Work Disappears: New Implications for Race and Urban Poverty in the Global Economy," *Ethnic & Racial Studies* 22 (1999): 479 - 499; Wilson, William Julius, "The Political and Economic Forces Shaping Concentrated Poverty," *Political Science Quarterly* 123 (2013): 555 - 571.

② Amini, A., Kung, K., Kang, C. et al., "The Impact of Social Segregation on Human Mobility in Developing and Industrialized Regions," *Epj Data Science* 3 (2014): 6.

③ Goix, R. L., "Gated Communities: Sprawl and Social Segregation in Southern California," *Housing Studies* 20 (2005): 323 - 343.

④ Mele, A., "A Structural Model of Segregation in Social Networks," *Social Science Electronic Publishing* 27 (2010): 105022 - 105027.

⑤ Erikson, E., Erikson, E., Erikson, E. H. et al., "Identity and the Life Cycle," *Psychological Issues* 1 (1966): 18 - 164.

⑥ Rogers, A., Castro, L., "Age Patterns of Migration: Cause-specific Profiles," *Research Reports* (1981).

⑦ Huber, B., "The Concept of Social Integration: A Policy-research Agenda," *International Social Science Journal* 55 (2010): 433 - 439.

⑧ Gardner, A., Grafen, A., "Capturing the Superorganism: A Formal Ttheory of Group Adaptation," *Journal of Evolutionary Biology* 22 (2010): 659 - 671.

⑨ Hanson, D. A., "Reinventing the Melting Pot: The New Immigrants and What It Means to be American (Jacoby, ed.)," *Journal of American Folklore* 124 (2011): 112 - 113.

⑩ Yitzhaki, Shlomo, "Relative Deprivation and the Gini Coefficient," *Quarterly Journal of Economics* 93 (1979): 321 - 324.

⑪ Taylor, O. S. E., "Relative Deprivation and International Migration Oded Stark," *Demography* 26 (1989): 1 - 14.

⑫ McCarthy, John, D., Zald, Mayer, N., "Resource Mobilization and Social Movements: A Partial Theory," *American Journal of Sociology* 82 (1977): 1212 - 1241.

⑬ Neal, Caren, *Political Process Theory* (The Blackwell Encyclopedia of Sociology, 2007).

⑭ Snow, D. A., Rochford, E. B., Worden, S. K. et al., "Frame Alignment Processes, Micromobilization, and Movement participation," *American Sociological Review* 51 (1986): 254 - 258.

之外，还有流动人口市民化过程中的社会适应反应与心理反应，如被动接受、攻击行为与暴力、抗议、隔离、同化[①]。既有的众多研究成果相继表明，随着研究的深入以及对城市化本质与路径的把握，人口城市化正在越来越成为城市化关注的热点与重点。

（二）国内城市化、城镇化理论[②]

进入21世纪，中国步入快速城镇化阶段。人们逐渐明白，城镇化不是一个简单的城乡人口比重的变化，它本质上是人类现代化的过程和结果。社会生活的民主、就业的相对充分、社会保障的公平、人生价值的多样化实现、生态环境的可持续、契约关系及市场取向等，都是现代意义上的城市化、城镇化，都是新型城镇化的内涵和目标。[③] 针对复杂的城镇化问题，中国学术界做了大量研究。

1. 中国城市化、城镇化理论内涵及其变动

（1）城镇化到底是什么。有学者认为城镇化主要是指人口的城镇化和空间的城镇化、物质层面和精神层面的城镇化、城乡一体化[④⑤]。一些新的城镇化概念还在不断涌现，包括包容性城市化、零失误城镇化、理想类型城市化、多梯度城市化、复合型城市化等。

（2）城镇化的目标。一些学者认为城镇化的目标应该包括如下几个方面：一是以农民为主体的乡村工业化基础上的“富民”；二是优先发展小城镇实现城乡一体化；三是发展好区域经济共同体[⑥]，实现人的城镇化[⑦]。

（3）新型城镇化的核心内涵。有学者认为新型城镇化需要由“人口城镇化”向“人的城镇化”转变，其中有“四性”（人本性、协同性、包容

---

① Hindess, B. , “Citizenship in the International Management of Populations,” *American Behavioral Scientist* 43 (2000): 1486 - 1497.

② 社会学家费孝通对中国小城镇做了大量经典研究，于是中国理论界、政策界逐渐达成共识，认为中国农业人口转移有两条路径：其一是进入城市，即实现城市化；其二是进入城镇实现城镇化。鉴于中国人口与城市现状，城镇化应该是中国人口非农化的主渠道。故此，本书交替使用城市化、城镇化。

③ 张鸿雁：《中国新型城镇化理论与实践创新》，《社会学研究》2013年第3期。

④ 张吉：《城镇化与我国农村人力资源开发——关于农村教育的几点思考》，《中国农业大学学报》（社会科学版）2004年第2期。

⑤ 范剑勇、莫家伟、张吉鹏：《居住模式与中国城镇化——基于土地供给视角的经验研究》，《中国社会科学》2015年第4期。

⑥ 沈关宝：《〈小城镇大问题〉与当前的城镇化发展》，《社会学研究》2014年第1期。

⑦ 向春玲：《中国特色城镇化重大理论与现实问题研究》，中共中央党校出版社，2015。

性和可持续性）和“七议题”（人的城镇化、基本公共服务均等化、城乡综合与协同、资源环境承载、多样化区域模式、人文社会空间效应及机制、大数据与技术方法创新）。[①]

（4）城市化的特征。有学者将中国城市化的特征归纳为“政府主导的快速城市化进程，城市化进程与经济社会发展不协调，城市化进程呈现不均衡发展态势，城市化快速发展”[②]。有学者认为中国的城市化是明显的半城市化，即“城市化了的农民工难以市民化”[③]。

（5）城镇化的动力机制。城镇化的动力不仅决定城镇化方式、规模与道路，而且还直接影响城镇化的质量。首先，如果从人类社会不同的文明方式考量，就有所谓的生产方式决定论或工业推动论，如农业文明、工业文明会有完全不一样的城市化能力与规模。工业文明还可以分 1.0、2.0、3.0、4.0 等时期，不同时期城市化质量不同。其次，从主体要素动力分析，就有所谓的内在机制论、市场机制论、产业聚集论、产业结构论、二元主导论、多元主导论、内外力作用论以及推拉作用论等。最后，从动力在主体之间如何配置与激发的角度来看，有所谓的市场力、行政力、内源力、外向力。[④]

2. 中国城镇化实践与经验模式

（1）中国城镇化历时实践

有学者将中国城镇化发展历程分为三个时期，分别为 1900～1949 年、1949～1978 年、1979 年至今。第一时期城镇化速度特别缓慢，第二时期相对快些，第三时期城镇化速度恢复正常。[⑤][⑥] 另有学者则利用 1949 年以后中国城镇化率的波动图做了相对短时段的分类，分别为城镇化发展的启动阶段（1949～1957 年）、城镇化发展的波动阶段（1958～1965 年）、城镇化发展的下滑与停滞阶段（1966～1978 年）、城镇化的回复发展阶段（1979～1992

---

① 陈明星、叶超、陆大道等：《中国特色新型城镇化理论内涵的认知与建构》，《地理学报》2019 年第 4 期。

② 连倩倩、安乾：《中国城市化的历史进程及特征分析》，《当代经济》2018 年第 15 期。

③ 顾朝林：《论中国当代城市化的基本特征》，《城市观察》2012 年第 3 期。

④ 魏冶、修春亮、孙平军：《21 世纪以来中国城镇化动力机制分析》，《地理研究》2013 年第 9 期。

⑤ 付崇兰、黄志宏、汪明军：《中国特色城镇化 30 年历程与新的挑战和趋势——北京多层次推进城乡规划建设的典型》，《北京规划建设》2008 年第 5 期。

⑥ 杨升祥：《当代中国城市化的历程与特征》，《史学月刊》2000 年第 6 期。

年）、城镇化的快速发展阶段（1993 年至今）。[①] 这样的分类一方面是基于城镇化的统计数据，另一方面是基于城镇化本身逐渐成为经济社会发展的目标，城镇化被赋予了协调城乡发展、推动经济增长和社会进步的重任。

（2）城市化经验模式

首先是道路模式。就城市化道路议题而言，学术研究有两种偏向。其一是选择什么样的城市发展的问题。费孝通于 1983 年就提出"小城镇、大问题"，他主张通过大力振兴乡镇企业和积极建设小城镇，以解决农村经济发展及农村劳动力转移问题，费老的观点被称为"小城镇论"。随后学术界相继提出大城市论[②][③]、中等城市论[④][⑤]、大中小城市论、小市大镇论[⑥]、小城镇多元发展论[⑦]、"城中村"发展[⑧]与城市群发展论、多元城镇化理论、融合发展论，以及网络型城镇化和据点型城镇化[⑨]等。其二是城市以什么特色或者方式发展的问题，如国际化、专业化、生态化等[⑩]。

其次是特定地点的模式。主要是指针对一些地方的独特实践，以地名总结出的模式，如苏南模式、温州模式、珠江三角洲模式、胶东模式、六里坪模式等。

（3）新型城镇化战略

回顾新中国成立 70 余年来中国城市化发展的历程，我们的城市化曾经走过了一条曲折的道路，在 20 世纪 60～70 年代，还曾经出现过"反城市化"[⑪]。真正有意义的城市化进程，基本上与我国改革开放进程是同步的。

① 杨风、陶斯文：《中国城镇化发展的历程、特点与趋势》，《兰州学刊》2010 年第 6 期。

② 黄志华、仇荀：《中国城市化：路径检讨与路径选择》，《理论探讨》2013 年第 6 期。

③ 王明浩、李小羽：《论中国城市化道路选择》，《城市发展研究》2003 年第 4 期。

④ 金若时、马震、肖国强等：《发展中等城市是中国城市化的科学之路》，《地质调查与研究》2014 年第 2 期。

⑤ 李金来：《我国城市化应走优先发展中等城市的道路》，《城市问题》1990 年第 2 期。

⑥ 陈阿江：《中国城市化道路的检讨与战略选择》，《南京师大学报》（社会科学版）1997 年第 3 期。

⑦ 李天华：《论中国城市化道路的正确选择》，《江汉论坛》2003 年第 10 期。

⑧ 战洋、童小溪：《"城中村"与中国城市化的特殊道路》，《清华大学学报》（哲学社会科学版）2017 年第 6 期。

⑨ 辜胜阻、朱农：《中国城镇化的发展研究》，《中国社会科学》1993 年第 5 期。

⑩ 周浩、吴书含：《论中国城市化道路的选择》，《湖南社会科学》2017 年第 3 期。

⑪ 顾朝林：《论中国建制镇发展，地域差异及空间演化——兼与"中国反城市化论"者商榷》，《地理科学》1995 年第 3 期；向春玲：《中国城市化发展与反思》，云南教育出版社，2013。

不过20世纪80年代以后的城镇化甚至催生了“城镇病”[①]，如留守人口、就业不充分或无业可就、农药污染、落后文化滋生等“半城市化”[②]和“产业空心化现象”，城镇化改变了既有的城市体系格局，导致“结构性离心”“社会偏心圆”城市结构体系的出现，城市、城镇、农村发展不协调性加速呈现。

新型城镇化战略希望在城乡统筹、环境友好、资源节约、经济高效、生活改善、功能完善6个方面获得成效。国家发展和改革委等11部门联合下发的《关于开展国家新型城镇化综合试点工作的通知》（发改规划〔2014〕1229号）将62个城市（镇）确定为国家新型城镇化综合试点地区，试点区域涵盖了省、市、县、镇4个层次，试点时间从2014年底开始到2020年结束。政府希望用6年左右的时间获得中国城镇化可以复制与推广的经验，再在实质意义上全方位推动城镇化的发展。国家就试点工作提出了急需解决的5大任务：（1）建立农业转移人口市民化成本分担机制；（2）建立多元化、可持续的城镇化投融资机制；（3）改革完善农村宅基地制度；（4）探索建立行政管理创新和行政成本降低的新型管理模式；（5）综合推进体制机制改革创新。这5大任务及其完成程度可以检验中国城镇化的深度与广度，更可以检验中国社会转型的最终效果。

对于推进新型城镇化，国家顶层设计应该建构城镇独特的“场所精神”，防止千篇一律；创造“发展极城市－中心城市－小城镇”地域空间一体化网状结构；创造民生福祉型城镇化，保障“有特色的城镇充分就业体系”有效运行。因此，新型城镇化战略必须依据中国“多梯度社会结构”的发展现状，走“复合型城市化道路”[③]。我们非常有理由做出判断，新型城镇化多梯度推展自然会多结构性地、复杂地改变城乡关系。

---

① 祝华军、白人朴：《我国乡村城市化进程中的“小城镇病”》，《中国人口·资源与环境》2000年第1期；张江娜：《小城镇建设中“城镇病”的治理对策》，《管理观察》2017年第6期。

② 何为、黄贤金：《半城市化：中国城市化进程中的两类异化现象研究》，《城市规划学刊》2012年第2期；陶松：《我国城市化现状及“半城市化”研究》，硕士学位论文，安徽大学，2012。

③ 张鸿雁：《中国新型城镇化理论与实践创新》，《社会学研究》2013年第3期。

二　国内外城乡关系理论与问题域

城市产生以后，城乡关系便随之产生。城乡关系是广泛存在于城市和乡村之间的相互作用、相互影响、相互制约的普遍联系与互动关系，是一定社会条件下政治关系、经济关系、阶级关系等诸多因素在城市和乡村两者关系的集中反映。[①] 城乡关系包含相当广泛的内容，如城乡发展关系（产业发展关系、经济发展关系）、城乡经济关系、城乡文化关系、城乡社会关系、城乡生存关系、城乡运行关系等。

从历史上看，各国在发展初期都经历了城乡关系失衡的非良性互动状态。不过，在发达国家，由于城市化在较长时间内消化了一部分流入城市的农村人口，使得城乡对立的矛盾得到缓解，城乡关系的理论研究成为区域经济尤其是城市经济的一部分。然而，在广大发展中国家，一边是现代化的大城市，另一边却是贫困、落后、分散的广大乡村，原有城市缺乏对农村人口的吸收能力，新城市缺乏发展壮大的动力，加之政府“城市偏向”与城市居民的“乡村歧视”，城乡之间的二元结构十分突出，对城乡二元结构问题及区域二元社会经济文化结构问题的研究在较广泛的领域和视野展开。中外学者对城乡关系及城乡经济社会发展的理论研究成果是我们进一步深入研究中国城乡关系的理论基石，也是我国统筹城乡发展、构建城乡和谐社会的重要依据。

（一）国外城乡关系理论

西方国家真正意义上的城乡空间发展关系研究始于工业革命后，各国在发展初期都经历了城乡关系失衡的非良性互动状态，并开始了城乡协调发展理想模式的探寻。从各种学术观点来看，我们基本可以把已有研究理论分为城乡关系非均衡发展理论与城乡关系均衡发展理论。

1. 城乡关系非均衡发展理论

城乡关系非均衡发展理论主要是指城乡之间区域主导经济关系，包括强调城市偏向或农业偏向的城乡关系非均衡发展理论，存在城市偏向和农

① 蔡云辉：《城乡关系与近代中国的城市化问题》，《西南大学学报》（社会科学版）2003 年第 5 期。

村偏向两种观点。首先，城市偏向观点主要是“二元经济结构理论”[①]。这一理论的提出是城乡关系研究的转折点，也是城市偏向的理论策源地。另外还有库兹涅茨倒“U”形曲线理论[②]、缪尔达尔的“循环累计因果”理论[③]、赫希曼的“极化－涓滴效应”学说[④]、佩鲁的增长极理论（growth poles）[⑤]、弗里德曼的“中心－外围”理论[⑥]以及哈里斯－托达罗模型[⑦]等。这些理论共同的特点是强调城市在城乡关系中的主导地位，表现出城市偏向。其次，城乡关系非均衡发展理论的另一种偏向是农村偏向，典型的理论包括舒尔茨的传统农业改造论[⑧]和乔根森模型。乔根森对刘－费－拉尼斯模型的农村剩余劳动力转移假设提出质疑，探讨分析了工业部门的增长是如何依赖农业部门的发展的，认为农业产量的盈余对经济增长具有决定性作用。[⑨] 哈里斯－托达罗模型理论[⑩]修正了刘易斯二元经济结构模型的先验假设，指出，在发展中国家，工业化未能充分完成，城市本身已存有大量的失业人口，此时农村剩余劳动力的城市转移化倾向结果只能进一步加剧城市失业问题的固有矛盾。因此，农村剩余劳动力（或称农村中的隐性

---

① Salsecci, G., "Dualistic Economic Structure and Money Non-neutrality," *Economics Letters* 28 (1988): 1－299; Jiang, T., "Dualistic Economic Structure Theory and Dualistic Economic Reform in China," *Reformation & Strategy* (2008).

② Kuznets, S., "Economic Growth and Income Inequality," *American Economic Review* 45 (1955): 1－28.

③ Myrdal, G., *Economic Theory and Underdeveloped Regions* (London: General Duckworth & Co., 1957); Myrdal, G., *Beyond the Welfare State: Economic Planning in the Welfare States and Its International implications* (London: Methuen, 1958).

④ Hirschman, R. B. C., "Convergence and Polarization: The Story of Hispanics in the United States," *Contemporary Sociology* 18 (1989): 386－388.

⑤ Perroux, F., "Leading Industries and the Planning of Economic Growth," *On Political Economy & Econometrics* (1965): 498－499; Perroux, F, *Peregrinations of an Economist and the Choice of His Route* (Recollections of Eminent Economists, 1989).

⑥ Friedman, J., *Regional Development Policy* (Cambridge: MIT Press, 1966).

⑦ Harris, J. R., Todaro, M. P., "Migration, Unemployment and Development: A Two-Sector Analysis," *American Economic Review* 60 (1970): 126－142; Michael, P., Todaro, "Amodel of Labor Migration and Urban Un-employment in Less Developed Countries," *American Economic Review* (1969): 138－148.

⑧ Schultz, Theodore, W., "Changing Relevance of Agricultural Economics," *Journal of Farm Economics* 46 (1964).

⑨ Ramanathan, R., "Jorgenson's Model of a Dual Economy-An Extension," *The Economic Journal* 77 (1967): 321－327.

⑩ Todaro, M. P., Harris, J. R., Harris, J. R., "Wage Policy and Employment in a Developing Economy," *Institute for Development Studies University of Nairobi* (1968).

失业人口）作为经济生活中的个体，必然也将以理性经济人的前提存在，做出是否向城市迁移的抉择。[①]

2. **城乡关系均衡理论**

强调城乡全面发展或城乡一体化发展的城乡关系均衡理论，起源于以摩尔、傅立叶、欧文为代表的空想社会主义者的乌托邦城乡思想，后来发展为强调"城市与农村（工农业）全面发展"和城乡（工农业）一体化发展的思想；另外就是马克思主义的城乡关系理论。首先，"城市与农村（工农业）全面发展"理论强调农村与城市、农业和工业的平衡发展，反对偏向城市的不平衡发展。该理论典型的理论观点是二元经济论、贫困恶性循环论[②][③]以及"大推进"理论[④]。拉尼斯－费景汗提出了一种从动态角度研究农业和工业均衡增长的二元结构理论[⑤]。其次，城乡（工农业）一体化发展理论反对将城市与农村、工业与农业割裂开来，主张城乡互为补充、协调发展。该理论代表性的理论观点有霍华德的田园城市理论[⑥]、沙里宁的有机疏散理论[⑦]、芒福德的城乡发展观[⑧]、麦基的"Desakota"理论[⑨]、城乡边缘区理论[⑩]以及日本学者岸根卓郎提出的"城乡融合设计"理论[⑪]。赖特将城市分散理论发展到了极致，提出广亩城（Broadacre City）

① Harris, J. R., Todaro, M. P., "Migration, Unemployment and Development: A Two-Sector Analysis," *American Economic Review* 60 (1970): 126 – 142.

② Petersen, Dawn, C., "Can Jobs Help the Underclass Break the Cycle of Poverty?" *Journal of Economic Issues* 26 (1992): 243 – 254; Farias, C., Farias, G., "Cycles of Poverty and Consumption: The Sustainability Dilemma," *Competitiveness Review* 20 (2010): 248 – 257.

③ Naess, R. D., "Managing Investments in a Changing Economy," *Analysts Journal* 9 (1953): 59 – 62.

④ Tversky, A., Kahneman, D., "Advances in Prospect Theory: Cumulative Representation of Uncertainty," *Journal of Risk & Uncertainty* 5 (1992): 297 – 323.

⑤ Ranis, G., Fei, J. C., "A Theory of Economic Development," *American Economic Review* 51 (1961): 533 – 565.

⑥ Howard, E., *Tomorrow: A Peaceful Path to Real Reform* (London: Swan Sonnenschein, 1989).

⑦ Eliel Saarinen, *The City. Its Growth-Its Decay-Its Future* (New York: Reinhold Publishing Corporation, 1943).

⑧ Lewis Mumford, *The City in History: Its Origins, Its Transformations, and Its Prospects* (New York: Harcourt, Brace and World, Inc., 1961).

⑨ Mcgee, T. G., *Desakota* (John Wiley & Sons, Ltd: The International Encyclopedia of Geography, 2017).

⑩ Pryor, R. J., "Defining the Rural-Urban Fringe," *Social Forces* 47 (1968): 202 – 215.

⑪ 岸根卓郎：《迈向21世纪的国土规划》，科学出版社，1990。

设想[①]，美国1960年代的“市郊商业中心”“组合城市”可以被认为是这种设想的实际体现。从该理论视角汲取营养成分而发展壮大的绿色生态城市理论[②]获得持续发展。经济合作与发展组织还提出了分析城乡经济一体化发展的伙伴关系理论。[③]

3. 城乡边缘区——理论的热点场域

城市边缘区作为一个位于城市和乡村之间的新的地域单元，已在越来越多的社会经济活动中被表现出来，它是城市和乡村之间各种矛盾的聚集地，因而成为各国学者研究的焦点。有关大城市边缘区的研究，在国外开始于20世纪70年代早期，目前已成为国外城市学界研究的重要课题之一。Robin J. Pryor定义了城乡边缘区（Rural-Urban Fringe）[④]，认为城乡边缘区的主要特征表现为动态过渡性[⑤]、多元化、无序混沌以及城市扩展的新地带。城乡边缘区既是一个问题突发区域，也是一个机会重建地带。[⑥] 有人挑战城市中心主义与城乡（工农业）一体化发展理论，提出应结合空间规划理论与实践来促进城乡边缘区的离散发展（disintegrated development）。[⑦]

4. 马克思主义的城乡关系理论

马克思主义的城乡关系理论是用历史的、发展的唯物主义辩证思想认识城乡关系。马克思、恩格斯认为，乡村变为城市的同时，生产者也通过生产而发展和改造着自身，形成新的力量、新的观念、新的需要和新的语言。列宁就城市问题指出，在所有的现代国家，城市是人民的经济政治和

① Frank Lloyd Wright, *The Disappearing City* (New York: Walter Fraquhar Payson, 1932).

② Trainer, T., "The Implications of The Global Ecological Predicament for Economic Theory and Practice," *Humanomics* 27 (2011): 7-23.
Qureshi, S., Breuste, J. H., Lindley, S. J., "Green Space Functionality Along an Urban Gradient in Karachi, Pakistan: A Socio-Ecological Study," *Human Ecology* 38 (2010): 283-294.

③ 经济合作与发展组织编著《紧凑城市：OECD国家实践经验的比较与评估》，刘志林、钱云等编译，中国建筑工业出版社，2013。

④ Pryor, R. J., "Defining the Rural-Urban Fringe," *Social Forces* (1968), p. 202-215.

⑤ Whitehand, J. W. R., Morton, N. J., "Urban Morphology and Planning: The Case of Fringe Belts," *Cities* 21 (2004): 275-289.

⑥ Gallent, N., *Planning and Development in the Countryside* (Britain: New Labour's Countryside Rural Policy in Britain since 1997, 2008).

⑦ Scott, A. J., Carter, C., Reed, M. R., "Disintegrated Development at the Rural-urban Fringe: Re-connecting Spatial Planning Theory and Practice," *Progress in Planning* 83 (2013): 1-52.

精神生活的中心，是进步的主要动力。[①] 马克思主义的城乡关系理论同时认为，城市的发展加剧了城乡之间的对立，它会贯穿全部文明的历史并一直延续到未来。一切发达的以商品交换为媒介的分工都在型构城乡分离。在城乡关系的发展趋向上，马克思主义的城乡关系理论提出，城乡的分离对立也就是社会的不协调，是社会进一步发展的障碍，未来的社会不是固化城乡的分离，而是实现城乡融合；达到城乡融合是一个漫长的社会历史过程，要通过大力发展社会生产力以及伴随着工业化、现代化的发展而发展的城市化来最终实现城乡融合，以达到实现城乡一体化的最高境界。[②]

关于城乡关系发展的基本轨迹，马克思、恩格斯认为，城市与农村从分离最终会走向融合，其轨迹大致会是“城乡浑然一体→城乡分离与对立→城乡融合”，或者是“城乡混沌→城乡对立→城乡关联→城乡统筹→城乡融合”。城乡分离与对立是整个社会分工的社会化产物，而城乡融合是对城乡分离与对立的整体否定。[③]

5. 城乡关系理论的历时变动

如果从时段上分，城乡关系理论大致有以下几个发展阶段。（1）18 世纪 50～70 年代的早期重农主义的朴素的城乡发展观。这一观点认为，城市在政治上统治乡村，经济上又依赖于乡村。政治哲学家乔万尼・波特若（Ginvanni Botero）的《论城市伟大至尊之因由》以及亚当・斯密的《国民财富的性质和原因的研究》是比较有代表性的成果。亨利・赖特（Herry Wright）在其《消失中的城市》里甚至主张取消现代城市，他在其后出版的《宽阔的田地》中主张将人类活动分散，让人们拥有一种完全分散的、低密度的生活模式。（2）20 世纪 50～80 年代的城乡二元结构理论。刘易斯二元经济结构模型、哈里斯－托达罗模型、增长极理论、西奥多・W. 舒尔茨等的《改造传统农业》等理论与成果是其代表。（3）20 世纪 80 年代以来的国外城乡关系理论则涉及了更为广泛的议题，如以农村发展为中

---

① 列宁：《列宁全集》第 19 卷，中共中央马克思恩格斯列宁斯大林著作编译局译，人民出版社，1972。

② 孙成军：《马克思主义城乡关系理论与我们党城乡统筹发展的战略选择》，《马克思主义研究》2006 年第 4 期；白永秀、王颂吉：《马克思主义城乡关系理论与中国城乡发展一体化探索》，《当代经济研究》2014 年第 2 期。

③ 马克思、恩格斯：《马克思恩格斯全集》第 3 卷，中共中央马克思恩格斯列宁斯大林著作编译局译，人民出版社，1960。

心的理论，斯多尔和泰勒提出的“自下而上”的发展模式；城市中心多元理论（以朗迪勒里分散、平衡权利理论为代表）；城乡融合理论（以1989年加拿大学者麦基提出的城乡融合发展理论为代表）。相对来说，城乡融合理论有较多的追随者，影响也相对广泛得多。芒福德（Lewis Mumford）认为，城乡同等重要，二者有不同的功能和存在的价值，城乡不能截然分开。日本学者岸根卓郎提出要建设一个以分工合作为基础的城乡融合社会系统。毕雪纳·南达·巴拉查亚（Bhishna Nanda Bajracharya）则希望通过小城镇建设促进城市与乡村之间的连接，从而实现城乡一体化。

（二）国内城乡关系理论

在中国，城乡关系问题研究与社会经济发展实践紧密相连。新中国成立初期，由于城乡居民可以自由流动和迁徙，国家提倡工农联盟、城乡互助。1958年，中国城市与农村开始实行户籍登记，城乡各自独立运行，在资源配置上采取城市优先原则。于是，城乡关系出现矛盾，并逐步积累，20世纪50年代至80年代初期，计划经济的宏观体制使得中国城乡关系之间的真实矛盾不能显露，因而主要决策层尽管注意到矛盾的存在，但都采取等待的态度，希望通过发展来消除城乡矛盾。

总的来说，20世纪50年代至今，中国城乡关系发展历经了近70年，有学者将这近70年的历程分为六个时期①。第一个时期是1949～1952年，这个时期的城乡关系基本上是城乡各自独立发展的自然发展状态。第二个时期是1953～1978年，城乡“二元分割”的格局就是这个时期形成的。这个时期，农村为城市的发展做出了牺牲。第三个时期是1979～1985年，这个时期中央政策做了有利于农村发展的调整，农村发展比较迅速，城乡关系相对缓和。第四个时期是1986～2005年，政府将主要资源向城市配置，农村再次处于自发状态，于是农村被现代产业结构甩出格局体系，城乡关系再次发生分离。第五个时期是2006～2011年，国家布局并实施城乡一体化战略。第六个时期是2012年至今，中央要求让广大人民群众共享改革发展成果，“不忘初心、牢记使命”，实施精准扶贫、乡村振兴战略，城乡关系进入融合发展的新时代。有学者就改革开放40多年来的城乡关系做了四

---

① 邢祖礼、陈杨林、邓朝春：《新中国70年城乡关系演变及其启示》，《改革》2019年第6期。

个阶段的划分[①]：第一个阶段从1978年到1984年，这一阶段的特征是城乡关系趋好；第二个阶段从1984年到2003年，其特征表现为城乡再度分离；第三个阶段从2003年到2012年，这一阶段中央政策主导城乡统筹发展；第四个阶段从2012年至今，中央主导城乡全面融合发展。目前中国城乡融合发展的难点是户籍人口城镇化水平偏低和县域经济不发达，城市中心过于集中。未来的城乡关系需要坚持“以人民为中心”，坚持“五位一体”总体布局，着力振兴县域经济。

从城乡关系研究的论域来看，国内学者的研究主要体现在以下七个方面。

1. 城镇化背景下的城乡关系失衡理论

中国城乡之间到底应该处于一种什么样的关系，学术界有不一样的看法。早期有学者主张城乡关系处于某种模糊不清的状态似乎比较合适[②]；有学者运用实证主义的研究方法对数据以及案例进行研究，发现我国城乡关系到20世纪90年代就在经济、社会等各方面出现严重失衡，“三农”问题严重[③]。

至于城乡之间关系失衡、农村发展严重滞后于城市的原因，不少学者做了探索。学者们找到的原因大致有以下几个方面。第一，历史原因。中国城乡的发展历史造成城乡资本及其结构、贸易性质以及贸易结构失衡严重，城乡生产组织结构差异巨大，农村被动的工业化形成了“两极产业结构”畸形的城市化，导致了“两极城乡结构”，同时，国际资本主义对中国的入侵导致中国形成“两极产业结构”进而形成“两极城乡结构”[④]。第二，政策原因。“国家战略和政策取向对城乡关系演化路径产生重要影响”，国家的制度安排会深刻影响城市与农村之间的关系，我国政府在2006年以前曾经长期推行城乡二元政策[⑤]和重城轻乡的制度[⑥]。城乡二元

① 吴丰华、韩文龙：《改革开放四十年的城乡关系：历史脉络、阶段特征和未来展望》，《学术月刊》2018年第4期。

② 高惠芳：《“城乡关系问题”的思考》，《社科纵横》2008年第3期。

③ 刘昊：《我国城乡关系失衡成因探析》，《辽东学院学报》2013年第3期；刘祖云、武小龙：《城市包容乡村发展：探寻城乡关系的新思维》，《淮阴工学院学报》2012年第4期。

④ 滕建华、刘美平：《近代中国城乡经济结构失衡的历史原因》，《北方论丛》2003年第1期。

⑤ 刘伟：《建国后党的城乡政策调整与城乡二元结构的形成》，《中国延安干部学院学报》2009年第2期；叶翠青：《城乡差别的财税政策是形成城乡二元社会经济结构的重要经济因素》，《经济研究参考》2004年第85期；李宾：《城乡二元视角的农村环境政策研究》，中国环境科学出版社，2012。

⑥ 徐学庆：《我国城乡关系的失衡及其调整》，《中州学刊》2014年第4期。

结构给中国社会高质量发展带来了很多深层次问题，如“三农”负担过重，农民社会流动和自主意识发展受阻，农村经济水平、公共服务、基础设施、权益保护机制均处于落后状态①。

2. 城镇化背景下的城乡融合理论

国内学者对城乡融合发展进行了深入的探讨，提出了城乡融合发展的多元路径。如有学者从农村（摆脱落后状况的要求）、城市（工业发展的影响及解决“城市病”的要求）及个体（自由全面发展的要求）三个层面研究了城乡融合发展的必然性②，认为实现城乡融合发展绝非要毁灭城市这种物质实体，也绝非要实现城乡无差别的统一，而是要重视大工业和城市的历史地位，充分发挥城市在城乡统筹中的积极作用，实现城乡“更高级的综合”③。由于区域差异、驱动力量和路径依赖等因素的影响，城乡发展一体化模式呈现多层次性和多路径性。城乡发展一体化模式可以从地域、发展动力、主体功能和资源禀赋四个角度进行分类研究，其实现路径主要有两类：强调城市带动作用的工业化、城市化路径和强调农村自我发展的产业化、城镇化路径。④ 要改变城乡关系失衡状况、实现城乡发展一体化，就必须进行制度调整，坚持工业反哺农业、城市支持农村和多予少取放活的方针，实施新农村建设和新型城镇化双轮驱动战略，破除城乡二元体制。⑤ 诸多学者提出必须选择一条低成本的中国特色城镇化发展道路，在就业、环境、社会保障、产业发展诸方面通盘考虑，促进城乡商品流通一体化、城乡交通和运输一体化、城乡市场一体化、城乡产业布局一体化、城乡制度建设一体化、城乡文化进步一体化等，从而实现城乡统筹发展⑥；有学者主张通过制度供给、利益赋权以及实施次级城市发展战略等实现城市与乡村的均衡发展⑦；也有学者提出了要从依托产业发展、定位政府功能及建立合理的政策机制等方面促进城乡平衡⑧；还有学者提出了

---

① 高志仁、朱波：《城乡统筹发展与建设和谐社会》，中国社会出版社，2009。

② 石玉顶：《马克思恩格斯关于城乡统筹发展的思想及其启示》，《经济学家》2005 年第 6 期。

③ 陈明生：《马克思主义经典作家论城乡统筹发展》，《当代经济研究》2005 年第 3 期。

④ 鲁能、白永秀：《城乡发展一体化模式研究：一个文献综述》，《贵州社会科学》2013 年第 7 期。

⑤ 徐学庆：《我国城乡关系的失衡及其调整》，《中州学刊》2014 年第 4 期。

⑥ 李泉：《中国城乡关系：协调机制与支撑体系》，《广东社会科学》2007 年第 2 期。

⑦ 武小龙：《城乡“共生式”发展研究》，博士学位论文，南京农业大学，2015。

⑧ 朱海龙：《中国城市化过程中城乡关系问题探究》，《甘肃社会科学》2005 年第 3 期。

“城市包容乡村发展”、“循序渐进式”兼“平行推进式”的城乡改革与发展方式促进城乡关系的协调与城乡区域的良性互动，如李强认为应鼓励“县域经济”和“小资产者”发展，重视就地城镇化、就近城镇化建设，这样才能更容易实现主动城镇化[①]。由于城乡融合、城乡一体化是发展趋势，学者对其进行了大量的研究，虽然有不同的观点，但是都从协调城乡发展这一目标出发，从调整制度、经济和社会结构等方面提出了多样化的发展路径和政策建议。

3. **城镇化背景下的社会流动理论**

中国城乡二元经济结构主要表现为城市经济、基础设施发达，而农村经济、基础设施落后；城市的人均消费水平远远高于农村；相对于城市，农村人口众多等。在城市化进程中，农村人口向城市迁移，但由于受城乡二元社会结构的影响，特别是受到户籍身份或制度的限制以及自身受教育水平和自身技术能力的约束，农业转移人口很难在城市竞争中获得地位的上升，进入城镇就业的农业转移人口处于城镇社会结构系统中的最低社会位置上，处于最下层，从而影响社会流动[②]。随着城乡社会流动的增加，农民工群体所承载的诸多象征意义使城乡界线由“城乡之间”移入“城市之中”，进而凸显出“城市中的城乡二元结构”[③]。周大鸣认为，基于城乡户籍制度，外来工在城镇社会结构中处于隔离状态，形成“分割化社会”或“二元社区”，城乡制度的差异特别是户籍制度阻碍了城乡流动，阻碍了农民流入城市。在社会总的分层体系中，他们属于中国社会的中下层，但流动农民对原来完全封闭的城乡二元社会结构又造成了一定突破，形成了某种意义上的“双二元结构”。[④] 因此，有学者提出应当建立中国特色的城乡互动的双向流动模型，尊重农民向城市流动的自主选择，发挥政府的政治优势，根据农民的需求，有针对性地将人才、技术、信息、资金等优质要素由城市导入农村。这样就可以解决城市人才过剩和农村人才匮乏的

① 李强：《城镇化应鼓励“县域经济”和“小资产者”》，《新农业》2014 年第 19 期。

② 李强：《当前我国社会分层结构变化的新趋势》，《江苏社会科学》2004 年第 6 期；李培林：《流动民工的社会网络和社会地位》，《社会学研究》1996 年第 4 期；王春光：《流动中的社会网络：温州人在巴黎和北京的行动方式》，《社会学研究》2000 年第 3 期。

③ 王建民：《社会转型中的象征二元结构以农民工群体为中心的微观权力分析》，《社会》2008 年第 2 期。

④ 周大鸣：《外来工与“二元社区”——珠江三角洲的考察》，《中山大学学报》2000 年第 2 期。

问题，实现双向的社会流动。[①]

4. **城镇化背景下的城乡互动理论**

20 世纪 90 年代，学者们开始注意城乡间的互动作用，他们认为城乡之间存在错综复杂的双向交流运动，城市的现代化促进了乡村社会的变迁，乡村的贫穷落后或多或少地阻碍了城市现代化。学者们从重视区域城镇化推进机制、构建乡村工业化推进机制、推进农业产业化经营机制、构建稳定的农业反哺机制、构建城乡制度创新机制、构建城乡生态协调机制等方面提出了我国城乡关系网络互动的协调机制。有学者从城乡经济、人口、交通、技术、社会网络等方面提出了城乡互动的信息化发展模式，以有效聚集、有机疏散为空间配置方式，推进城乡之间信息设施的统筹布局、信息资源的充分共享、信息投资的互为通融、信息市场的相互渗透、信息人才的自由流动以实现城乡之间全方位的互动。[②] 有学者以营造城乡平等发展外部环境、消除城市偏向为目标，对城乡互动的发展模式如以城带乡模式、以乡促城模式、融合模式和网络化模式进行了探索[③]；针对城乡流通体系的差异发展，有学者提出了城乡互动的双向流通系统概念模型，并对城乡流通体系的互动机制与建立路径展开讨论，提出相应的政策建议[④]，以打破城乡二元结构格局，促进城乡协调发展。

5. **城镇化背景下的城乡结构转变理论**

该理论主要是研究我国城乡二元经济、社会结构对我国城乡一体化发展的阻碍，认为通过调整城乡关系，可以促进我国城乡二元经济发展社会结构向一元经济、社会结构转变，并提出了一系列的对策和建议。我国城乡二元经济、社会结构是城乡分割及城乡发展不平衡的障碍，体现了城乡制度上的差异。调整城乡关系，关键是要转变城乡二元经济、社会结构。[⑤] 有学者认为我国的城乡二元社会结构人为地控制了农村人口向城市的自由

---

① 解安：《中国特色：城乡互动的双向流动模型》，《天津商业大学学报》2011 年第 5 期。

② 方维慰：《试论城乡互动的信息化发展模式》，《技术经济与管理研究》2010 年第 6 期。

③ 范海燕、李洪山：《城乡互动发展模式的探讨》，《中国软科学》2005 年第 3 期。

④ 夏春玉、张闯、梁守砚等：《城乡互动的双向流通系统：互动机制与建立路径》，《财贸经济》2009 年第 10 期。

⑤ 刘纯彬：《理顺城乡关系的关键是走出二元社会结构》，《瞭望周刊》1988 年第 24 期；宋洪远：《调整城乡关系：国际经验及其启示》，《经济社会体制比较》2004 年第 3 期；吴业苗：《城乡二元结构的存续与转换——基于城乡一体化公共性向度》，《浙江社会科学》2018 年第 4 期。

流动，造成城乡之间的差距日益扩大，若要解决城乡差别问题，最重要的就是转变城乡二元社会结构①、转移农村剩余劳动力②，从户籍制度、土地制度及财政体制等方面破除城乡二元经济体制。

6. 城镇化背景下的城乡空间变动理论

针对我国长期以来发展不平衡的城乡关系，城乡协调发展及城乡一体化发展成为学术界关注的焦点。学者们从城乡空间视角提出了诸多的城乡空间发展模式。如有学者将城乡空间的组织模式划分为城乡社会空间、文化经济空间、生态空间、聚落空间等，较集中的是聚落人口空间组织模式的研究。③ 针对全国范围的空间发展模式，主要有城市扩展型模式、农村集聚型模式、外资外向型模式和西部模式④以及中心发散型城乡一体化模式⑤。根据目前关于区域发展模式的研究文献，有学者认为我国现有的区域发展模式有四级：一是区域级，如苏南模式⑥、珠江三角洲模式（珠江模式）⑦ 等；二是省区级，如浙江模式⑧等；三是地市县级，如温州模

---

① 周作翰、张英洪：《解决三农问题的根本：破除二元社会结构》，《当代世界与社会主义》2004 年第 3 期；陆学艺、杨桂宏：《破除城乡二元结构体制是解决“三农”问题的根本途径》，《中国农业大学学报》2013 年第 3 期；韩俊：《破除城乡二元结构，走城乡融合发展道路》，《理论视野》2018 年第 11 期。

② 周公良、李培湘：《农业剩余劳动力转移是走出二元结构之关键》，《内蒙古农业大学学报》2006 年第 4 期。

③ 叶超、陈明星：《国外城乡关系理论演变及其启示》，《中国人口 · 资源与环境》2018 年第 1 期；李锦：《城乡空间转换与湘西土家族文化特质传导》，《湖北民族学院学报》2018 年第 11 期。

④ 田明、何流：《中国城市化的发展趋势及未来模式》，《现代城市研究》2000 年第 6 期；周泽宾：《新型农村社区应走集聚式发展道路》，《中州建设》2011 年第 20 期；谢文瑄、黄庆旭、何春阳：《山东半岛城市扩展模式与生态足迹的关系》，《生态学报》2017 年第 3 期。

⑤ 李习凡、胡小武：《城乡一体化的“圈层结构”与“梯度发展”模式研究——以江苏省为例》，《南京社会科学》2010 年第 9 期；杨斌、杜芳芳、熊万玲：《成都市新型城乡经济互动发展模式分析》，《商业经济研究》2010 年第 31 期。

⑥ 宋林飞：《“苏南模式”的重大理论与实践问题》，《江南论坛》2001 年第 6 期；杨卫泽、洪银兴：《创新苏南模式研究：无锡的实践与探索》，经济科学出版社，2007。

⑦ 徐维、陈东平：《珠江模式及其发展前景》，中央编译出版社，2011；新望、刘奇洪：《苏南、温州、珠江模式之反思》，《中国国情国力》2001 年第 7 期；许高峰、王炜：《论我国民营经济对区域经济建设与发展的作用——以苏南模式、温州模式、珠江模式为例》，《天津大学学报》2010 年第 6 期。

⑧ 陆立军、王祖强：《浙江模式：政治经济学视角的观察与思考》，人民出版社，2007。

式[①]、晋江模式[②]等；四是乡村级，如耿车模式[③]、大邱庄模式[④]和南街村模式[⑤]等。这些区域发展模式可以说是我国农村经济发展模式的范例，是城乡关系协调发展路径的多样化趋势探索，也是我国城乡关系协调发展从理论到实践的转变。

7. 城镇化背景下的政府职能转变理论

要协调处理好城乡关系，政府职能必须转变。有学者提出政府职能转变的根本目的是从本质上促进政府由生产型政府和专制型政府向公共服务型政府和管理协调型政府转变。[⑥] 政府职能转变不到位，政府越位、缺位、错位、失位现象并存，政府秉持经济发展至上的错误理念，都会影响城乡关系协调发展。[⑦] 因此，学者们从转变政府理念、制度和行为等方面提出了政府职能转变的路径，如有学者提出，我国政府职能转变的目标应当定位为提供有效公共管理和公共服务职能的服务型政府[⑧]，也就是说由经济建设型政府向公共服务型政府转变；必须规范政府行为，注重从权力监督、民主基础、责任制度以及公共性和有效性等方面建设有限政府[⑨]。

三　理论评述与中国现实经验

通过对上面的理论及话语体系的梳理，我们非常明确地认识到，城市

---

① 张仁寿、李红：《温州模式研究》，中国社会科学出版社，1990；赖小科、刘晓东：《追思费孝通先生与“温州模式”》，《杭州金融研修学院学报》2018年第10期。

② 贺东航：《从内生型城市化到建构型城市化——我国城乡一体化中的“晋江模式”》，《东南学术》2007年第2期；陆学艺：《晋江模式与农村现代化》，知识出版社，1995。

③ 张玉宏：《蜚声全国的“耿车模式”》，《档案与建设》2013年第1期；胡同恭：《论耿车模式》，《南京师大学报》1988年第1期。

④ 冯兰瑞：《一个新型的农工商共同体——大邱庄模式》，《经济科学》1987年第3期；董四代：《对大邱庄集体致富模式的文化反思》，《社会主义研究》2001年第1期。

⑤ 郭荣朝：《“南街村模式”与农村经济可持续发展》，《农业经济》2006年第1期；吴兵：《南街村模式的经济伦理意义》，《南京大学学报》2003年第3期。

⑥ 陈修颖、汤放华：《城乡一体化背景下地方府际关系重构与政府职能转型》，《经济地理》2014年第12期；许经勇：《经济社会转型、城乡一体化与政府职能转变》，《福建理论学习》2010年第10期；张红宇：《城乡一体化视阈下政府职能转变的动力和阻力研究》，《知识经济》2014年第15期。

⑦ 汪玉凯：《中国行政体制改革30年回顾与展望》，人民出版社，2008。

⑧ 燕继荣：《服务型政府建设：政府再造七项战略》，中国人民大学出版社，2009。

⑨ 陈国权：《社会转型与有限政府》，人民出版社，2008；陈伟、白彦：《城乡一体化进程中的政府基本公共服务标准化》，《政治学研究》2013年第1期。

化过程本身就伴随着城乡关系的变动。从个人策略分析，如果城乡之间处于分割状态，个人不能够实现城乡之间的自由流动，如中国计划经济时期实行的城乡分治，城乡关系必然是紧张的关系；如果能够实现城乡之间的自由流动，城乡关系就会趋向和谐。因为个人能够根据他所了解到的信息，做出有利于他的决策与行动。而从整体结构分析，农村人口流动至城市，实现了充分意义上的城市化，农村居民就会避免因为“厨师困境”而陷入结构性贫困，进而促进城乡一体化程度的提升，解构城乡二元结构。我们有理由认为，城市化是促进城乡关系改善、城乡一体化的不可替代的工具性战略。

我们知道，工人和农民的关系、城市和农村的关系、工业与农业的关系是中国社会的基本关系，如何协调和处理好它们之间的关系，涉及中国社会经济发展最基本的战略选择。社会主义和谐社会是以和谐的生活为基础的，是以不断提高城乡居民生活水平和形成和谐生活方式为逻辑点和实际起点的。

总体上看，中国现阶段的农业发展正处于传统农业向现代农业、现代工业、信息产业、现代服务业等现代产业的全方位过渡阶段。通过新型城镇化战略协调城乡关系进而实现城乡一体化，是提高农业劳动生产率、致富农民、发展农村和缩小城乡差距、促进城乡发展与社会进步、优化城乡居民生活条件的必然选择。中国城乡关系的逐步协调及城乡走向融合必然是一个比较长的客观发展过程。

党的十六届三中全会明确把“统筹城乡关系”作为“五个统筹”之一加以提出，并且强调“建立有利于逐步改变城乡二元经济结构的体制”。党的十八大以来，推进新型城镇化战略是我国从根本上协调城乡关系的重大理论创新和政策保障，是确保城乡社会经济稳定健康发展的战略性思路。毫无疑问，中国农业和农村经济发展的相对滞后、农民收入增长的缓慢有着城乡分割体制的深刻根源。因此，城乡关系演进的客观规律要求我们在推进城乡发展过程中统筹城乡经济社会的各个方面，从体制、制度、政策和机制上实现不同层次的创新，重点解决制约农业和农村发展的体制性矛盾和结构性障碍，改革计划经济体制下形成的城乡分治的各种制度，校正严重失衡的城乡差别发展战略。从实质上看，就是要真正做到统筹城乡关系，把城市和农村作为一个整体统一筹划，构建全新的城乡经济社会协调发展的基本战略框架。

就国外的城乡关系研究来说，城市发展观和增长正统论（主张优先发展制造业实现都市化）一直占据研究主流地位，导致城市学者和社会学者的诸多研究都是站在城市的角度研究城乡规划、发展、布局问题和以城市为中心的社会发展进步问题，没有将城乡关系纳入明确的分析框架，没有跳出城市并用更加广阔的视野研究城乡关系。在处理城乡经济发展关系的实践方面，20 世纪 70 年代，日本和韩国突出强调点（城镇）、线（基础设施）和面（农村地域）的网络化发展，较好地处理了城乡发展问题。相比于其他国家，中国的城乡关系问题在形成机理、演变过程、应该采取的对策措施方面都具有很大的特殊性。当我们面对这一系列特殊问题时，可能无法也不能够从国外照搬现成的结论。国际上的理论进展和实践发展对中国城乡关系的研究有重要参考价值，但不能直接应用到中国城乡关系的良性协调互动实践中来。

从城乡发展关系实践层面来看，中国城乡发展呈现三种状态：一是城乡经济发展水平都很高，即较高水平的城乡均衡发展状态；二是城乡经济发展水平差距大，即城乡非均衡两极化发展状态；三是城乡经济发展水平都很低，即城乡低水平均衡发展状态。显然，与中国中东部地区相比，西部地区城乡社会总体发育程度低，城乡居民市场意识较为淡薄，自我经济发展能力差；加之西部地区城乡发展所面临的自然条件更加恶劣，城乡协调发展所必需的资金、技术、政策供给更加匮乏，构建和谐的城乡社会和实现城乡协调发展的难度更大、困难更多，这一系列问题的解决都需要我们将城市与乡村紧密结合，通过自然、社会、经济、政治、人口等方面的联系寻求城乡之间的一体化融合，为中国城乡关系协调提供理论支撑。

经过近几年的研究，本课题组有理由认为，(1) 新时代中国特色的城乡关系是以城市为引领、农村为纵深的一体性关系，是一种城市反哺农村、带动农村发展的关系，是一种能够实现结构性有序流动的、宽广的、有厚度的关系。(2) 农村人口向城市流动可以促进城乡关系的良性发展，转变城乡二元结构。因此，新型城镇化战略的友好实施，可以迅速促进农业转移人口进入城市，并使其快速实现城市融入，从而促进城乡人口结构变动，使纯农业从业人口迅速减少，由此城乡一体化就会快速实现。(3) 城乡空间科学、人文、有规划地变动，会促进城乡景观、城乡空间的有序变动，进而在实现中国梦的伟大进程中，促进城乡居民美好生活目标的达成。

四　调查与数据收集

专题调查一：城乡社区治理调查研究

2015 年，课题组就城乡社区发展过程中的居民需求以及社区组织设置开展了一次调查。调查对象主要是长沙市开福区的 DF 社区、FT 社区、LC 社区、LJ 社区等 17 个社区，回收有效问卷 186 份。访谈对象还涉及雨花区、岳麓区等的社区，如 WY 新村社区、DX 社区、XT 社区、YP 村等。

专题调查二：城乡社区养老服务需求调查

2016 年，课题组针对城乡老年人养老服务需求展开了一个专题调研，探究城乡老人在服务需求方面存在的共同点与差异。本次调查采用多阶段分层整群抽样的方法进行横断面调查。调查现场包括城市和农村，城市按城区、街道，农村按县、镇（乡）进行抽样。首先从长沙市 6 个行政区（岳麓区、开福区、天心区、芙蓉区、雨花区、望城区）随机抽取两个区（岳麓区和望城区）。其次，从一个区（岳麓区）的 15 个街道中随机抽取一个街道（WY 街道）；从望城区 10 个镇中随机抽取一个镇（LF 镇）。最后从街道中随机抽取 2～3 个社区，从镇中随机抽取 2～3 个村，将符合标准的所有老年人均纳为研究对象。符合纳入标准的老年人共有 2200 人。

专题调查三：湖南省基层政府保障能力调查，执行时间：2017 年 3～6 月

为了从执行方与供给方了解农村社区困难群体的受保障的程度与精准程度，课题组对湖南省农村乡镇保障社区困难群体的工作队伍展开研究。2017 年 4 月课题组与省民政厅相关人员组成联合调研组，重点走访了湘潭市湘潭县、怀化市洪江市及其下属乡镇、社区，通过听取汇报、座谈交流、问卷调查、实地考察等方式收集资料。发放了村（社区）民政工作调查问卷、乡镇民政工作调查问卷和县民政工作调查问卷。

专题调查四：长沙市新市民融城调查，执行时间：2017 年 7 月

在长沙市的岳麓区、天心区、雨花区、芙蓉区一共选择 20 个社区

（村），每个社区（村）调查 25 户一共 500 户，就新市民融城过程以及困难展开调查。

专题调查五：农村贫困户生活保障调查，执行时间：2018 年 1 月

课题组利用工作机会，选择湖南省 QD 县、HC 区，就农村社区贫困户以及贫困边缘户展开调查，了解农村贫困户生活情况和新型城镇化背景下农民的福利增长情况，重点了解贫困户数目占该县总户数的比例；年人平均收入低于 3200 元的农村家庭获得保障的情况；是否还有村民存在吃穿两方面不能维持生存需要的情况；在住房、义务教育以及基本医疗三方面没有获得保障的情况；村民对在农村工作的基层干部工作的满意情况等。每个县抽查 20 ~25 个村，每村不低于 40 户。最终，HC 区入户调查回收问卷 1085 份，回收有效问卷 1081 份，问卷有效率达 99.63%。QD 县调查回收有效问卷 1049 份。

专题调查六：长沙市 40 个社区居民生活状况调查

课题组于 2019 年 6 月在湖南省长沙市一共抽取 20 个街道，然后在每个街道再抽取 2 个社区一共 40 个社区进行调查。采取入户调查的形式，累积调查 1000 户。

其他数据：课题组参加中国人民大学主持的一年一次的 CGSS 调查，上海大学主持、本课题组参与的中国特大城市调查，清华大学主持、本课题参与的流动人口调查等数据资料。

五　突破的重点问题

关于新型城镇化背景下的城乡关系变动研究的理论的吸收和创新，本研究结合中国的具体实践经验，形成了许多新的问题意识。

第一，基于整合性的理论分析框架，在一种宏大叙事的历史观下观察研究新型城镇化、城乡关系变动，把城乡社会看作一个整体来研究，建立一种整体论的认识方法和整合性的理论分析框架。新型城镇化问题与发展战略转型、结构调整、现代化发展战略与推进策略、全球化进程、科学发展观等宏大的历史过程相关联。

第二，基于整合性的理论分析框架，通过理论创新和经验资料发现中国城乡发展过程中的“均等化”发展及其相关的“问题意识”，实现中国

城乡一体化、均等化，公平正义拓展、发展效率等方面研究的理论创新和理论范式重建。基于实证调研基础上的理论研究和社会政策及其效果研究，发现新型城镇化背景下城乡关系变动过程中的新问题，从而实现城镇化、城乡统筹、城乡一体化研究的本土化理论建构，为城镇化、城乡一体化的世界性的研究提供中国经验。

第三，在整合性框架建构的基础上，推进理论创新和城镇化问题的阶段性解决。基于整合性的分析框架，让新型城镇化战略及相关社会政策、市场补偿政策、政府政策重点关注脆弱性、风险社会、可持续生计、包容性发展、生态文明、社会排斥、精神健康等问题，尤其是农村贫困问题。

六　主要特色

（一）本研究结合国内外新的理论成果，试图建立一个新型城镇化背景下实现城乡一体化的整合性的分析框架，形成新的问题意识

以往对城镇化、城乡统筹问题的单一的制度性关注以及纯经验和狭隘的对策性的研究，具有忽视城镇化过程中过度损害农村居民物质利益和农村居民的精神和行动意愿维度的研究局限。本研究不仅仅关注现代化、世界体系、依附论等传统解释范式下的问题意识，而且关注脆弱性、风险社会、可持续生计、包容性发展、生态文明、社会排斥、发展伦理和社会正义、实践理性和后果评价、实践中的道德等视域内的新的问题意识。

（二）基于多元化理论框架的理论建构

本研究超越了以往的把农民、农业转移人口视为高度同质性群体，把农业转移人口理解为一个异质性较强的群体的研究，关注农业转移人口的多层次性、异质性和群体分化。这样的研究视角会引导我们很容易地观察到城乡之间融合的基础。以往的研究，重视应用研究与可操作性，停留在纯经验和狭隘的对策性的研究取向，缺乏理论关注，尤其是缺乏对新近流行的理论的关注。本研究将综合运用社会学、经济学和政治学等学科的理论、视角、范畴和方法，在全球化、现代化与中国社会发展转型的理论框架中开展对城镇化、城乡关系的动态分析和跟踪调查分析，吸收西方的最新理论研究成果（如脆弱性分析框架、包容性发展理论、反社会排斥与社

会融合理论、可持续生计理论等），在整合性的框架中、在新的理论的吸收和创新的基础上，对城乡关系变动采取新的研究路径。对农民、市民与农业转移人口研究引入生活质量、公共健康、精神健康、社会质量、可持续生计、包容性发展、生态文明、发展伦理和社会正义、共享社会发展成果、和谐社会等新的测量指标。

第二章　国际经验和理论话语中的城市化与城乡关系

除极少数城市国家（如新加坡、梵蒂冈、摩纳哥等）外，城乡关系的变革是全世界绝大多数国家和地区在现代化进程中无法逃避的重大结构性议题之一。初涉这一问题时，我们尤其需要注意城乡关系变革与现代化之间的内在逻辑关系，因为这两个概念在某种程度上是互为依存或递进纠缠的。众所周知，前现代社会中亦有城市的存在，人类社会的文明史亦可以说是一部城市演进史，很少有人会质疑城市对人类文明发展的独特价值。在四大文明古国中，都出现了因依傍大江大河而兴建起来的古老城市，虽然这些城市的功能定位和生发机制存在诸多差异，但它们无可置疑都成了人类文明继替和发展的不二载体。古代中国亦曾拥有过极为悠久和灿烂的城市文明史。1979 年，考古学家在湖南澧县发现了距今 6000 多年的古城遗址——城头山古文化遗址，它被学术界誉为“中国最早的城市”①。此外，中国还存在过一大批拥有辉煌历史的巨型城市，甚至有一些还是当时的国际大都市，如唐朝时的长安（西安）、宋朝时的汴京（开封）、临安（杭州），以及元明时期的大都（北京）等，但这些城市的兴起都没能引发中国城乡关系的重大变革，相对于广袤无垠的乡土社会和规模异常庞大的农业人口而言，城市非农人口所占比重非常之少。

从世界史的角度来看，国际上的城乡关系变革始于以蒸汽机为动力标志、以现代化工厂和大规模工人阶级的兴起为核心特征的工业化时代的到来。曼纽尔·卡斯特认为，工业革命从两个核心维度上促成了城市化现象

① 魏饴：《城头山遗址对我国新型城镇化的启示》，《城市发展研究》2010 年第 2 期。

的出现。第一个核心维度是工业革命瓦解了传统的延续上千年的农业社会结构，尤其是从根本上瓦解了农村社会的人口结构、土地结构和产业结构，技术进步导致大量农村剩余劳动力转向城市工厂，人口快速向城市集结，大量农业土地也转变为工业用地，国民经济结构中的农业占比亦不断降低；第二个核心维度是工业革命瓦解了传统的家庭手工业经济，转向规模型制造业经济，进一步促成了各类人力资源的重新整合以及更大商业市场的形成，城市扩张因此获得源源不绝的动力。① 这一基本生成逻辑同时适用于处于不同自然地理环境和历史时间轴上的各个国家或地区，它们要么受到工业革命这一“内燃机”的直接驱动，要么受到工业化后果的间接催动（如西方人在坚船利炮之下疯狂开拓的海外殖民地），继而促进当时的前工业化国家在“外在刺激 - 反应 - 内在变革”模式下的工业化探索进程。此类间接催动可能是被迫展开的（如中国的“洋务运动”），也可能是主动求变引致的（如日本的“明治维新”）。概言之，工业化是推动城乡关系变革的原始驱动力，而工业化与现代化在诸多维度上大致可以被认为是同一概念。正是从这个意义上出发，研究中国的城乡关系不可能脱离对历史时空中其他国家城市化历程的考察，尤其是不能脱离对较早经受到城乡关系重大变革的欧美发达工业化国家之历史经验的考察，这是我们思考今日中国之城乡关系变革的重要时空坐标，也是我们取他山之石以攻玉的必要的社会事实参照。

恰如本章标题所示，本章的研究内容主要围绕两个核心问题展开。第一个核心问题是，在结构性的社会事实层面，工业化进程究竟是如何引发了不同类型国家的城乡关系变革；或者说，不同国家城乡关系的变革过程和变迁机制存在哪些共通点和迥然的差异，而形塑这些差异的外在情境或结构约束要素是什么。第二个核心问题是，在理论认知层面，国外学术界有关城镇化和城乡统筹的核心理论主张有哪些，尤其是从学术发展史的角度，系统梳理和思考其理论脉络的基本演进逻辑，并据此回答这些理论逻辑对当前中国的新型城镇化和城乡一体化所具有的启示性意义。

当今世界国家众多（截至 2019 年，全世界共有 195 个国家和 38 个地区），不同国家所拥有的历史、文化和政治背景以及所处发展阶段和现实

---

① 曼纽尔·卡斯特：《城市化》，《国外城市规划》2006 年第 5 期。

情境都极为复杂，每个国家在城市化实践中都可能存在自主性的理论思考和政策设计，并产生纷繁的城镇化推进路径，当然也会产生不同的社会后果。有鉴于此，本研究重点选择了两类处于不同发展阶段的代表性国家作为分析样本，以此剖析国际上城镇化和城乡关系变动的基本脉络和经验话语。第一类是以英、美、法、德等国为典型代表的国家，它们的城市化水平遥遥领先于其他诸国，在统筹城乡基础设施建设、生产要素合理流动、产业分工与协作、社会福利供给体制和机制创新，以及进城农民的城市融入与政策设计等领域都拥有广泛经验，其城市化进程要么受益于第一次工业革命技术成果的直接推动，要么受益于第二次工业革命技术成果的赶超型推动，皆可谓历史悠久、积淀丰厚。当然，这并不是说这些国家内部不存在城市化模式的差异，事实上发达国家内部的城市化模式差异也值得重点关注和讨论，但作为一个小章节，我们更在乎找到它们之所以能够殊途同归的根本遵循所在。

第二类是以韩国、巴西、印度等为代表的国家，它们的城市化基本兴起于第二次世界大战之后，尤其是从 20 世纪 70 年代开始，随着新自由主义经济理论在世界范围内重执牛耳，以及全球化和信息时代的加速到来，其城市化进程亦步入后发推进的高潮阶段，随之而来的是城乡关系出现了深刻变革，当然也产生了诸多典型性的城市问题。此外，还有很多欠发达国家也在加速推进城市化进程，尤其是近年来在中国“一带一路”倡议的广泛带动和亚投行、世界银行等金融机构的有力支持下，以巴基斯坦、埃塞俄比亚、坦桑尼亚等为代表的发展中国家也开始出现了城市化加速推进的小高峰趋势，这些国家的城镇化实践也值得高度关注，但限于篇幅，本研究对此不做过多展开。本章将重点探讨第一类和第二类国家的城镇化经验和理论演进脉络，对第三类国家的城市化实践进行研究是我们以后需要进一步关注和探究的。

一　比较城镇化：多元实践与理论演进

（一）发达国家城镇化实践中的经验与教训

众所周知，学术界已有大量文献详细展示了英、美等发达国家所经历的城市化进程[①][②][③]，不同学者对这些后工业化国家所走过的历史悠久的城市化道路存在极为相似的阶段划分和细致解读，本研究在此不再赘述。我们认为，对这些历史发展阶段的流程式引介已经不再是最重要的，对今日中国的新型城镇化战略而言，我们迫切需要知道发达国家在其历史悠久的城镇化实践中究竟积累了哪些有益经验，尤其是当这些国家的城市化率在60%～70%的高速转型期时所面临的新问题和积累的新经验，以及这些有益经验得以成立的前提条件是什么，而这些经验所导致的一系列城市后果又有哪些。当然，这些后果既有积极的，也有消极的。有鉴于此，接下来我们将论述重点置于这些国家在城镇化实践上形成的有益经验和反思性教训这两个关键点上。

1. 技术革新、工业化与城镇化

技术革新是推动发达国家城镇化进程的核心驱动力。“推－拉”理论认为，农业人口向城镇聚集主要是两大力量在发挥效应，即城市对农业人口的巨大拉力和农村对农业人口的巨大推力[④]，而要形成这两大力量，需要诸多经济或社会制度要素的合理配置。当城乡之间各类资源要素的流动没有被国家力量强制制约时，这些资源要素必定会在市场这只“无形的手”的隐形调配下自由流向生产效率更高的经济领域。与中国强大的国家力量传统不同，这些国家没有形成人口管理制度的社会基础，更不可能形成国家强力管控下的特定的城乡资源分配制度。这些国家大多信奉经典自由主义理论的基本经济逻辑，更强调国家对经济系统的最小干预。基于这一理论传统，在城乡资源的自由流动和配置过程中，城市拉力的出现和扩大主要取决于城市生产效率的相对提升，而这在根本上又取决于生产技术的变革和持续改善。当然，生产效率的提升涉及很多方面的改进，既包括劳动力、金融资本和自然资源等生产要素的加倍投入，也包括科学知识的累积、工业组织的改进、管理体制的完善和管理技术的创新等，而动力技术的革新无疑在19世纪的工业城市化进程中扮演了核心驱动力的角色。例如，第一次工业革命最先发生于英国，这在很大程度上决定了以蒸汽动力

① 李强等：《多元城镇化与中国发展：战略及推进模式研究》，社会科学文献出版社，2013，第29～50页。

② 新玉言：《国外城镇化：比较研究与经验启示》，国家行政学院出版社，2014，第22～49页。

③ 孙红、张乐柱：《美英日三国城镇化路径比较分析》，《亚太经济》2016年第3期。

④ 钟水映：《人口流动与社会经济发展》，武汉大学出版社，2000，第21页。

为核心驱动力的生产体系变革必然最先发生于英国。实际上，英国的城市化高潮主要形成于1760~1839年[①]，而这段时间恰恰是英国工业革命从开端到完成的时间段，至1850年时，英国的城市化率已经达到了50%。由此，英国成为世界上第一个达到此目标的国家。

当历史的车轮进入19世纪60年代后期时，第二次工业革命同时发生于美、德、英、法等资本主义强国，以电力为核心驱动力的能源体系和生产系统的变革亦同时出现在这些国家，与之相对应，这些国家的城市化进程也因此迈入高速推进阶段。以美、德为例，1830年时美国的城市化率还只有9%，基本上可以被认为是一个农业国家，但在第二次工业革命期间，美国的城市化率从1860年的19.8%跃升至1920年的51.2%，开始全面步入以城市人口为主的发展阶段。当然，更明显的证据来源于同一时空背景下美国各个州的城市化水平差异。1900年时，城市化率在50%以上的8个州中，有6个州位于美国的工业重镇即美国的东北部地区，而主要依赖于商业贸易的西部城市则落后得多。[②] 此外，作为第一次世界大战的主要发动国，德国也在战争发动前的第二次工业革命中较早实现了城市化率超过50%的目标。1865~1890年前后，德国的城市化率从32%提升至50%以上，成为仅次于英国的第二个达到此目标的国家，而在发动第一次世界大战前夕的1910年，德国的城市化率更是达到了60%[③]。

生产技术革新何以会成为推动西方发达国家城市化进程的核心驱动力呢？其一，生产技术革新使得不同产业的生产效率出现重大分化，推动城市产业结构随之出现根本性调整。Kuznets研究发现，19世纪西方发达国家的经济增长效率存在明显的产业差别，与工业技术联系最紧密的第二产业的增速最快，其在城市产业格局中的重要性被快速提升至首位；而联系最不紧密的第一产业的增速最慢，其重要性被不断降低；处于中间位置的第三产业的增幅则同样居于中间位置，但整体增速较为缓慢。生产效率的分化和经济结构的变动带来的直接结果是，资本分配、劳动力分配、土地资源分配、政治资源分配等随之出现重要调整，甚至最终的需求结构亦随

① 李强等：《多元城镇化与中国发展：战略及推进模式研究》，社会科学文献出版社，2013，第31页。

② 戴维·波普诺：《社会学》（第十一版），中国人民大学出版社，2009，第619页。

③ 新玉言：《国外城镇化：比较研究与经验启示》，国家行政学院出版社，2014，第35页。

之出现适应性变化，而这又反过来促进第二产业的规模进一步扩大。[①] 其二，生产技术革新使得城镇区域的企业生产机构得到重组，促使劳动力从工场手工业向机器大工业、从小公司向大公司、从工业村庄向工业村镇又从工业村镇向工业城市快速转换，企业生产规模亦得以普遍扩大[②]，而这必然会进一步激发因技术进步而扩大的资本投资。其三，生产技术革新快速延伸至交通运输领域，推动了以运河、汽船、公路、铁路等为主要标志的“运输革命”，交通运输网络的完善极大提升了市场对各类生产要素的调配效率和聚合规模，甚至极大刺激和促成了全球市场的出现。反过来，全球市场的整合又进一步刺激了西方发达国家对变革生产体系的需求和技术创新的需求，从而为农业人口非农化提供了源源不绝的内生动力，城市化亦由此得以加速推进。其四，科技进步极大改变了传统城市的空间面貌、内部结构和社会功能，并创造了一大批新型城市。[③] 且不说前两次工业革命所带来的历史性变化，单以信息技术革命为例，20 世纪 50 年代以来，以信息技术产业为核心的第三次科技革命极大改变了世界城市格局，新崛起的以美国“硅谷”所在的城市为代表的科技创新城市，开始在世界市场占据越来越重要的位置。其五，工业革命带来的科技进步很快延伸至农业生产领域，带动了农业生产技术的连锁式革新，农业机械化和农业管理现代化不仅有效提高了农业经济效率，为城市人口扩张提供了更充足的食物和原材料储备，同时还通过变革人地关系而极大解放了农村剩余劳动力，加快了农村土地资源重组。大量的农村剩余劳动力转移到城市制造业和服务业部门工作，反过来又进一步推动着西方发达国家的城市化进程，最终导致工业化、农业变革与城市化三者之间构成一种累积因果关系。

当然，生产技术革新给城市化带来的并不总是花团锦簇。工业革命早期，与农业技术进步相伴随的是大规模的土地兼并和被迫性的人口流动。在强势农业资本的利益驱逐下，越来越多的失地农民不得已流入城市务工，并逐渐导致城市工人的相对过剩。这些进城农民为农村产业发展做出了巨大牺牲，但最终获利的却是作为精英阶层的农业资本家，农民不仅失

---

① Kuznets, S., “Modern Economic Growth: Findings and Reflections,” *American Economic Review* 63 (1973): 247 -258.

② 赵煦：《英国城市化的核心动力：工业革命与工业化》，《兰州学刊》2008 年第 2 期。

③ 王铭：《科学技术与城市化进程》，《社会科学辑刊》2007 年第 6 期。

去了赖以为生的土地，而且在城市成为廉价工人阶级的组成部分，处于进退无路的漂浮状态。此外，制造业技术的革命性进步很快带来了过度生产的问题。工人阶级极其有限的购买力，迫使资本家开始积极开拓海外殖民市场，西方发达国家之间的竞争加剧，使得广大前现代国家被迫卷入到世界资本主义生产体系之中，遭受着武力蹂躏和被殖民化。此外，西方发达国家过度生产与有限消费之间的周期性矛盾也开始暴露出来，进一步恶化了底层工人阶级的生存状态，这不仅体现在日益严峻的劳动环境和生存条件上，还体现在日益破败的城市环境和社会生态系统上，部分工业革命重镇甚至多次出现了不可调和的暴力冲突。技术创新带来的挑战还体现在后工业化时代自动化技术和人工智能技术对既有城市分工体系的分解上。随着越来越多的制造业企业或劳动密集型企业开始运用工业机器人、自动化高档数控机床等智能装备和智能生产线，这无疑将导致更多的底层劳动者处于失业状态，这些都为未来西方发达国家的经济发展和城市治理带来巨大挑战。

2. 经济变化、产业结构与城镇化

城市是经济、社会、政治、人口、技术和环境等诸要素变化的产物，而经济要素的变化是引发其他要素变化的核心引擎。正因如此，城市化是一个动态演进的历史转型过程，城市化的阶段性特征取决于特定发展阶段不同要素的耦合状态，尤其是经济要素的表现形态，从某种程度上可以认为，经济要素的变化基本上决定了西方发达国家城市化特征和核心驱动力的阶段转型。欧美资本主义国家在近 150 年的渐进城镇化过程中主要经历了三个典型的经济变化阶段。

第一个阶段是 18 世纪晚期至 19 世纪末期的自由竞争资本主义阶段，也可以称为工业资本主义的早期阶段。在此阶段，城市政府大多奉行经典的放任主义经济政策，极力主张政府对企业商品生产、分配、交换和消费各领域的最小干预。当然，随着城市主导形式从商业城市转变为早期工业城市，政府的角色也开始由彻底的“守夜人”转变为有志于助推经济增长的适度“调节者”。当资本主义内部竞争发展到 19 世纪末期，企业之间的优胜劣汰和利益重组不断强化，资本主义亦逐步进入垄断资本主义阶段。受此影响，城市在商务服务、工资标准、劳动力市场以及公共事务治理等方面也开始变得更加秩序化、标准化和组织化。

19 世纪晚期至 20 世纪 70 年代中期的组织化资本主义阶段是西方发达国家经济变化的第二个阶段，也可以称为工业资本主义阶段。在此阶段，政府的公共职能得以不断扩展，政府与劳动力（工会）和企业之间开始具备高度组织化的关系，并通过法律、立法工具、正式协议和公共机构等进行调节[①]，政府开始在组织化商业和组织化劳动之间扮演更多斡旋者的角色。与之相伴随的是，西方发达国家内部开始出现大量区域性工业城市，这些城市的出现不仅得益于更加规范化和组织化的经济社会秩序的形成，更得益于生产技术的革新，即深刻受到以流水线装配技术为核心的福特主义（Fordism）和以科学管理为核心的泰勒主义（Taylorism）的影响，资本主义标准化大生产得以充分激发。虽然这些生产方式的变革成功地将一部分劳动力从工业制造业和机械制造业中转移出来，但也创造了相当规模的产业工人队伍，工业城市的出现使得一个规模庞大的中产阶级社会成为可能。二战后，资本主义工业开始大规模转向服务业，尤其是现代商业和金融服务业，城市产业结构随之出现重大转变，越来越多的城市居民开始从事服务业，而经济全球化的到来进一步加速了这一进程。

20 世纪 80 年代以来，西方发达国家的经济发展开始进入非组织化资本主义阶段，也可以称为发达资本主义阶段。这一阶段西方发达国家城市的产业结构和就业结构开始出现典型的去工业化（deindustrialization）特征。一方面，随着全球化时代的到来和跨国公司的崛起，资本的力量开始脱离特定的国家地域和地方化制度规范体系的限制，西方发达国家大量的制造业企业逐渐被转移到以中国、越南、巴基斯坦等为代表的发展中国家或地区，从而构建出一套全新的国际劳动分工体系。发展中国家不仅提供了丰富的廉价劳动力和原材料，而且提供了广阔的销售市场，这为第三世界国家制造业城市的崛起提供了历史性机遇。毫无疑问，20 世纪 70 年代末中国的改革开放，巧妙地牢牢抓住了这一难得的承接西方资本转移的战略机遇，受益于此，中国的一大批沿海城市率先成长为工业制造城市。

但与此同时，西方发达国家内部那些曾经因制造业而兴起的工业城市，也因制造业的转移而走向衰败，其中最具典型意义的是美国“铁锈地

---

① 保罗·诺克斯、琳达·麦克卡西：《城市化》，顾朝林、汤培源、杨兴柱等译，科学出版社，2009，第 684 ~ 685 页。

带”（Rust Belt）的出现。大量被迫离岗的蓝领工人或者长期处于失业状态[①]，成为社会失范或阶层撕裂的重要源头，或者投身于中低端服务业，职业收入长期难有起色，承受着越来越大的家庭债务压力。但精英阶层依旧掌握着绝大部分的经济社会资源，社会贫富差距不断扩大。原有的庞大的中产阶级家庭不断被瓦解，使得西方发达国家内部有限的消费市场进一步提升了“资本外逃”的速度，去寻找更具消费潜力的市场。与此同时，工业生产模式的革命性转变也开始出现，新福特主义（Neo-Fordism）模式更加强调服务生产和商品生产的专业化取向和弹性生产体系（flexible product system），这些新的经济要素的出现对传统的城市经济结构带来了巨大挑战。[②] 另一方面，工业城市的衰落还受到20世纪90年代以来“信息革命”推波助澜的影响。随着互联网商业化的发展，部分高新技术产业城市开始出现，更重要的是，一种新的制造业模式（信息化+制造业）在极大提升制造业经济效益的同时，又导致了一大批蓝领工人被解雇，而这一趋势在21世纪以来的智能制造（智能化+制造业）潮流中变得更加明显，越来越多的制造业工厂引进智能机器人。这场“机器换人革命”带来的后续影响不仅深刻影响到当今世界主要发达国家的社会结构和政治秩序，而且还必然会波及以中国为代表的发展中国家或地区。

本研究认为，西方发达国家的城市化大多经历了从商业城市到工业城市，从工业城市再到后工业城市的历史性转变过程，而主导这一转变过程的核心是经济要素的变化。从自由竞争的资本主义到组织化的资本主义，再到非组织化的资本主义，经济发展阶段的变化为不同类型的城市带来不同的命运，有的城市因之兴起和衰落，也有的城市随之衰落后再生。经济学家敏锐地捕捉到了经济发展与城市化之间周期性的变化曲线，无论是康德拉季耶夫周期（Kondratiev Cycle）曲线，还是库茨涅茨周期（Kuznets Cycle）曲线，都形象地反映出发达资本主义国家的经济波动及其对城市发展的深刻影响，而经济要素的变动与城市人口、政治、文化以及生态环境的变动具有连带关系。

① 韩宇：《美国制造业城市转型的失业问题及联邦政府相关对策》，《求是学刊》2019年第3期。

② 谢富胜：《资本主义的劳动过程：从福特主义向后福特主义转变》，《中国人民大学学报》2007年第2期。

3. 市场机制、政府角色与城镇化

西方发达国家的城镇化实践表明，以市场体制来推进工业化进程，更能有效推进城镇化进程。西方发达国家的城镇化，尤其是第一个迈入工业化进程的英国的城镇化，是在自由市场逻辑的自主自发催动下完成的，其城镇化不仅与工业化在时间上同步，而且在空间布局上高度耦合，尤其是在工业化前期和中期阶段。[①] 当然，在后工业化阶段，工业化与城镇化之间的耦合效应逐步减弱，但即便如此，大量的城镇化实践表明，工业化也只是为城镇化提供了一系列重要的行动基础而已，如果不存在市场调节机制的话，工业化并不一定能够与城镇化同步。

从事件发生的前后逻辑来看，计划经济体制下的城镇化模式是一次颠覆式社会实验。虽然计划经济体制也能实现工业化目标，尤其擅长在短时间内高效配置国家有限的经济社会资源，以完成工业化指标，但这并不必然能同步完成城镇化目标。以苏联为例，虽然从 1925 年 12 月［联共（布）第十四次代表大会］确定“社会主义工业化”方针至 1939 年时基本完成工业化，前后仅间隔 14 年，但其城市化率仅从 1926 年的 18% 提升至 1939 年的 32%[②]，城市化率仍远低于 50%。这说明，尽管工业化确实能拉动城镇化，但工业化的基本完成并不会带来城镇化的基本完成。即是说，计划经济体制下的城镇化模式，存在一定的“滞后”效应。一方面，这是因为计划经济体制下的城镇化模式完全以“城市”为主，“农村”长期被排斥在现代工业生产体系之外，被体制结构强制性地定义为城市发展的附属者或支持者（为之提供一切必要的社会支持）。苏联工业化的战略重心在于大力发展重工业，轻工业和农业长期没有得到重视，且工业化的资金积累大多来自农业体系，包括农产品义务交售、机器拖拉机站的实物报酬、农业税以及工农业产品“剪刀差”等，农业被强制性地置于工业分工体系的边缘地位。另一方面，城乡之间的经济社会要素由既有的计划经济体制进行指令式分配，并通过一系列制度设置以确保分配秩序。农村人口除被国家征召进入工业生产体系外，一律不得擅自进城谋生，进城名额及其分配制度被各个生产单位严格控制和执行。此外，出于对确保资本积累

---

① 樊杰、郭锐：《新型城镇化前置条件与驱动机制的重新认知》，《地理研究》2019 年第 1 期。

② 石人炳：《前苏联城市化过速的负面效应对我国的启示》，《湖北大学学报》1996 年第 4 期。

和销售市场的考虑，农村人口也必须要达到一定规模才能维持城市工业化的可持续性，上述问题都必然会限制城镇化进程。

城镇化在本质上是各类经济社会要素在城镇这一空间载体上的持续聚集，而实现这种聚集的方式主要存在自发聚集、人为聚集以及人为控制下的有限自发聚集三种理想类型。市场体制属于自发聚集，计划经济体制属于人为聚集，而中国的社会主义市场经济体制属于国家控制下有限度的自发聚集。市场体制的自发聚集过程同时也是各类要素自主调节和自主配置的过程，政府仅被赋予了“守夜人”角色，当然这并不是说政府对于工业化和城镇化建设完全不发挥作用，而是要在充分尊重市场体制的前提下承担必要的公共角色和行政职能。随着 19 世纪中叶西方工业社会中的阶级矛盾逐步演化到不可调和的地步，政府也开始拥有更多的公共权威，并发挥更强大的社会功能，包括进一步完善社会保障体系、产权制度，以及推动与城市规划、环境卫生、劳动市场等诸领域相关的法规建设等。在市场体制的城镇化模式下，自由交易体系使得农村的人口、土地、物产、环境等经济要素被逐步纳入城市产业体系之中，并逐步处于自主均衡的状态。当然，这种自由放任的市场体制也带来了一系列的城市问题，例如城市公共秩序、环境卫生、居住供给等方面的问题，但一个总体趋势是，在这些西方强国完成工业化的同时，其城市化也基本上在同步推进，更重要的是，西方发达国家城乡之间的社会差距在不断缩小，城乡之间的产业分工、空间规划等都更加合理。

由此可见，市场体制最利于促进城市化资源的高效配置，但适度的政府干预对于有效控制过度市场化带来的公共风险也很有必要。盎格鲁－撒克逊学派认为，西欧国家的城市化模式属于内生引领型城市化模式，其城市发展的根本原因在于生产力的进步与生产关系的变化。[①] 第一次工业革命带来了生产力的进步，而生产力的进步带来了生产资料所有制形式的变化，以及不同阶层在生产体系中地位权利的分化。生产力与生产关系的变化同时强化了自由市场体制的重要价值，资产阶级因自由市场体制而兴起和壮大，同时也因自由市场体制而成长为统治阶级，反过来又拥有足够的力量去维护自由市场体制，从而持续推进城镇化进程。在疯狂的殖民扩张

① 姬超：《西欧近代城市化的路径差异及其对中国的启示——基于英、法、德三国城市化的比较》，《经济与管理研究》2016 年第 3 期。

运动之后，全球化市场体系逐步形成，这有效化解了资本主义强国内部的生产过剩危机，其城镇化也因此获得源源不绝的动力。当第二次工业革命完成之时，西方资本主义国家基本上已经完成了城镇化任务，反而是计划经济体制的城镇化模式面临越来越大的经济社会压力，尤其是城乡之间的社会差别越来越大。

4. 推进战略、空间布局与城镇化

从西方发达国家的城镇空间布局体系来看，其国家内部并未形成一个统一的城镇化推进模式，不同的国家具有不同的城市规模结构，采用不同的推进模式，这与其各自的人口、经济、政治甚至自然地理环境密切相关。英国采用的主要是“新城开发 + 城市群”的推进模式。工业革命以前，英国的城市人口主要分布在以伦敦为中心的南部地区，但在工业革命过程中，北部地区出现了诸多工业村庄和工业城镇，随后大量的人口、资本、能源等经济要素开始向北部地区转移和聚集，很快诞生了一大批新的“生产型城市”，其中大部分急速扩张为中等规模以上城市。当前，英国主要存在六大城市群，包括大伦敦市城市群、兰开夏东南部城市群、西米德兰城市群、西约克城市群、莫西地带城市群、泰因地带城市群。伦敦作为英国首都，长期以来扮演着政治中心、商业中心、金融中心和消费中心的主体角色，伦敦的超大规模得益于对周边中小城市的吞噬，如威斯敏斯特、格林尼治、乌利奇等，正是因为采用了这种“城市群”的城镇化推进模式，20 世纪初期伦敦的城市人口便已达到了 660 万人，成为当时世界上的第一大城市人口聚集区。

美国的城镇化模式虽然与英国有诸多相似之处，但由于其国土面积极其广阔，以及特定的工业化政策（如制造业带的形成和地方专业化构成的区域分工体系），形成了比英国的“城市群”更高一级的“大都市连绵带”。20 世纪 50 年代以来，美国形成了三条典型的大都市连绵带。第一条位于美国东北部地区，从波士顿经纽约、费城、巴尔的摩延伸至华盛顿等大城市，以及沿线 200 多个市镇，共同构成一条临近大西洋西海岸的沿岸城市带，这条大都市连绵带长约 1000 公里，虽然区域面积仅占美国国土总面积的 1.5%，但所容纳的城市人口占到美国总人口的 22.5%，区域内的城市化水平更是达到了 90%，远高于全国平均水平。第二条位于中部五大湖地区及周围区域，从芝加哥向东延伸到底特律、托莱多、克利夫兰、阿克伦、布法罗、罗切斯特等，沿线共集中了20多个人口在100万人以上的特大城市，是美国最大的制造业地区。第三条位于西部太平洋沿岸，从圣迭戈、洛杉矶至旧金山，是美国的高新技术产业集中区。其中，洛杉矶是美国的第二大城市，更被誉为“科技之城”。这种大都市连绵带的出现，意味着20世纪50年代以来美国的城市化路径已经从传统的“由农村转向城市”，转变为“由小城市转向大城市，再转向大都市带”，城市空间的分化整合和规模结构迈向新阶段。

不难发现，英、美的城镇化都采用了非均衡的“核心-边缘”模式，更强调中心城市的带动效应和会集功能。大量的城镇人口聚集在少数城市区域，这些超大城市的出现不仅创造了巨大的产业集群效应和城镇化效应，而且在全球化的世界权力格局中占据着关键位置，成为维持发达国家既有国际城市秩序的重要保证。当然，这种城镇化模式带来的弊端也是显而易见的，主要体现在城镇化的马太效应上，大范围的边缘地区长期得不到关注和发展，区域差异不断扩大。城市人口过于集中于少数超大城市，极大突破了城市的既定生态容量，带来严重的“城市病”，而以“郊区化”为特征的“逆城市化”潮流看似带来了城乡关系的均等化，但实际上是对内城区的生态困境采取了一种逃避态度，中产阶级家庭的外流导致城区内部的居住分异和社会隔离问题日益严峻，这些都加剧了城市问题的复杂性。

与英、美不同，法国和德国的城镇化模式主要是以发展中小城市为主。巴黎作为法国的首都，虽然其城市人口规模极为庞大，2005年时城市人口便已达到982万人，但法国其他城市的人口规模普遍偏小，马赛、里尔、波尔多、里昂、尼斯、图卢兹等重要城市的人口规模均维持在100万人左右，绝大多数处于80万~100万人。整体上，法国城市的空间布局呈现“一城独大”和“众星拱月”的双重特征。除巴黎外，绝大多数城市处于相对均衡发展的状态。当然，这一特征的出现与法国的历史背景有深刻关联。法国的城镇化不是以开发新城来快速推进的，其今的城市分布依然大多延续了17~18世纪时传统的城市分布格局[①]，未有较大的空间变动。此外，法国在工业化进程中不太注重发展重工业，导致核心工业城市的数

① 洪庆明：《近代早期法国历史进程中的城市化与城市角色探析》，《史学理论研究》2015年第1期。

量和规模长期受限，加上历史悠久的城市自治传统以及城市内部此起彼伏的阶级斗争运动，严重损害了城市秩序和经济活力，这些因素都使得法国的城镇化推进速度相对缓慢。

德国的城镇化模式与法国存在诸多相似之处，都以发展中小城市为主，大城市的人口比重相对较小，但是德国没有出现像法国巴黎那种超大型城市“一家独大”的局面，而是呈现“多元均衡、互补共生”的空间分布特征。2010 年德国共有大中小城市 2065 个，其中人口在 10 万人以上的城市仅占 3.87%，人口在 100 万人以上的城市仅有 3 个（柏林、慕尼黑、汉堡），人口在 10 万人以下的中小城镇密布全国，吸纳了德国近 60% 的人口[①]，这也意味着德国已经成功探索出了一条以中小城镇协调发展实现城市化的道路。这些中小城镇不仅构成了德国城市体系的绝对主体，而且基于不同城市的要素禀赋、区位优势和规模经济优势的差异性，形成了“错位发展、互补共生”的城镇化模式[②]，有力破解了传统“大而全”模式带来的“城市病”和区域发展不均衡问题。不仅如此，既有研究还表明，相对于以美国为代表的内生集中型城市化模式而言，以德国为代表的外生均衡型城市化模式更加有助于产业结构升级，同时也更利于提升城乡一体化的内在质量和可持续性[③]，这些战略优势为德国的城镇化模式带来广泛赞誉。

（二）发展中国家城镇化进程中的经验与教训

1. 世界体系、依附地位与城镇化

前文论及，发达国家城镇化的核心驱动机制是以生产技术革新为核心的工业革命及其对生产要素提出的空间配置要求。城市既是技术创新的生发地，也是经济资源高效配置的聚集地。工业革命极大解放了欧美国家的社会生产力，导致包括人口在内的经济要素自发向生产效率更高的行业和地域转移，包括从农业向非农产业的转移，以及从农村区域向城市区域的转移，从而促进一大批“生产型城市”的崛起。即是说，西方发达国家的城镇化模式属于由生产技术革新和生产关系变革而催生的内生型城镇化模式，农村居民之所以转移到城市居住和生活，根本原因在于城市的工业化大生产迫切需要大量的劳动力和土地资源，原有的生存和发展的机会结构

① 王伟波、向明、范红忠：《德国的城市化模式》，《城市问题》2012 年第 6 期。

② 徐继承：《近代德国城市专业分工与城市发展定位》，《兰州学刊》2010 年第 12 期。

③ 崔裴、李慧丽：《城市化与产业结构升级的两种模式》，《城市问题》2012 年第 6 期。

得到极大改变，进而导致农村土地越来越多地被转变为工业用地，失地农民越来越多地被转变为城市工人。当然，这种高效率的资源配置模式必然带来生产过剩的问题，但积极的对外殖民扩张和世界市场体系的打通，以及不平等的国际经济秩序的形成，有效地破解了这一难题。在被殖民化的过程中，发展中国家由于丧失了国家自主权而不得不成为发达国家工业原材料的供应地和工业产品的销售地，无数廉价劳动力（例如非洲的黑人奴隶）、工业原料以及历经数代而积累的国家财富，以发达国家在边缘地区兴建的“殖民城市”（colonial city）为资源中转站，被强制转移到发达国家来持续推动其工业化进程，这些都成为支撑发达国家150余年的渐进城镇化进程的不竭动力，而发展中国家的优势资源则基本被掏空，社会生态亦长期处于病态之中。

发展中国家的城镇化大部分开启于二战之后。随着世界殖民体系的瓦解和原殖民地内民族国家的兴起，发展中国家开始掌握更多的经济社会发展自主权，但仅仅是主权独立还不足以让它们能够走上与发达国家相似的城镇化道路，关键在于，既有的世界经济体系和国际分工秩序已然确立，发展中国家无论是在科技创新力、产业制造力，还是在科学管理力和世界市场占有格局上，都绝无可能与发达国家展开全面竞争。正如沃勒斯坦的世界体系理论所强调的那样，由美、英、法、德等国组成的核心工业地区和由亚洲、非洲、拉丁美洲等组成的半边缘和边缘地区共同构成一个具有明确等级序列的世界经济体系。相对于后者而言，前者拥有更加先进的生产技术和制造能力、更强大的金融支撑体系和资本控制能力、更高水平的劳工收入和更强的福利供给能力、更广阔的产品销售市场和更强的国家利益保障能力（如军事实力、通过国际组织实施影响力的外交力等）、更稳定的政治和社会秩序以及投融资环境等，这些从根本上决定了发展中国家在世界经济体系中只能处于依附地位。当然，世界经济体系内部也具有一定的流动性，有的边缘国家能够通过自身努力和借助国际形势的变化而上升为半边缘国家，有的则可能从半边缘国家下坠为边缘国家①，这意味着发展中国家内部同样存在着巨大的异质性。受历史传统、地理位置、资源禀赋、政治体制等诸多因素的影响，不同的发展中国家在经济社会现状、

① 万向东、刘林平：《世界体系论对发展中国家过度城市化的解释》，《求索》2001年第6期。

国家发展潜力以及在世界经济体系中的位置等方面都存在一定差异，这也导致它们必然会走上迥异的城镇化道路，但就总体而言，绝大部分发展中国家难以改变其在资本主义世界体系中的依附地位，这从根本上限制了其城镇化的内在驱动机制难以是技术和经济的变化。

2. 工业能力、多元模式与城镇化

当然，并不是所有发展中国家都会固化到这种“核心－半边缘－边缘”的世界体系之中。事实上，发展中国家内部探索出了四种不同要义的城镇化模式①②。

一是以中国、南非、伊朗等国为代表的国家控制型城镇化模式，其核心特征在于，城镇化进程（尤其是农村人口向城市的转移）处于国家力量和制度规范体系的强力管控之下。作为一种相对谨慎和保守的城镇化策略，国家根据城市工业化（尤其是轻工业和服务业）的实际发展状况和内在需要，有节奏地放开乡城人口迁移的规模和速率，农村人口向城市的聚集过程具有“渐进式”推进的特征。

二是以韩国、战后日本等东亚国家和地区为代表的 NIEs 型城市化模式（Newly Industrializing Economies，简称 NIEs，即新兴工业化经济体），也可以称为后发协同型城镇化模式，其核心特征是工业化与城市化高效协同推进、相互激发，且工业化和城镇化的推进速度较快，在较短时间内同时完成工业化和城镇化进程。以战后日本和韩国为例。1950～1975 年，日本的城镇化率从 37.5% 提升至 75.9%，年均增长率达 1.54%。③ 受朝鲜战争影响，韩国启动工业化进程虽然晚于日本 10 年左右，但同样在 25 年内将城镇化率从 1960 年的 28.3% 提升至 1985 年的 74%，年均增长率高达 1.83%。④更重要的是，韩国城镇化的飞速推进与其工业化进程是高度协调的，并未出现拉丁美洲国家的那种虚假城市化现象。当然，能够在战后实现这种赶超型发展的国家或地区是极少的，主要是以具有强大行政力量传统和处于工业发展绝佳战略机遇期的东亚经济体为主。这些后发型工业化国家与地

① Kojima, R., “Introduction: population migration and urbanization in developing countries,” *The Developing Economies* 34 (1997): 349－369.

② 朱农：《发展中国家的城市化问题研究》，《经济评论》2000 年第 5 期。

③ 赵伟：《工业化与城市化：沿海三大区域模式及其演化机理分析》，《社会科学战线》2009 年第 11 期。

④ 李辉：《韩国工业化过程中人口城市化进程的研究》，《东北亚论坛》2005 年第 2 期。

区不仅巧妙借助了当时的国际政治格局（如战后日本的工业恢复充分借助了美国在朝鲜战争中的工业需求，韩国的工业化则充分借助了美国在越南战争中的工业需求），而且都拥有明确且能得到高效执行的国家发展战略，以及能制定并稳步实施这些战略的强势政府（如韩国的朴正熙政府、新加坡的李光耀政府等）。政府在推进工业化和转变经济发展方式上扮演着不可替代的角色，它不仅具备强大的资源调配能力和国家动员能力，而且能够有序推进和完成经济发展模式的阶段转型和产业升级。对欠发达国家而言，NIEs 模式已然难以复制，不仅工业化发展的时空情境已发生深刻转变，而且实现工业化“后发突进”的战略机遇期已经过去，寻求新的现代化转型变得难上加难。[①]

三是高城乡迁移率与低城市化率并存的城市化模式，其典型代表是印度。在某种程度上，印度也是“滞后城市化”的典型国家。1950～2005 年，印度城镇化率从 17.0% 提升至 28.7%，这意味着在 55 年时间内，印度的城镇化率仅增长了 11.7 个百分点，年均增长率仅为 0.21%。[②] 这一尴尬局面的形成，很大程度上受到印度城乡人口普遍高速增长的影响。1951 年，印度总人口只有 3.6 亿人，2018 年时已增加至 13.5 亿人，长期以来的不加节制的人口政策，使得印度城乡人口同时呈现高速增长态势。一方面，尽管印度城镇人口的总体规模异常庞大，但由于乡村人口规模更大，且人口增长速度更快，导致城镇人口占总人口的比重长期得不到有效提升。另一方面，印度城镇人口的增长主要源于城市人口的自然增长，仅 20% 左右的人口增长来源于“外来移民”，其中，75%～80% 的“外来移民”还属于同一行政区或同一邦内部的移民，这导致印度绝大部分农村人口难以转变为城镇人口。[③] 在就业结构上，城镇内部自然增长人口的过度膨胀本身已经占据了大量的城镇就业岗位，其有限的制造业能力能够创造的正规就业岗位有限，导致大量的城市人口只能转向并不发达的第三产业（印度享有“世界办公室”的美誉）。此外，印度只有 10%～11% 的劳动

① 王文龙：《试论韩国、智利与不丹经济发展模式之成功及不可模仿性——兼论破赶超思维立追随战略》，《现代财经》2011 年第 11 期。

② 新玉言：《国外城镇化：比较研究与经验启示》，国家行政学院出版社，2014，第 22～49 页。

③ 任冲、宋立军：《印度城市化进程中存在的问题及原因探析》，《东南亚纵横》2013 年第 8 期。

力增量能够被正规就业部门吸收，其余劳动力要么滞留农村，要么进入城市的非正规就业部门工作，要么处于失业状态。[①] 既有研究表明，2000 年前后，印度 75% 左右的城市就业人口属于非正规就业[②]，加之极不均衡的城市公共服务建设和社会保障体系，共同导致了一系列广为诟病的城市问题，如厕所问题、交通出行问题、道路秩序问题、环境污染问题、社会治安问题，以及城市周边聚集的大量的贫民窟等。总之，印度城市极其严峻的就业压力、生活压力以及庞大的城市自然增长人口规模，共同限制了印度农业转移人口的市民化进程。

四是以拉丁美洲国家为典型代表的过度城镇化模式，其核心特征是国家工业化水平与城镇化水平严重不匹配，城镇人口急速膨胀，尤其是首都城市的人口过度膨胀，大大超过了城市的工业承载力和环境人口容量，导致大量的进城农民无法获得合适的工作，且有限的城市公共服务供给无法公平保障和满足庞大“低端人口”的福利需求，普遍存在大面积贫民窟，利益冲突和社会问题频发。2011 年时，拉美地区的城市化率竟然达到了 79.1%，仅次于北美地区的 82.2%[③]，但如此高的城市化率并不意味着拉美地区城镇化迈入了一个高质量发展阶段，而是衍生出所谓的“中等收入陷阱”[④]。过度城镇化模式带来的消极后果是多方面的。首先，这体现在城市内部社会生态的急遽恶化上。由于城市工业部门吸纳剩余劳动力的能力有限，大量进城农民处于失业或半失业状态。2005 年，牙买加、巴拉圭、玻利维亚、秘鲁、墨西哥等国家的城市非正规就业人口占比竟达 50%，这意味着一半以上的城市居民无法找到正规就业岗位，而巴西、阿根廷、哥伦比亚等国则介于 30% ~50%[⑤]，形势亦不容乐观。此外，贫富分化过于严重，城市居住空间分异和社会隔离度不断扩大，贫民窟与富人区塑造出“一个城市、两个世界”的结构断裂状态。拉美国家的过度城镇化实践充

① 俞金尧：《20 世纪发展中国家城市化历史反思——以拉丁美洲和印度为主要对象的分析》，《世界历史》2011 年第 3 期。

② 姜乾之：《中印城市化比较研究》，《亚太经济》2012 年第 4 期。

③ 杜凤姣、宁越敏：《拉美地区的城市化、城市问题及治理经验》，《国际城市规划》2015 年第 S1 期。

④ 范和生：《中国应怎样认识拉美——国内相关研究动态与镜鉴意义》，《人民论坛 · 学术前沿》2014 年第 17 期。

⑤ 杜凤姣、宁越敏：《拉美地区的城市化、城市问题及治理经验》，《国际城市规划》2015 年第 S1 期。

分证明，一个国家的工业化战略与国家命运之间存在紧密联系。拉美国家选择了一条“进口替代型”工业化战略，但没能实现从“进口替代”到自主创新、自主升级推进的战略转向，导致大量农村人口虽然被迅速吸纳到城市中来，而实际上受制于有限的工业制造业能力，并没有创造出持久、充足的就业岗位。当然，最重要的是，国家没有扮演好适当的城镇化角色，过于奉行西方发达国家的新自由主义经济政策，对城乡人口迁移和不平衡的区域发展采取了过度放任自流的态度，在需要政府及时干预和调整的环节放弃了自身的角色，从而导致了这一不可收拾的极端分化格局。其次，这体现在城乡之间发展失衡上。过度城镇化普遍伴随的是农村和农业的衰败，农业的衰败导致以粮食为核心的城市生活成本进一步提升，底层边缘群体的生存处境进一步恶化，由此构成一个城乡之间发展的恶性循环，这一点我们将在后文中进行更细致的阐述。最后，这体现在城市格局的极端分化上。随着超大型城市的恶劣膨胀（基本上以首都城市为主），曾经对缓和城市生存压力起到一定缓冲效应的中小城市或城镇出现急速衰败，这进一步促使小城镇人口向超大型城市转移，这一人口迁移模式同样进入到一种恶性循环之中，小城镇越来越“消瘦”，大城市越来越“虚胖”，整体的城市生态也随之越来越恶化。

3. 人口转型、生存压力与城镇化

从人口结构的角度来看，发展中国家城镇化模式的选择与其人口转型存在紧密联系。总体而言，与发达国家奉行的那种高质量缓慢推进的内生型城镇化模式不同，发展中国家大多属于低质量快速推进的外生型城镇化模式，即过度城镇化模式，也有学者将其称为“非工业化的城市化”[①]。除上面讲到的国家控制型和 NIEs 型两种模式外，印度模式在很大程度上也属于这种非工业化的城市化模式，因为印度农村人口向城市的快速集中，绝大部分并非因为城市产业发展的内在需要，或者说至少没有那么强烈的劳动力需求，更多的是农村人口迫于外在的生存压力。如果用“推－拉”理论来解释的话，在城市拉力还没有很强烈的前提下，农村已经产生了巨大的推力，将无数农村居民硬生生推送到城市，而农村生存压力的形成，在很大程度上又源于二战后发展中国家的人口转型。即是说，由人口转型带

① Williamson, J. G., “Migration and Urbanization,” In H. Chenery & T. N. Srinivasan (eds.), *Handbook of Development Economics* (New York: Elsevier, 1988), p. 425－465.

来的群体生存压力，也是发展中国家出现“高速－低效”城镇化的重要驱动力之一。

随着二战后世界政治秩序的逐步稳定，绝大部分发展中国家都迎来了相对和平的社会发展环境，这带来了人口出生率的极大增长。虽然此时发达国家和发展中国家的人口都开始增加，但到20世纪70年代时，发达国家的人口出生率开始逐步下降，至20世纪80年代，很多发达国家的人口增长率已经降至0或接近于0[①][②]，但发展中国家的人口还持续处于增长状态。

一个显然的事实是，基础医疗水平的提高和就业条件的改善，以及部分夹杂着特定政治目的的人口政策的推动，让发展中国家的人口死亡率比人口出生率下降得更快，造成了城乡人口规模的急速扩增，但这一人口规模扩增形势显然已经大大超前于任何层次的工业化或农村经济发展，尤其是这些国家广袤农村地区的人口增长，给那些相对贫困的农村地区带来了难以缓解的生存压力。

（三）国际理论话语中的城市化研究

社会变迁整体意义上的进步莫过于城市社会取代农业社会，而城镇化则正是人口从乡村流入城市以及人口在城市集中的社会进化过程。城市化不仅会在城镇体系方面发生巨大变化，还会在城镇之间引起土地利用模式改变、社会生态改变以及建筑环境改变和城镇生活的本质变化。综合而言，城市化一词有四个方面的含义：一是城市中心对农村腹地影响的传播过程；二是全社会人口逐步接受城市文化的过程；三是人口集中的过程，包括集中点的增加和每个集中点的扩大；四是城市人口占全社会人口比例的提高过程。[③] 而如何实现城市化则是更为复杂的问题。因此，相应地已经发展出许多城市化理论[④]。

首先，如导论部分所述，有关城市化的理论大致有五大类型。（1）区位理论。这一理论强调区位空间生产要素的不同，空间上的集聚会产生效

① 马乐庆：《哪些国家的出生率正在下降》，《现代外国哲学社会科学文摘》1981年第2期。

② O. 奥斯科尔科娃、黎汶：《人口的零增长及其对西方国家的影响》，《国外社会科学》1986年第9期。

③ 许学强、朱剑如：《现代城市地理学》，中国建筑工业出版社，1988，第46～47页。

④ 有关该部分更多的内容，详见李斌、毛鹏飞《走向更具包容性发展的新型城镇化理论》，《湖南师范大学社会科学学报》2016年第6期。

益，侧重于中心区位的发展。（2）城乡结构转换理论，从二元结构融合视角分析人口迁移，认为人口迁移会导致城乡结构融合。（3）非均衡发展理论，从经济发展不平衡的角度论述区域经济发展中产业空间聚集的原因和机理。（4）协调发展理论，从人与自然和谐发展和可持续的角度论述城镇化发展规律，典型的理论有霍华德的田园城市论、恩维的卫星城市论和沙里宁的有机疏散论等。（5）城镇化发展阶段论。英国学者范登堡在《欧洲城市兴衰研究》一书中提出，城市化的第一阶段属于城市化集中、快速发展；第二阶段是市郊化阶段，城市进入巩固期，交通工具的机动化是城市空间布局变化的决定因素；第三阶段是反城市化与内域的分散阶段，以自然环境的破坏和肥沃耕地的减少为代价，这种发展趋势会危及城市生存。[①] 20 世纪 80 年代以后，发展中国家城市化中的问题开始突出地显现出来，不少国家城市化水平大大超越了工业化和经济发展水平，城市人口过度膨胀，“城市病”“农村病”不断出现。迈克尔・利普顿认为，不发达国家之所以不发达、穷人之所以穷，是因为没有处理好本国的城乡关系。[②] 萨丝凯・萨森认为第三世界的城市化模式是一种依附型城市化，是世界经济体系内部不均衡的基本特征的反映。20 世纪 90 年代以后，世界经济体系的分工日益深化，克拉克提出了“城市世界”的观点，指出世界一半以上人口将居住在城镇，未来几十年城市人口仍将迅速增长，世界正在变成城市地区。

其次，如果从研究成果所出现的时段分，国外关于城市化的研究大致可以分为三个时期。第一个时期为 1900 年以前，代表作有马克思的《资本论》《政治经济学批判》、恩格斯的《英国工人阶级状况》、亚当・斯密的《国富论》等。虽然这些著作不是关于城市化的理论专著，但对于城市化问题已有不少论述，有些论述甚至是非常深刻的。第二个时期从 1900 年至 1945 年，国外的城镇化研究大多关注全球或区域大范围的城市化空间扩散组织结构及城市化的发展规律，其理论大致可分为分散主义和集中主义两大派系。两大派系主要形成于 1898 ~ 1935 年，并对以后的城镇化理论研究及城市化进程产生深远影响。盖迪斯、帕克、霍伊特等试图用生态学原理

---

① 高珮义：《中外城市化比较研究》（修订版），天津南开大学出版社，2004。

② Lipton, M., “The New Economics of Growth: A Review,” *World Development* 5 (1977): 267 - 270.

解决城市化问题。[①] 第三个时期为20世纪中后期至今，随着经济、社会、生态等各学科向城市化领域渗透，城镇化理论逐渐向多元化方向发展。这一时期，哈格斯特朗、佩鲁、弗里德曼等从空间扩散的角度对城市化进行了探讨，分别提出了现代空间扩散理论[②]、增长极理论和“核心－外围”模式理论等空间扩散学说。生态学派也得到发展，形成了“芝加哥学派”。新马克思主义学派则试图利用马克思主义政治经济学来解释城市化动力机制，代表人物为英国的哈维和美国的卡斯特尔；麦吉则从城乡一体化以及区域经济的角度对城镇化问题进行了研究，并通过实证分析认为东南亚国家的城市化模式明显区别于西方国家，其城市化的最终目的是实现城乡一体化；诺瑟姆认为城镇化与经济发展之间存在关系，进而指出二者之间是一种粗略的线性关系；戈特曼首次提出了大都市圈概念，用以概括一些国家出现的大城市群现象，并认为交通运输和信息产业的高度发达是大都市连绵带发展的主要驱动力；吉尔伯特和格勒以及阿姆斯特朗和麦吉侧重于从国际化尺度来研究城市带的形成机制和演进趋势。另外，Pernia 等就城市化可持续发展战略、Rondinelli 就20世纪90年代的城市战略做了深入探讨，而 Stren 和 Yeng 认为城市应积极参与国家与地方政策决策过程，以提高城市化质量等。

最后，除了有丰富的城市化理论成果之外，在具体的实践中，不同国家也形成了不同的城市化模式，按照政府与市场机制在城市化进程中的作用、城市化进程与工业化和经济发展的相互关系，可以大致将世界城市化模式分为以下三种。一是政府调控下的市场主导模式，主要代表国家是西欧各国。在这种模式下，市场机制为主导，政府通过行政、法律等手段，发挥引导作用，城市化与工业化总体上是一种比较协调的互动关系，是同步型城市化。二是自由放任的城市化发展模式，以美国为代表。其对城市化基本采取自由放任的政策，走市场化的发展道路，政府的调控力量比较薄弱。三是受殖民地经济制约的被动城市化模式，如拉美地区和大部分的非洲国家。它们大多被动采用殖民地时期宗主国的城市化模式，表现形式多为过度城市化，这种模式存在颇多问题。

城镇化目标被转述为人口城镇化。城镇化被期待能够带领人类迈向公

---

① 沙弥：《城市生态学》，《城市问题》1987年第4期。

② 刘妙龙、陈鹏：《城市空间扩散增长模型与模拟》，《人文地理》2004年第2期，第6～11页。

平、富足、有活力的未来，能够消除城乡之间的隔阂，化解二元社会固有的矛盾。随着城市人口的增加，20 世纪 50 年代，全球只有 29% 的人口居住在城市，这一数字到 1990 年上升到 43%，2014 年上升至 50% 左右，预计到 2030 年会增长到 61%。大多数人口居住在城市正在成为现实。于是，人口城镇化问题越来越受到关注，人的城镇化也逐渐被认为是城镇化的关键。西蒙・库兹涅茨认为城市化是城市和乡村之间的人口分布方式的变化。从 W. L. 托马斯和 F. 兹纳涅茨基对在欧美国家的波兰农民进行研究开始，西方开启了人口城镇化问题研究，并逐步关注移民文化性身份的转换引发的适应问题。由于流动人口现象变得越来越复杂、越来越不同于以往，学术界出现了一些新思路，提出了许多有影响的理论和模式，如网络说、连锁因果说、系统研究论等。

宏观上的研究，主要涉及社会结构嵌入、政治与社会系统整合、市场的结构性动力等，比较盛行的理论主要有“二元经济结构理论”、“推－拉”理论、新古典经济均衡理论、新古典主义经济学理论、新经济移民理论、劳动力市场分割理论、世界体系理论、移民系统理论的人口迁移理论，这些理论揭示了发达国家人口迁移与城市化的动态机理，总结了其人口迁移与城市化发展具有内在的逻辑对应关系。中观上的研究，主要是指人口城镇化过程中的社会资本、社会网络、社会政策、社会空间研究，包括迁移预期收入理论、移民网络理论、公民权理论、社会孤立假设、贫穷集中或社会孤立理论、Morris 和 Gallie 的社会分割或社会网络分割理论、生命周期迁移理论，以及社会政策与社会排斥的研究、社会政策与社会整合或社会一体化的研究，社会政策与社会平等和正义的研究等。微观上的研究，主要体现为人口城镇化过程中的社会融入或社会整合研究、社会认同研究、群体适应研究、社会距离研究等，具体包括社会融入理论，如“盎格鲁遵从论”、“大熔炉论”、“融合论”、“多元文化论”、“文化生成论”、“区域融合论”、社会关系网络的研究、复杂网络生长模型研究、集体行为的研究、“相对剥削感”、资源动员理论、政治过程理论、社会建构理论、“集体认同感”、“框架建构”、雇佣关系与心理契约理论等。除此之外，还有戴维・波普诺归纳的流动人口市民化过程中的社会适应反应与心理反应，包括被动接受、个人攻击行为与暴力、集体抗议、自我隔离、自愿同化，选择这种反应的人试图学好主导群体的语言、服饰、行为模式以及其他文化特征。随着研究的深入以及对城市化本质的把握，人口城市化正在越来越成为城市化关注的热点与重点。

二　城乡一体化的国际经验与理论透视

（一）从城镇化到城乡一体化：问题域的转移

城镇化与城乡一体化属于彼此联系却又有所区别的两个问题域。如上文所述，人们一般从两个层面来理解城镇化。第一个层面将“城镇化”理解为“化城镇”，即将所有不具有城市性质的要素转化成具有城市性质的要素，在此过程中，“化”是一种过程和方法，而“城市”本身变成了一种目标。城镇化的核心议题是将乡村人口日益转变为城市人口，同时也是一种将乡村地域转变为城市地域、乡村传统产业转变为现代非农产业的历史过程。毫无疑问，这些都属于客观化层面的经济社会空间变迁。第二个层面将“城镇化”理解为一种与“现代化”具有同等意义和话语地位的社会存在形式和生活方式，“化”被理解为具有道德正义属性的社会进化状态，是一种整体性的、全方位的社会变迁模式，也是城市生活的社会和行为特征在全社会的拓展和移植。表达这种观点的代表著作是美国社会学家路易斯·沃思（Louis Wirth）所著的《作为一种生活方式的都市生活》。①沃思认为，作为一种大规模、高密度和居民异质性的人口聚居点，城市社会存在较为独特的交互作用方式，并对社会生活产生了诸多后果。由此可见，学术界有关城镇化的基本命题和理论预设都带有强烈的线性发展的社会进化观念，我们可以将其理解为一种“城市中心主义”倾向（也有学者将其称为“城市偏向”），其论述的主体在于城市，而乡村则完全被赋予了依附性的客体地位，而城乡一体化则涉及如何看待城市与乡村两大主体之间关系的问题，且这种关系不必然属于“城市中心主义”的讨论范畴。事实上，如果从概念缘起上去追溯城乡一体化的基本内涵，我们会更容易明白这一点。

20 世纪 60 年代，西方发达国家城市化逐渐步入郊区化阶段，诸多核

① 路易斯·沃思：《作为一种生活方式的都市生活》，赵宝海、魏露译，《都市文化研究》2007 年第 1 期。

心城市的经济社会空间迅速出现了去中心化现象，大量中产阶级家庭开始选择迁移到城市郊区居住和生活，这极大带动了原本处于城市边缘和服务末梢的城郊区域的交通网络、居住环境以及商业服务和公共服务体系的发展。正因如此，随之出现了一个新的区域性空间概念——“城乡综合体”，其核心特征是“非城非乡”和“亦城亦乡”并存一体，有点类似于当前中国城市中的城乡接合部。在空间分布上，这一“城乡综合体”主要集中于大城市周边的广大郊区，并以周边地区的小型集镇为生活服务供给的次中心，通过大城市的主要交通走廊与之相连，不过这也使城市居民的职住分离进一步扩大。[①] 在一定程度上，“城乡综合体”的出现确实有效推动了欧美国家的城市要素与乡村要素的交互融合，带动了一部分郊区型集镇的开发和发展，但这一交互融合并没有建立在乡村特有产业的振兴基础上。来自城市的精英阶层们只是在城郊地区建立起一块块能更加提升其生活品质的生活园区，他们的核心注意力仍然倾注在城市产业的深度发展上，乡村的特色产业以及依托于这些产业壮大起来的居住群体并没有形成，这也就决定了城乡融合必然存在再次分离的可能。事实上也确实是如此，在20世纪80年代以来的后工业化社会中，美国的大量城郊型居住社区开始随着城市制造业的没落而陷入衰败，中产家庭不仅面临着生活质量下降的风险，而且不得不搬离这些生活成本较高的居住区，重新居住在城市中心区域，包括之前被他们诟病良久的内城区，从而导致了一波新的“再城市化”风潮。而许多原来具有极高品质特征的城郊小镇，则不得不又退回到它刚刚兴起之前的那个原点。

当然，除了在欧美城市化的实际演化周期中出现的“城乡综合体”外，还有很多学者从社会发展或城市规划学的理论视角出发，很早便提出了一系列有关城乡融合发展的设想和理论观点。首先是19世纪上半叶以圣西门、欧文、傅立叶等为代表的空想社会主义学者，他们为了寻找到一种理想的城乡生活秩序，主张在社会主义社区运动中建设具有城乡融合性质的新型社区。圣西门最早提出了构建平等的城乡社会组织体系的构想，傅立叶不仅提出了“法郎吉”社会的构想，而且还进行了建设试验，虽然最后这一建设项目以失败告终，但代表了人类对于破除城乡对立的一种积极

① 张沛、张中华、孙海军：《城乡一体化研究的国际进展及典型国家发展经验》，《国际城市规划》2014年第1期。

尝试。此外，还有欧文的“协和村”模式、普尔曼的“公司镇”模式等。其次是20世纪30年代区域学派提出的“区域新城化”模式，他们认为，城市不应该仅仅是一个完全独立的单一空间体，因此城市规划也不应该长期停留于“旧城规划”的思维定式之中。城市是由诸多不同类别的空间体广泛组织起来的区域，包括城市周边人口在3万人左右的新型城镇中心（也可以叫“卫星小镇”），这些小城镇和大城市共同构成的具有紧密关联的区域重新被定义为“新城”。区域学派提出的“新城市主义转向”为资本主义国家的城乡一体化建设提供了大量理论资源，但这一理想的城乡空间模型在二战后的城市化浪潮中没有得到很好的实践，尤其是现代区域学派提出的基于“新城人本主义”的建设思想，随着区域化城市和低密度郊区的无序蔓延而仅仅成了一种理论设想①，但这些观点为现代区域学派的发展奠定了基础。

由此可见，城镇化并不一定意味着城乡一体化，从前文有关发达国家和发展中国家在城镇化进程中形成的多元实践模式也可以深刻感受到这一点。城市与乡村之间的关系持续经历着一种动态的演变过程，这种演变取决于很多情境性因素的变动以及政府、市场和社会组织等力量在其中所做出的抉择。人类社会一直在苦苦探寻具有高度稳定性和持久发展性的城乡一体化模式，这种模式一定是基于多维功能的契合而塑造出来的，即是说，这种模式一定是城乡之间在很多面向上高度融合的，不同的区域虽然有不同的定位，但是公平地共享同一种社会文明的成果，从而实现从传统的城乡空间分割下的区域不平等转向基于个体发展需要而自主选择的个体性机会平等。毫无疑问，这必然会产生出一个整体性的和不确定性的研究领域，吸引着世界各国城市建设者和理论思考者的目光，但综合而言，城乡一体化确实代表了人类对未来社会的一种理想追求，在追求理想的道路上，不同的国家探索出了丰富的经验成果，这些经验成果也应该成为我们思考未来中国城乡关系的重要理论源泉。

（二）西方发达国家城乡一体化的基本经验和教训

人们只要些微考察西方发达国家的工业化进程就会发现，农业革命与

---

① 章征涛、宋彦、丁国胜等：《从新城市主义到形态控制准则——美国城市地块形态控制理念与工具发展及启示》，《国际城市规划》2014年第1期。

工业化进程之间存在着千丝万缕的联系。工业化发展需要一定程度的资本原始积累，否则便无法启动工业化的“发动机”，而实现资本原始积累的首要任务，必然首先由农业生产来完成。当然，欧美列强在工业化启动之后也通过对外扩张的殖民运动来积累原始资本，不同国家之间甚至为了重塑海外资本市场的权利格局而大打出手，并根据战争胜负结果来划定它们在广大前工业化地区的势力范围，但这些扩张运动都只能说是西方发达国家工业化的一种自然结果，或者也可以被认为是推动其工业化进程的“催化剂”。毫无疑问的是，在英国刚刚启动工业化时的资本原始积累，必然只能由英国在工业革命之前的农业革命来完成。[①] 英国学者也认为，工业革命之所以首先在英国发生，一个重要原因在于英国更早地在17世纪末至18世纪初出现了农业革命。[②] 虽然农业革命是针对当时的农业危机而由国家发动的，但农业革命所产生的后果直接与工业革命相联系。总的来说，英国的农业革命不仅可以提升农业生产效率，为工业投资和生产提供更多的农业剩余，以及释放出一大批农村剩余劳动力，而且还能够带来更高的消费需求，包括农业再生产消费需求和农村居民生活消费需求等，这构成工业化发展的重要需求侧之一。此外，农产品出口还可以创造一定规模的外汇储备，有助于引进国外的工业产品和技术，推动本国工业技术从被动吸收转向自主创新。但在工业革命初期，欧洲城市化的高歌猛进在很大程度上扩大了城乡差别、激化了城乡矛盾，一种鲜明的“城市中心论”成为主导当时城市化进程的主流意识形态，繁荣的城市与凋敝的农村形成了强烈对照。但从19世纪中叶开始，随着工业革命的完成，西方发达国家的城乡关系开始出现重大变革，城乡一体化开始成为其城市化战略的重要组成部分，并逐步构建起产业协同、职能一体、空间互构的新型城乡关系。

1. 产业一体化：提升农村产业现代化水平

产业一体化是西方发达国家城乡统筹政策中最重要的中枢构件。作为一种经济关系，高度协同的城乡产业关系一直是推动西方发达国家的城乡关系在工业化后期出现整体转变的核心驱动力量。乡村产业的发展必须依

① 谷延方、侯建新：《17世纪英国城市化与非农化——危机下的社会转型》，《世界历史》2013年第1期。

② 贝罗奇：《1700—1914年的农业和工业革命》，载齐波拉主编《欧洲经济史》第3卷，吴良健译，商务印书馆，1989。

托乡村独特的经济社会资源，只有找准自身在现代产业体系中的定位和市场空间，才能形成具有一定竞争力的优势产业，才能具有源源不绝的经济活力。而且也只有充分振兴乡村产业，乡村才不只是城市精英阶层逃避“城市病”和获取高品质生活的一个临时场所，还是推动国民经济发展、促进地区发展提质升级的内在动力。西方发达国家高度重视乡村产业发展对城市化的重要意义，为了提升乡村产业竞争力、盘活乡村资源，西方发达国家主要采取了以下措施。

第一，通过加快农村土地要素流通来大力发展农业规模化经营，并以规模化农业为支撑构建农村中小企业发展体系。从历史人类学的角度来看，西方民族大多属于游牧民族的范畴，大部分人口围绕在某一庄园或公国附近聚集，大部分土地处于疏散化状态，没有形成像中国（尤其是胡焕庸线以东的地区）那样的普遍化的村庄密布体系。也就是说，与中国这种传统的农业国家不同，西方发达国家较少存在农村人口过密化困境。大量的农村劳动力在工业革命的“土地兼并”浪潮中被迫流入中小工业城镇或大城市，成为工人阶级的一部分，也有一部分人滞留在农村，转变为专业的农业工人[①]，为农村产业化提供了合适的劳动力。私有资本对农村土地的自由整合为农业规模化经营创造了空间条件，工业革命带来的科技进步为农业规模化经营创造了技术条件，城市资本的崛起为农业规模化经营创造了资金和金融条件。以英国的农业规模化经营为例，1935 年时英国就已经拥有了 680 万个家庭农场，每一个家庭农场都是一个单独的农业规模化经营主体，但在经营形式上，具有强大资本支撑的农业合作社成为主导农业规模化经营的关键力量，如涉足多个经济领域的“CO-OP 英国合作社”，它通过购买、租用等方式从贵族或小农场主那里获得和整合土地资源，经营了英国约 15% 的可耕地。那些参加农业合作社的农民不仅可以继续从事农业生产，转变为专业的“农业工人”，而且可以通过多种方式获得经营收入，包括土地租金、劳动收益、股份分红等。[②] 农业规模化经营刺激了英国乡村企业的发展，农业生产出来的原材料不必远距离运输到城市工业中心，而是可以近距离在中小城镇进行深加工。2014 年时，英国农村的小

---

① 谷延方：《重评圈地运动与英国城市化》，《天津师范大学学报》2008 年第 4 期。

② 罗来军、王永苏：《城乡一体化实践的可操作“节点”：观照英法美》，《改革》2014 第 3 期。

企业数量已经超过了城市地区，每万人的企业数量达到了520家。在这些农村地区中，农林渔企业占17.4%，成为绝对的主导产业，支撑农林渔企业发展的专业化科技服务业企业占14.8%，批发、零售贸易等企业占14.1%，建筑业企业占12.3%。[①] 乡村产业的发展极大优化了农村居民的就业机会结构、提升了农村居民生活质量，城乡居民的经济地位差距不断缩小。

第二，通过政府的“一揽子”政策主动培育和规范农村市场，积极主动地引导农村经济发展。资本主义国家虽然奉行自由主义市场经济模式，但这并不意味着这些国家对城乡经济的发展采取完全不干预的态度，必要的公共职能在推动城乡经济融合的过程中发挥了重要作用。为有效规范农村市场，英国政府不遗余力地为乡村企业搭建产业发展所需的各类公共平台，包括扩增就业服务设施（例如搭建农村就业信息网站、开展农村就业技能培训、推进农村信息网络宽带建设等），建立农村经济增长试点网络，构建农业“产、学、研”协同创新中心，利用多方优势资源积极为农村产业发展综合助力。此外，英国还制定了一系列对农村制造业工艺创新的鼓励政策，积极推动乡村企业不断更新产品和服务供给模式以及提高产品生产技艺和生产效率，更新传统的农业组织管理系统和办公系统，通过政府的优惠政策积极吸引乡村企业投资者，积极构建“资本下乡”良性推动机制，以提升农村市场的核心竞争力。美国从20世纪50年代开始也通过税收政策杠杆积极鼓励和引导城市企业从都市迁往郊区，以提升郊区产业的竞争力。为更加激发农民的生产积极性，美国不断加大对农业的固定投资比例，提高农民的直接经济补贴，仅2000年美国政府对农民的直接经济补贴便达到了100亿美元[②]，最终建立了一个由多元主体主导的相对完备的农村金融体系，包括由政府主导的政策性金融体系和农村合作金融体系，以及由市场主导的农村商业性金融体系和农业保险体系等[③]。相比于英国和美国，日本更加注重通过政府力量“自上而下”地引导农村产业的发

① 王勇辉、管一凡：《英国城乡统筹政策对我国城乡一体化战略的启示》，《城市观察》2014年第5期。

② 新玉言：《国外城镇化：比较研究与经验启示》，国家行政学院出版社，2014，第115页。

③ 肖东平、李娅：《新农村金融：美国的经验做法及中国的路径选择——基于建设社会主义新农村视角》，《城市发展研究》2006年第3期。

展，更加偏重通过产业政策而非社会政策来弥补农村发展的短板。[①] 在第二次新农村建设（1967～1979 年）期间，日本多次采取“市町村合并”政策来跳跃式推进农村现代化水平[②]，在此基础上，政府不仅详细规划了 3100 个市町村的现代化建设，而且进一步加大了补助金农政的实施力度，每个市町村都获得了 9000 万日元以上的国家发展补助和 2000 万日元的国家农业金融机构贷款。为进一步扩大日本农村产业的独特市场空间，从 1979 年开始，日本着重推行“一村一品”运动，试图通过错位竞争战略着力打造村级“拳头”产品[③]，这些都极大地推动了日本农村产业的发展，并且对以中国、韩国为代表的东亚周边国家的农业现代化道路产生了深远影响。

第三，通过推动职业技能教育为农村产业发展培育专门人才，提升农村发展的内生动能。不仅美国高度重视对农民的职业技术教育，而且英国、日本、德国、法国等资本主义强国都强调对农村人力资源的开发。英国不仅在全国范围内建立了职业教育网络，而且还根据不同地方的产业特色，构建具有专门化的农民职业技术教育体系，同时注重充分发挥市场对于人力资源配置的自动机制，积极构建“自下而上”的人力资源市场一体化模式。[④] 与英国相似，在农村开发实践中，日本也大力推广“工业高中”制度和职业训练制度，不仅通过政府力量来积极培育农村经济社会发展所急需的技术工人，而且积极鼓励企业和社会团体开展农业技能培训或岗前培训，从而构建起“政府－市场－社会”三位一体的农业技能培训体系。德国一直是职业技能教育的传统大国，职业技能教育在德国的产业发展体系中具有举足轻重的地位。为了提升农业的专业化水平，德国积极推动多元化的农民职业技能教育培训，而且在专业化的职业技能教育系统内部大量设计与农村产业发展密切相关的职业方向，以此激发大学生投身于农村产业发展的热情。

---

① 平力群：《日本农业政策的转向：从社会政策到产业政策》，《现代日本经济》2018 年第 2 期。

② 焦必方、孙彬彬：《日本的市町村合并及其对现代化农村建设的影响》，《现代日本经济》2008 年第 5 期。

③ 温信祥：《农业现代化的日本经验》，《中国金融》2014 年第 11 期。

④ 徐铮、房国忠：《发达国家城乡人力资源市场一体化模式研究——兼论中国城乡人力资源市场一体化的模式选择》，《东北师大学报》2014 年第 6 期。

2. 职能一体化：提升农村公共服务均等化水平

发达国家城乡一体化的第二个重要推进维度是城乡公共服务均等化。农村产业的培育和发展并不是一蹴而就的，需要国家和社会从多个维度加大对农村基础经营环境的建设力度，而这无疑取决于国家财力现状。当以制造业为核心的工业化进程取得一定的财政积累时，“工业反哺农业”随之成为可能，而这种反哺主要体现在城乡公共服务均等化建设的两个层面。

第一，加强农村基础服务设施建设，提升农村产业发展和生态宜居水平。发达国家都高度重视对农村基础服务设施的建设投入，并以此作为农村产业发展的必要支撑。以英国为例，英国政府高度重视农村区域的道路网络、水利网络、电信网络的建设，经过多年的资金投入和持久建设，现在英国农村已经基本上拥有与城市地区相同的生活条件，越来越多的城市人或城镇人愿意生活在农村地区，享受安然、静谧的“田园城市”风光。值得一提的是，英国政府还高度重视农村地区得天独厚的生态环境价值，将农村生态环境确定为农村产业发展的核心竞争力。从 1978 年开始，英国政府多次组织对英国农村地区生态环境的诸多要素的动态监控和评估活动，在此基础上构建出一个动态管理的农村生态服务系统。① 可以说，这是英国在农村发展上利用大数据实现科学管理和服务的一次超前操作，并作为以后农村发展政策调整、生态环境监管、自然灾害防御、财政资金拨付、生态资源利用等方面的重要依据，颇具“数目字管理”的意味。与英国相似，自 20 世纪 30 年代的“罗斯福新政”开始，美国也开始高度重视通过国家力量推动农村基础设施的建设，美国农村的道路、水电设施、排灌设施以及市场平台等公共设施均得到了长足发展，这些都为美国之后的农村产业专业化发展奠定了坚实基础。

第二，加强农村社会事业建设，推进城乡社会福利均等化。发达国家在积极补全农村基础设施建设短板的同时，还高度重视对农村社会事业的投入，包括农村教育、医疗卫生、基本社会保障以及公共行政服务等领域。以日本为例，日本政府高度重视通过制度建设的手段来推动农村社会事业的发展，一是确立了公共服务建设的分级责任制，其中，中央政府负

---

① 王勇辉、管一凡：《英国城乡统筹政策对我国城乡一体化战略的启示》，《城市观察》2014 年第 5 期。

责提供社会事业建设所需的财政资金和技术，都、道、府、县负责提供具体的公共服务内容，在更加具体的服务事项上则进一步向市町村级倾斜；二是确立了地方财政的国家转移支付制度，这与中国现在的转移支付制度极为相似。为了能够更加有效地推动公共服务均等化，尤其是补齐落后地区公共服务的短板，日本政府建立了统一分配和支付的财政体制[①]，以缩小城乡差距和区域差距。与日本相似，英国、美国、德国、法国等都建立了相对完备的农村公共服务体系，极大地缩小了农村与城市社区的差距。例如，美国从 20 世纪 60 年代以来一直推行农村社区发展政策，通过立法的形式确立了一系列与农村社区建设有关的政策法规。根据这些政策法规，美国农业部将农村社区建设项目细分为四个子项目，用以支持农村社会事业的发展。一是住房和社区设施项目，用以确保农民的基本住房需求得到满足。2009 年以来，该项目帮助美国 2.1 万个社区的农村家庭维修住房，为 1000 多个住房项目和 8000 多个社区设施建设项目提供了资金支持，以此缩小城乡之间在住房品质上的差距。二是社区经济和商业发展项目，通过商业或合作社项目的形式为农村企业提供金融支持。三是农村社区基础设施建设投资项目，用以帮助农村社区提供水利灌溉、污水处理、垃圾清理、宽带、电气化等关键性的基础设施投资。四是贫困农村社区支持项目，集中国家 - 市场 - 社会的多方力量推动了美国 700 多个持续贫困县的经济社会发展。[②]

3. 空间一体化：统筹城乡空间规划

城市化是一个城乡空间剧烈变动和动态演化的历史过程，而空间规划则一直是西方发达国家在城市化进程中实现城乡关系一体化的重要变革工具。传统的城市空间规划大多只针对某个单一城市的产业和社会发展需要，而不太会考虑农村地区与城市地区在整体发展和空间协调上的统筹问题，这也是导致工业化初期西方发达国家城乡差距逐步扩大的重要原因之一，而且随着城市化效应对周边地区的外溢，城与乡之间的边界已经变得越来越模糊，这也给传统的以城市为中心的空间规划带来一定挑战。[③] 现

① 周维宏：《社会政策视域下的日本农村振兴路径》，《日本学刊》2018 年第 5 期。

② 芦千文、姜长云：《乡村振兴的他山之石：美国农业农村政策的演变历程和趋势》，《农村经济》2018 年第 9 期。

③ 杨欢：《英格兰城乡空间划分体系演进及其借鉴意义》，《国际城市规划》2017 年第 5 期。

实经验告诉我们，不合理的、短视的空间规划对城乡经济社会的后续发展往往贻害无穷。综合而言，西方发达国家推进城乡空间一体化的主要经验集中于两个层面。

第一，加强对城乡空间规划的统筹兼顾。以英国为例，作为现代城市规划的起源地[①]，英国为了规范城乡空间规划的法律体系，在 1932 年就制定了旨在提升城乡协调发展水平的法规——《英国城镇和乡村规划法》。为进一步推进城乡统筹、完善英国的城乡规划监控系统，英国在 1990 年又制定了新的《城市规划法》，这部法律继续强化了政府在空间规划层面的组织权威和公共职能，加强了政府对城乡建设、土地资源开发、生态环境建设以及产业布局、产业转移等方面的监控力度，并且首次将乡村作为城乡空间规划重点，进而形成了多层空间、广域覆盖和指导城乡空间建设的一元化城乡规划控制体系[②]，为提升英国城乡生产方式和生活方式的协调统一奠定了重要的法律基础。在城乡规划方式上，英国虽然主张由政府主导城乡空间规划项目，不完全迎合私人资本，但也并不意味着政府就能包办一切。事实上，英国高度重视“充分尊重民意，强调多元参与”的空间规划原则，以英国的乡村规划程序为例，村庄规划首先由农村居民自治组织（教区议会）根据村庄发展所面临的实际困难和问题，提出规划编制或修改申请，然后教区议会会成立一个专门的规划小组负责广泛收集民意，并举行听证会或辩论会。在提出规划内容之前，规划小组需要详细评估村庄的经济社会现状，进而根据实际问题和发展需求提出行动规划。此外，在规划的目标定位上，英国政府还强调城乡空间规划的适度超前。[③] 与英国相似，法国的城乡空间规划也极具特色，为了协调城乡发展，一方面，法国政府将农田也当作城乡之间的绿化隔离带而纳入新城规划之中，以确立“没有郊区的新城”的建设理念，并借此保证城市与农村景观之间的和谐统一；另一方面，农用土地在城建规划中得到了严格保护，政府严格限定了土地性质和用途，从而有效防止了大城市的无序扩张。此外，法国还高度重视建立村落文化保护区，防止村落文化遗失在现代化潮流之中，并

---

① 巴里·卡林沃思、文森特·纳丁：《英国城乡规划》（第 14 版），陈闽齐等译，东南大学出版社，2011，第 1 ~5 页。

② 冷炳荣、易峥、钱紫华：《国外城乡统筹规划经验及启示》，《规划师》2014 年第 11 期。

③ 罗来军、王永苏：《城乡一体化实践的可操作“节点”：观照英法美》，《改革》2014 年第 3 期。

在严格的保护中开发和发展村镇经济，而这些特色村落也被严格纳入空间规划体系之中。

第二，高度重视中小城镇在城乡统筹中的空间角色。前文论及，小城镇在法国和德国的现代城市体系中占据了重要位置，甚至从某种程度上可以说，法德两国选择了一条更加侧重于小城镇发展的城市化道路。20 世纪 90 年代，法国国内人口在 1000 人以下的乡村市镇占总城镇数量的比重稳定地维持在 89% 左右[①]，这一比例充分反映出，长期以来法国的城乡一体化都是以小城镇为空间整合载体的，尤其是 20 世纪 70 年代以来出现的“乡村复兴”运动，让小城镇的独特价值被凸显出来。法国乡村不仅拥有城市社会所没有的自然美景、舒适的生活环境以及便捷的公共服务设施，而且还兼具传统的农业生产、生活居住、休闲娱乐、工业企业生产以及自然保护区的综合功能，诸多优势功能的增加彻底转变了传统乡村的空间景观，使其焕发出新的经济、社会和文化生命力。乡村变成一种“非城非乡”的独特的地方社会共同体。当然，小城镇的价值凸显并不是一蹴而就的，涉及历史文化传统、经济发展水平以及一个地方的人们对生活本身的诸多看法，尤其是城乡生活条件的差别。只有当这些差别趋近于消失，同时小城镇的独特价值得到凸显，小城镇才会成为城乡统筹的空间载体。

除法德两国外，小城镇建设其实也一直是英国城乡空间规划和建设的重点。小城镇不仅是英国的大城市向广大农村地区的自然延伸，而且是连接城市与农村的重要桥梁。一方面，小城镇在英国的城市体系中本身就具有重要地位，例如有 40% 左右的苏格兰城市人口居住在人口 2 万人以下的小城镇之中，这不仅大大缓解了大城市的环境压力，而且极大地激发了英国乡村经济的发展活力；另一方面，英国也严格保护小城镇的地方性特色文化，高度重视特色小镇的历史文化价值，这些特色小镇不仅成为地方历史文化的重要载体，而且成为旅游开发、休闲度假和带动周边乡村产业发展的重要中转站。英国政府高度重视对小城镇历史文化价值的挖掘和保护，并通过立法的形式严格规定小城镇的土地使用、建筑保护以及文化记忆留存等。

---

① 张强、叶齐茂：《新农村建设中值得注意的国外经验与教训》，《世界农业》2006 年第 7 期。

（三）发展中国家城乡关系的基本探索和教训

从前文有关发达国家城乡关系的演变历程的内容可以发现，虽然现代化进程中的城乡关系大多会经历“分离－对立－互动－融合－统一”长时段的多阶段转型，但在转型结果上确实可以从最初的城乡分离迈向最终的城乡一体化，这是一个广为接受的基本事实和具有共识性质的基本判断，也是对传统“城市中心主义”理论范式的重大突破。如果否认这一点，本研究也就失去了基本的价值基础。发达国家的城乡一体化实践让我们不再沉迷于那种在工业社会前期极富渲染力的非均衡的城市偏向理论，转而偏向于工业社会后期逐渐丰富起来的均衡的城乡统筹理论，但与此同时，广大发展中国家的城市化实践也时刻提醒着我们，发展中国家要实现这种城乡关系的现代转型，确实也极为艰难。人们很容易从发达国家的城市化模式中总结出一套菜单式的建设纲要，无论是技术主义的、管理主义的、规划主义的、制度主义的抑或是市场主义的，尤其是那套曾被西方社会奉为圭臬的新自由主义市场理论。但当发展中国家真正开始照单探索这条现代化之路时，却总是辛酸不已，转型的结果并不都是那么尽如人意。人们很难确定影响一个国家实现现代化转型的因素，究竟是取决于该国在资本主义世界体系中的竞争位置及其战略空间，还是取决于国家内部的经济、社会和制度基础，以及建构于这一基础之上的内在的国家动能。无论是受限于外部因素还是内部因素，毫无疑问，城乡关系的深刻变革都是一个充满了复杂性和不确定性的地方性实践，不同经济发展水平的发展中国家对此进行着不同层次的探索。

城乡关系的核心是城乡产业关系，因此要考察发展中国家的城乡关系，必须要综合分析其城乡产业之间整体性的关系模式，正如新马克思主义学者哈维所言，“在理解向资本主义转化过程中出现的社会形式时，分别考虑城市和乡村可能是有用的，例如，从中发现城市工业部门对立于乡村农业部门，农业部门只是在形式上被包容在商品生产和交换的体系中。但是，在一个纯粹的资本主义生产方式下（其中，工业工人和农业工人都在资本的控制下）工业与农业劳动的分离表现形式就失去了许多特殊意义”①。也就是

① 蒂姆·昂温、周希增：《发展中国家的城乡相互作用：一个理论透视》，《地理译报》1991年第3期。

说，我们需要将城乡产业关系作为整体社会结构的一部分加以考察，尤其是农业与工业之间的相互作用关系。在前工业时代，农牧业在发展中国家的经济社会秩序中具有压舱石般的作用，作为政治统治据点的城市的生存完全依赖于农业社会的资源转移（包括人的移动），农业生产的稳定性直接影响国家政治的稳定性，这是前工业社会中城乡关系相互作用的根本所在。

在工业化进程中，农业成为工业化（尤其是重化工业化）原始资本的不二来源，但可惜的是，在发展中国家有机会启动工业化时，大多已经不再具备相对雄厚的农业基础（有的是因为长期以来都很薄弱，有的是因为长期受到外来殖民势力不平等的盘剥，还有的是因为内外部因素带来的政治混乱，例如殖民战争、种族战争等），这也是它们与以英国为代表的西方发达国家在工业化源头上的重大差别之一。但它们依然只能从薄弱的农业生产系统获取剩余价值，这也意味着发展中国家的工业化必然只会伴随着更加难以跨越的城乡鸿沟。当一个国家的工业制造能力无法获得足够发展空间时，这一鸿沟只能进一步扩大，而确定发展中国家工业制造能力大小的因素，正如前文所讲到的，不仅取决于这个国家在国际市场体系中的位置空间，还取决于这个国家的内生动能，包括技术创新能力、制度动员能力以及资源禀赋本身的大小等。正是在此意义上，广大非洲欠发达国家的毫无发展潜力和产业竞争力的落后农业，是导致非洲工业化进程迟迟难以正常推进的重要原因之一，而这反过来又进一步加剧了非洲农业的贫困化，由此农业发展与工业化之间陷入一个恶性循环。

如何打破这个普遍化的循环，尽可能恢复或提振农业生产力，成为发展中国家在思考城乡一体化问题之前需要解决的第一个难题。以中国为例，1949 年新中国成立之后，国家通过“斗地主、分田地”的土地政策重新激发农业产能，使国民经济很快恢复到战前水平，而农业产能的恢复为新中国的第一波工业化浪潮奠定了基础。在经历了人民公社化运动的挫败之后，1978 年的改革之所以首先在农村发生，也仅仅是因为当时的农业发展所面临的生存困境最为恶劣，严重威胁到了城乡之间既定的相互作用模式和结构秩序。家庭联产承包责任制的推行在不改变土地公有制的前提下灵活分配了土地使用权，变相重新赋予农民以土地，从而重新解放了中国的农业生产力，而这无疑为 20 世纪 80 年代初开启的第二波工业化浪潮奠定了新的基础，且20世纪90年代兴盛起来的乡镇企业也无疑受益于此。可惜的是，盛极一时的乡镇企业在市场化和全球化浪潮之下很快失去了发展动力，尽管有学者认为乡镇企业是中国经济从二元结构转向一元结构之所必须[①]，但现实的结果却是，中国的农村不仅失去了可能的工业根基，而且失去了强化这一根基的劳动人口。此外，由于农村土地政策并未随着农村空心化而适时变动，农业产能受到新的制度禁锢，在此之下，过于失衡的城乡关系导致农村加速衰败，“三农”问题则逐渐成为中国平衡城乡关系的一块致命短板，严重制约着中国的现代化转型。

与中国在20世纪90年代至21世纪初所采取的放任自由的农村工业政策不同，印度很早便开始高度重视对农村工业的专门保护，这种保护着重体现在两个方面。一方面，印度政府通过项目制的形式有计划地资助了一大批农村工业项目，并且在税收优惠、资金扶持、技能培训等方面给予大力支持，尤其是在长期贷款层面不断向农村倾斜，且贷款额度逐年递增。此外，印度政府甚至会主动出面进行厂房修建、设备采购、基础设施建设等，为农村工业发展打造基本的营业环境，以此来推动农村企业招商引资。另一方面，通过立法形式严格规定某些产品只能在农村进行生产，这一颇具市场保护主义的政策有效避免了农村工业受到城市大工业的挤压。相关统计数据表明，1967~1989年，印度共有870多种产品在农村企业完成生产，1985年时印度的农村企业数量达到了127万家，这为900万户农村居民创造了就业岗位，近21%的农村劳动力从事非农产业，尤其是家庭手工业和传统技艺，其创造的工业总产值竟占到印度全部工业产值的50%以上。[②] 这综合说明，印度的农村工业化政策确实是有效的，这些政策不仅极大促进了市场化浪潮下印度农村工业的存活和发展，同时有效缓解了农村人口向城市的过度涌入，在很大程度上缓解了城市人口的生存压力。当然，这并不意味着印度的城乡关系已经达到了一体化的境界，就整体而言，印度的城乡差距问题依旧严峻。

值得一提的是，韩国的农业工业化建设在广大发展中国家中最为成功。韩国的城乡差距在多个维度上已经大为缩小，例如城乡居民收入比已经从1972年的1∶0.3变为2004年的1∶0.8，城乡经济关系开始出现大转折，

---

① 李克强：《论我国经济的三元结构》，《中国社会科学》1991年第3期。

② 靳玉言：《国外城镇化：比较研究与经验启示》，国家行政学院出版社，2014，第121页。

而这一成就的取得在很大程度上得益于韩国从 1970 年开始推行的“新村运动”，即大力推动以农产品加工为主的农业工业化。由于第一波建设运动的成效显著，韩国从 1998 年开始又开展了以“生活改革运动”和“构建新的地区共同体”为核心的第二次“新村运动”，两次运动的开展极大地推动了韩国的城乡工业一体化进程。总体而言，韩国“新村运动”的成功有以下经验。一是因地制宜推进农村产业发展，尊重村民对乡村产业的自主定位，充分调动村庄精英分子的自立能力和创新能力①，不强行推进某统一模式②。二是变革政府对乡村产业发展的支持形式，由以资金支持为主改为以实物支持为主，提升农村工业化的工作效率。三是对农村产业发展给予大量的政策优惠，构建产业发展奖励机制③。四是成功构建出一套“民间主导 + 政府监督”的产业发展模式④，既充分尊重本地民众的自主发展意愿，调动其发展积极性，又强调政府在其中的监督角色，保证国家政策的有效贯彻和落实，并根据实际需要及时反馈和动态变动既有的政策支持体系。

由此可见，对于后发型发展中国家而言，农业工业化的核心是推动农村的各种经济要素（土地、技术、人口、原材料等）实现高效组合，通过产业发展的形式将最具地方特色的资源价值化，并在城市产业体系中找到自身市场定位。在推进农业工业化进程中，政府不能完全奉行新自由主义的放任政策，而是应该积极作为，全面引导和支持农村产业的开发和壮大，并为之提供强有力的制度支持和组织力量支持。当前，中国政府正在开展的精准扶贫和乡村振兴战略，其中的很多对策措施都受益于发达国家和发展中国家既有的农村产业化政策实践。我们不仅通过“三权分置”的土地政策破除了传统土地政策的制度禁锢，进一步解放了农村生产力，而且在充分利用市场机制的同时为推动农村产业发展注入了大量政府力量。这种力量投入无疑是空前的、巨大的和持久的，可以期待，中国的农村产

---

① 宣朝庆：《政府如何主导新农村建设——基于韩国新村运动的分析》，《社会科学战线》2011 年第 10 期。

② 李养秀、张立：《韩国新村运动的政府援助及应用策略》，《国际城市规划》2016 年第 6 期。

③ 韩道铉、田杨：《韩国新村运动带动乡村振兴及经验启示》，《南京农业大学学报》2019 年第 4 期。

④ 刘义强、胡军：《动员型自主：韩国新村运动的运作过程与核心机制》，《青海社会科学》2015 年第 3 期。

业化正在重新迎来大发展的新浪潮。

（四）国际理论话语中的城乡关系研究

城乡关系是广泛存在于城市和乡村之间的相互作用、相互影响、相互制约的普遍联系与互动关系，是一定社会条件下的政治关系、经济关系、阶级关系等诸多因素在城市和乡村两者关系之间的集中反映[①]，自城市产生后便随之而产生。城乡关系包含相当广泛的内容，如城乡发展关系（产业发展关系、经济发展关系）、城乡经济关系、城乡文化关系、城乡社会关系、城乡生存关系、城乡运行关系等。如前文所述，各国在发展初期都经历了城乡关系失衡的非良性互动阶段。不过，在发达国家，由于城市化过程在较长时间内消化了一部分流入城市的农村人口，使得城乡对立的矛盾得到缓解，城乡关系的理论研究成为区域经济尤其是城市经济发展的一部分。然而，在广大发展中国家，一边是现代化的大城市，另一边却是贫困、落后、分散的广大乡村；原有城市缺乏对农村人口的吸收能力，新城市缺乏发展壮大的动力，加之政府“城市偏向”与城市居民的“乡村歧视”，城乡之间的二元结构十分突出，城乡二元结构问题及区域二元社会经济文化结构问题的研究在较广泛的领域和视野中展开。中外学者对城乡关系及城乡经济社会发展的理论研究成果是我们进一步深入研究中国城乡关系的理论基石，也是我国统筹城乡发展、构建城乡和谐社会的重要依据。众所周知，西方发达国家真正意义上的城乡空间发展关系研究始于工业革命后，各国在发展初期都经历了城乡关系失衡的非良性互动阶段，并开始了对城乡协调发展理想模式的探寻。从各种学术观点来看，基本可以把已有研究分为城乡非均衡发展论与城乡均衡发展论。

---

① 蔡云辉：《城乡关系与近代中国的城市化问题》，《西南师范大学学报》2003 年第 5 期。

第三章　农村社区空间变迁

居住区累积的自然、历史、文化、经济、政治以及技术会作为强而有力的要素，以显性或隐性的方式作用于人，迫使居住于其中的人按照相应逻辑生活。然而，交通、交流、信息技术、学习教育、媒体娱乐、市场交换、政治制度、外出体验等都会诱导特定区域内的居民跨越边界，实现主流文化认定的进步。农村居民正是带着各自地区的特色，汲取城市“先进”成分，迈向城市化，进而实现城乡协同发展。

中国农村居住空间从地理区域上划分，有鲜明的地方特色；从时间跨度上划分，则经历了从古代到现代形态上的发展。居住空间及其布局凝聚了中华民族极其丰富的文化与习俗。

一　传统农村居住空间以聚落为基本形态

钟敬文在其主编的《民俗学概论》中指出，人类居住方式首先是利用天然空间，其次才是利用人造居住空间。[①] 利用天然空间主要是指如下几个方面。(1) 露宿野处。《庄子·盗跖篇》云：“古者禽兽多而人少，于是民皆巢居以避之，昼拾橡粟，暮栖木上，故命之曰有巢氏之民。”(2) 凿穴而居。利用的洞穴，多在湖滨河旁、高出水面较多的地方，洞内比较干燥，洞口多偏向东、南方，既避风，又向阳。[②] (3) 依树上宿。《太平寰宇记》记载，唐宋岭南地区，“朱吾以南有狼野人居，无屋舍，依树上宿，食生肉，采香为业”。(4) 构木为巢。《韩非子·五蠹》云：“有圣人作，构木

① 钟敬文主编《民俗学概论》，上海文艺出版社，1998。

② 陈平：《雕梁画栋：古代居住文化》，江苏古籍出版社，2002。

为巢，以避群害。”另有《礼记·礼运》云：“昔者先王，未有宫室，冬则居营窟，夏则居橧巢；后圣有作，然后修火之利，范金，合土，以为台榭宫室牖户。”

进入人造居住空间阶段以后，群居聚落就成了人类居住的基本形态。从考古发掘的原始聚落遗址来看，无论是西安半坡遗址，还是临潼姜寨母系氏族村落遗址，都能推断人类以聚落①形式居住的历史已经非常久远②。《汉书·沟洫志》云：“或久无害，稍筑室宅，逐成聚落。”《史记·五帝本纪》有云：“一年所居成聚，二年成邑，三年成都。”村落作为村民共同拥有、经营、塑造的“存在空间”，有其世俗和神圣“轴心”，世俗“轴心”建构人们日常伦理交往秩序；而神圣“轴心”，则是以宗祠为标志，建构人们的心理场域和强化人们的血缘认同，进而构建人神秩序（见图3-1）。有学者指出，祠堂与宗谱是村落文化的标志，古戏台是地方文化加工和保持的工具。③

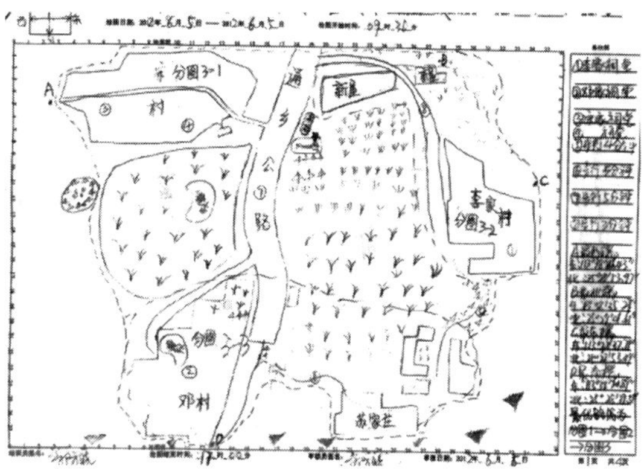

图3-1 湖南省ZF县几个村聚落简图（以祠堂为中心）

① 聚落是人们居住、生活、休息和进行各种社会活动的场所，也是人们进行劳动、生产的场所。人们集中地居住在一起，就形成了聚落。聚落是人类各种形式的聚居地的总称。在汉代，“聚”是有别于里伍体系的“里”这一乡村组织的自然聚落。“聚”是指乡以下的自然聚居地，与“里”的规模大致相当，但不具备行政与法律意义，更不是基层编制单位。在少数民族部落社会里，一落即一帐包；在汉族聚居区，一落即一个住户单位。无论对聚落如何解释，其共同点均强调它所体现的聚居社会与实质空间环境。由此可见，人类聚落由不同层次的空间构成，大到区域、地景和都市，小到村落及院落，彼此间相互关联构成有机的整体。

② 如一处距今约8000多年的原始聚落遗址在内蒙古赤峰市敖汉旗被发现，总面积达3万多平方米的围沟、房址、灰坑等早期遗迹也已全部被发现。

③ 刘沛林：《古村落：和谐的人聚空间》，上海三联书店，1997。

当群居聚落逐步演化为通常意义上的村落后，村落就成了社会结构的基本面，成为个体社会化的必需场所、个人心理依赖的归宿地、人群生息活动的集结体，村落进而成为民俗事象的承担者、民俗表演的舞台、家族文化的承载体，同时还是一种重要的权力体系。[①] 中国村落是理解中国社会特征的窗口。正因为村落具有如此重要的意义，村落自然成为学术研究的重要落脚点。早在 1899 年，美国传教士明恩溥（A. H. Swith）出版专著《中国乡村生活》[②]，书中大量记载了作者对中国农村的观察。1925 年美国社会学家葛学溥（Daniel Kulp）出版了英文著作《华南的乡村生活——家族主义社会学》。在这以后的 20 多年内，许多著名学术大师如梁漱溟、晏阳初、吴文藻、林耀华、费孝通、杨懋春等，都对中国村落展开过卓有成效的研究。中华人民共和国成立以后，英国汉学家莫里斯·弗里德曼（Maurice Freedman）于 1958 年出版了《中国东南的宗族组织》，美国学者施坚雅（G. William Skinner）于 1965 年出版了《中国农村的市场和社会结构》。这以后，黄宗智、杜赞奇（Prasenjit Duara）、韩丁（W. Hinton）等相继对中国村落的政治权力做过研究。进入 20 世纪 80 年代以后，大批外国学者可以实际性地进入中国农村，探讨革命胜利以后的中国村落的变化。20 世纪 90 年代以后，中国本土学者的有关村落研究的成果逐渐问世。如 1992 年，陆学艺出版了《改革中的农村与农民》。陆学艺发现在现代化过程中，农民逐渐离开土地，转变为非农业劳动者，即使留在农村从事农业的劳动者，其社会身份、生产手段、生活方式、价值观念等也发生了相应的变化，传统意义上的农民正在逐渐消失。王沪宁、王铭铭、折晓叶、张乐天、曹锦清、阎云翔、王晓毅、于建嵘、庄孔韶、刘铁梁、董晓萍等一大批学者都对中国农村村落进行了探讨。

大多数研究都有一个基本共识，即中国村落在建构上特别强调防御基础上的宗族礼制和风水观念，而“诗情画意”应该是村落建构的结果。所

① 早在 1927 年，毛泽东在分析中国社会的性质时就指出，中国社会存在着三种权力支配系统：一是由国、省、县、乡的政权构成的“国家系统”，二是由宗祠、支祠以及家长的族权构成的“家族系统”，三是由阎罗天子、城隍庙王以至土地菩萨及玉皇大帝和各种神怪的神权构成的“阴间系统”和“鬼神系统”。（毛泽东：《毛泽东选集》，人民出版社，1944，第 31 页）

② Smith，A. H.：《中国乡村生活》，陈午晴、唐军译，中华书局，2006。

以，尽管许多村落，无论是原始定居型①、主动迁徙基础上的开发型②，还是被迫迁徙基础上的避世迁居型③，或者是历时嵌入④型，村落建设的最终结果，用“后现代”学者的观点来说，都在不同程度上表现为“诗情画意”。

由于不同自然环境下所需要的竞争态势存在差异，传统村落居住空间从地理分布、形态特征、内部结构到周围山水园林、地形水系乃至文化沉淀都各具地方特色。由于聚落的形成和发展受自然地理、宗教信仰、经济活动方式、人口特点、家庭制度等因素的影响，在中华大地就存在不同类型的聚落。（1）依据自然地理分类，就有山地聚落（包括缓坡地带）、高原聚落、平原聚落（含低洼盆地、平坝）、草原聚落、沿海丘陵聚落、湖滨水域聚落等类型；（2）依据经济活动方式分类，有采集狩猎经济聚落、游牧经济聚落、农耕经济聚落、商业经济聚落等类型；（3）依据宗教聚落分类，有原始宗教聚落区、佛教聚落区、伊斯兰教聚落区、基督教聚落区、道教聚落区等；（4）依据家庭分类有单一血缘家庭关系组成的聚落和多个血缘家庭组成的聚落；（5）从形态上分类有方形、圆形、长方形、椭圆形、不规则的多边形和组团式、成片式、成条式、群集式等多种生长模式。在聚落中，房舍布局紧凑，道路系统较为完整，人口多而居住集中，聚落与聚落之间有一定距离并且以道路相连。平坦开阔的地形、良好的水文气候条件、充足肥沃的土地资源和向心意识、群体意识，是集团型聚落形成和发展的地理条件和文化条件。还有散列型聚落。这种聚落一般规模较小，房舍布局零散，无有序的街巷道路，人口少而分散，有的聚落只有几家，多者一二十户。聚落的分布或绕弯淄脊，或背山占崖，或沿沟环谷，或雄踞山巅，为不规则的弹性组群。聚落建筑大都稀稀落落地散列，一个聚落因而往往可以拉长几里甚至十几里地。⑤

另外，学者刘沛林将中国民居的物理形态聚落分为11类：“（1）北京

① 原始定居型是指因原始农业和定居生活的出现而形成的早期村落类型。

② 开发型是指原始村落因为人口的增加、生产力水平的提升，而出现的主动迁移开发建设的村落。

③ 避世迁居型是指人们为了避免战乱、纠纷或寻求隐居等而发生迁移后形成的村落，很多少数民族村落大多由此形成。

④ 历时嵌入是指：（1）移民来此时，周围大环境中已经有聚居人口存在；（2）它不是一个时期迁入的，而是不同时期陆续迁入的。

⑤ 管彦波：《论中国民族聚落的分类》，《思想战线》2001 年第 2 期。

的四合院，（2）南方的天井院，（3）云南‘一颗印’和白族‘三坊一照壁’民居，（4）客家五凤楼、围垄及土楼，（5）西北窑洞，（6）维吾尔族密肋地铺民居，（7）藏族方室、碉房以及彝族的土掌房，（8）傣族干栏式竹楼，（9）壮族、侗族、苗族的干栏式木楼，（10）蒙古包，（11）广东侨乡炮楼与地层高密度民居。”

二　农村居住空间聚落面临解体

首先，农村居住空间聚落的数量在迅速减少。从世界范围上看，到1800年，世界人口总数的97%居住在传统农村聚落里，城市聚落中居住的人口只占3%。[①] 到18世纪中叶工业革命以后，人类聚落人口分布发生了根本性变化，城市人口占总人口的比重1850年提升到6.4%，1900年占到13.6%，1920年则是19.9%，1950年是28.8%，1982年为38.2%，1990年进一步提高到50%[②]，预计到2050年，世界人口将接近100亿人，其中2/3将生活在城市。与此同时，城市的数量迅速增加，规模不断扩大。全世界10万人以上的城市数从1800年的96座增加到1925年的767座，并且出现了3座500万人以上人口的超大城市。“包括郊区在内，1900年世界上只有10万人口以上的城市302个，其中百万人口以上仅11个，而到了1950年便分别增加到906个和71个，1975年更达到1966个和181个。”[③] 到2018年，世界上最大的20个城市拥有近5亿人口。[④] 随着现代价值观念的拓展、城市化和全球化的加速，中国传统村落加速解体。中国城市数量以及城市人口快速增长，据国家统计局综合司发布的《经济结构实现历史性变革　发展协调性显著增强——改革开放40年经济社会发展成就系列报告之二》公布的数据：“1978～2017年，城市数量由193个发展到661个，其中，地级以上城市由101个增加到298个，县级市由92个增加到

① 乌尔拉尼斯：《世界各国人口手册》，四川人民出版社，1982。

② 胡焕庸、张善余：《世界人口地理》，华东师范大学出版社，1982；谢文惠、邓卫：《城市经济学》，清华大学出版社，1996。

③ 王春光、孙晖：《中国城市化之路》，云南人民出版社，1997。

④ 参见《2018全球城市规模排行榜公布》，http://www.sohu.com/a/2796710 54_309770。

363 个，建制镇数量由 2176 个增加到 21116 个”[①]，2018 年的城镇化率提升至 58.52%[②]。另一方面，村庄的数量（以村民委员会计）在快速减少，1985 年中国村落的个数还有 940617 个，由于城镇化和村庄兼并等，到 2001 年就只有 709257 个了。仅 2001 年一年就减少了 25458 个，平均每天减少约 70 个。[③] 根据民政部统计，截至 2017 年 12 月 31 日，全国范围内的行政村总数只有 691510 个了。[④]

其次，村落空间物理形态的集中有序的聚落性格局正在被分散而凌乱的单体型建筑所打破。越来越多的农村人根据住房物理空间形态来评价住房的主人。所以，农村里几乎所有的传统农家大院的整体风貌都被零星新盖的“现代”建筑所破坏而变成农家杂院。这种现象甚至发生在已经纳入遗产保护的许多传统民居保护点，如湖南省凤凰古城的民居群中。所以，目前的中国古村落主要残留于交通欠发达、偏僻独立、地势险要的地区。[⑤] 针对传统村落破败的局面以及发展趋势，原住房和城乡建设部村镇建设司司长卢英方表示，第一阶段要将大部分传统村落列为保护对象，目前全国范围内已经有 4153 个村落被列入保护名录；第二阶段就是要攻坚克难，复苏传统村落。[⑥] 复苏的这些传统村落大多是作为旅游景点开发的，与村民生活上的相关性已经很小。总体而言，中国农村聚落型居住的传统形态已经风光不再。

有学者依据全国 14 个省 28 个村的返乡调查数据，发现超过 96% 的农民在 1980 年以后新建或改建了住房，2000 年以前他们建设的住房大多在 100 平方米以内，而 2000 年以后则大多是 100～200 平方米，半数以上的建筑为两层或多层楼房。2000 年以后城镇化速度加快，农民新建、翻建住

① 国家统计局综合司：《经济结构实现历史性变革 发展协调性显著增强——改革开放 40 年经济社会发展成就系列报告之二》，http://www.stats.gov.cn/ztjc/ztfx/ggkf40n/201808/t20180829_1619600.html，最后访问日期：2020 年 6 月 7 日。

② 陈炜伟：《中国城镇化率升至 58.52%》，http://society.people.com.cn/n1/2018/0205/c1008-29805763.html，最后访问日期：2020 年 6 月 7 日。

③ 李培林：《透视“城中村”——我研究“村落终结”的方法》，《思想战线》2004 年第 1 期。

④ 《2017 年民政事业发展统计公报》，http://www.mca.gov.cn/alticle/sjgb/2017，最后访问日期：2020 年 6 月 7 日。

⑤ 刘沛林：《和谐的人居空间》，上海三联书店，1997。

⑥ 《中国传统村落数量已经达到 4153 个》，http://china.cnr.cn/news/20171127/t20171127_524039732.shtml，最后访问日期：2020 年 6 月 7 日。

房的目的呈现多样化：一些处于较好地段的农民通过扩大住房面积与住房房间数，经营租房业务；在一些有历史文化与旅游资源的村镇，农民则将自己的住房改造成农家乐，实现农民职业的转换。与此同时，也有相当多的农民出于攀比、炫耀的目的而建房。[①]

最后，农村聚落住房空置现象严重，人口空心化问题日益突出。新型城镇化加速的直接后果促使了农村人口向城市转移，于是农村居住聚落人口空心化现象也就成为不争的事实。有学者利用全国 1995 个县的农村人口流动数据计算后发现，“2000 年、2010 年中国农村人口空心化指数均值分别达到 14.22、23.45，呈现时间上的动态大幅上升趋势”[②]。针对农村为什么会出现居住聚落人口空心化问题，有学者提出了一些原因。有学者认为“产业结构变动、城市化发展水平、城乡居民人均纯收入差距是农村人口空心化的主要驱动力”。[③] 有学者则认为，农村人口空心化给农村特定区域的治理带来了困境，[④] 并且，使乡村治理“面临村民自治主体缺位、农村经济发展受限、农村社会问题增多、农村基层党组织建设面临新挑战等”[⑤] 诸多问题，农村社会服务体系的建构也出现人员与资源很难到位的问题。[⑥]

图 3 - 2 与图 3 - 3 是中国人民大学 CGSS 项目于 2010 年和 2018 年在湖南省某县某村的调查抽样简图。对比两个图中的数字编号可以发现，在 2010 年的基础上，2018 年该居住区域有 7 户住房变成了空房。可见，农村居住聚落人口空心化并不是耸人听闻的故事。

---

① 王任、冯开文：《改革以来农民住房的改善及其原因探讨——基于返乡调查数据的实证分析》，《中国农业大学学报》2017 年第 3 期。

② 王良健、陈坤秋、李宁慧：《新农村建设中值得注意的国外经验与教训》，《人口学刊》2017 年第 5 期。

③ 郑殿元、文琦、王银等：《农村人口空心化驱动机制研究》，《生态经济》2019 年第 1 期。

④ 马亮：《人口流出让农村治理“空心化”?》，《社会政策研究》2017 年第 1 期。

⑤ 万秀丽：《 精准扶贫视野下“空心化”农村治理探析》，《甘肃社会科学》2017 年第 2 期。

⑥ 廖鸿冰、廖彪：《农村空心化视阈下社会服务体系构建研究》，《湖南社会科学》2017 年第 3 期。

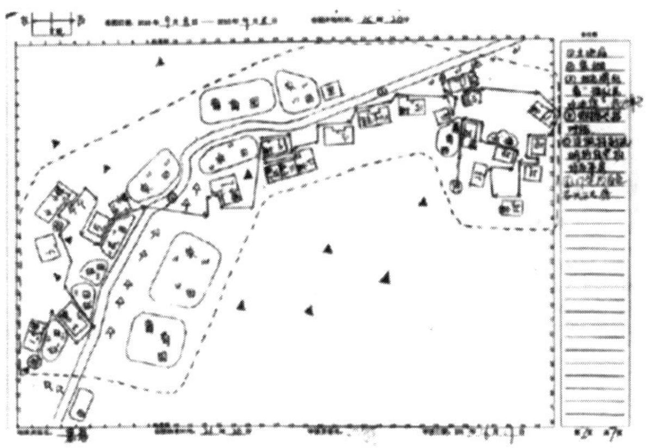

图 3－2　湖南省 ZF 县 G 村 2010 年聚落简图（注：图中数字为农户住房编号）

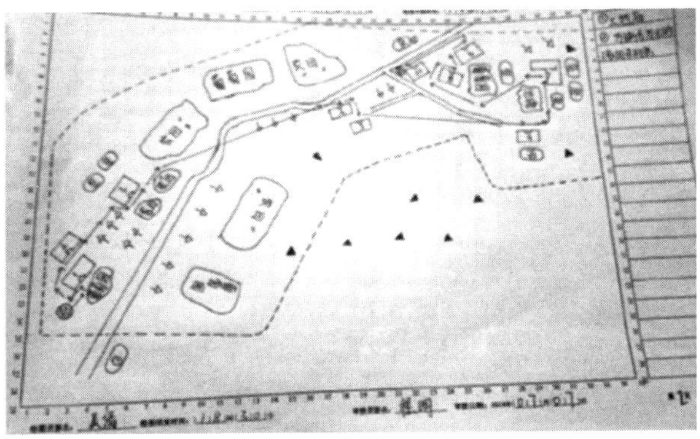

图 3－3　湖南省 ZF 县 G 村 2018 年聚落简图（注：图中数字为农户住房编号）

三　美丽乡村居住聚落再造

新型城镇化战略的实施加速了农村劳动力向城市流动，农村居住聚落零散化、人口空心化是广大农村面临的基本事实。破解农村败落问题已经成为非常紧迫的政治任务。中央政府自 20 世纪末开始相继实施精准扶贫战略以及美丽乡村建设工程。一方面，国家要求 2020 年所有贫困县都必须退出贫困县序列，实现脱贫摘帽。如湖南省在 2017 年实现了 12 个县的脱贫摘帽，2018 年 18 个县脱贫摘帽，2019 年最后的 19 个县全面完成了脱贫摘帽。另一方面，在贫困县退出的同时，美丽乡村建设被纳入国家战略。2013 年的中央一号文件提出要“努力建设美丽乡村”，紧接着农业部办公厅于同年 2 月发布《关于开展“美丽乡村”创建活动的意见》，2013 年 11 月在全国范围内确定 1000 个村为创建试点乡村，积极推动美丽乡村建设。

鉴于中国农村历史文化、地理位置、经济发展程度等多方面存在复杂性，各地的美丽乡村建设经验与推进措施应该存在独特性。如皖北美丽乡村建设工程由政府统一将农民住房进行美化，要求房屋排列整齐、道路设施完备、自来水通到各家各户，并且设置有污水处理设施。[①] 浙江省的安吉模式依托农业第一产业优势，发展农产品加工业第二产业，拓展休闲农业、乡村旅游第三产业，实现“一二三产业”联动。临安模式则按照“村点出彩、串点成线、板块打造、面上洁净”的要求，将既有行政村分为“整治村”“特色村”“精品村”三种类型，推进美丽乡村建设。湖州模式突出“科学、市场、合作、统筹与制度”五个关键因素（被称为“五位一体”的发展模式），打造美丽乡村品牌。[②] 各地经验与相关研究大多认同，美丽乡村建设必须在政府外力与村民自主性力量的共同推动下才能达成。[③] 如果不充分考虑农民的自身需求和认知，则“文化的抵抗”现象容易出现。[④] 针对一些历史文化迹象留存明显的乡村，如黔东南的传统村落，就必须从传统村落保护与开发的任务出发，在“美丽乡村建设中积极回归村落本原，保持村落本真风貌，维护村落的独特性”[⑤]。为了让传统村落的保护行之有效，国家于 2012 ~2014 年分四批公布了中国传统村落名录，一共有 1598 个村落被确定为传统村落。

尽管如此，如何在新型城镇化战略积极推进、农村流动人口增多、社会现代性提升的背景下，统筹好美丽乡村建设仍然是摆在我们面前的一大重要任务。中国各级政府必须坚持以居住集中为导向，引导农村居民居住空间的合理布局，让农村居民的居住空间既适应城镇化的发展趋势，又能够适应农村传统的基本要求。让“美丽乡村”中的农村居住空间成为促进农村居民市民化的有效工具。

---

① 蔡超、夏睿智、韩峰等：《皖北农村人居生态环境建设现状调查与特征分析》，《中国人口·资源与环境》2018 年第 S1 期。

② 陈秋红、于法稳：《美丽乡村建设研究与实践进展综述》，《学习与实践》2014 年第 6 期。

③ 王惠林、洪明：《政府治理与村民自治的互动机制、理论解释及政策启示——基于“美丽乡村建设”的案例分析》，《学习与实践》2018 年第 3 期。

④ 罗士泂、赵旭东：《文化的抵抗：美丽乡村建设的遭遇及反思》，《河北学刊》2019 年第 1 期。

⑤ 吴平：《贵州黔东南传统村落原真性保护与营造——基于美丽乡村建设目标的思考》，《贵州社会科学》2018 年第 11 期。

第四章　脱贫攻坚与村镇空间发展

一　特色小镇：城乡关系新场域

（一）概念提出

特色小镇的概念最早由浙江省提出。2015 年 1 月，《浙江省人民政府关于加快特色小镇规划建设的指导意见》将特色小镇定义为“相对独立于市区，具有明确产业定位、文化内涵、旅游和一定社区功能的发展空间平台，区别于行政区划单元和产业园区”。住房和城乡建设部、国家发展和改革委、财政部于 2016 年 7 月联合下发《关于开展特色小镇培育工作的通知》，要求到 2020 年在全国培育 1000 个特色小镇。2017 年 12 月，国家发展和改革委、国土资源部、环境保护部、住房和城乡建设部再次联合发布《关于规范推进特色小镇和特色小城镇建设的若干意见》，就特色小镇的标准做了规范，指出“特色小镇是在几平方公里土地上集聚特色产业、生产生活生态空间相融合、不同于行政建制镇和产业园区的创新创业平台，特色小城镇是拥有几十平方公里以上土地和一定人口经济规模、特色产业鲜明的行政建制镇”。

（二）政策议题与现实困境

有学者指出，正在兴起的“特色小镇运动”恰逢中国新型城市化建设周期，产业经济导向的创建初衷很可能潜藏有规划无文创、有产业无消费和有特色无灵魂等问题。[1] 如何在城乡一体化的实践中，将小城镇建设充分与社会治理结合，这既是地方城市化政策的先行尝试，也是不同地方政

---

① 闵学勤：《精准治理视角下的特色小镇及其创建路径》，《同济大学学报》2016 年第 5 期。

府间治理协同的过程，以达至在城乡治理合流中实现产业转型、人口导入和文化传承的功能融合目的。[①]

特色小镇的发展存在多重逻辑。首先，对发展特色小镇要有清晰的定位和认识。发展特色小镇是在寻求城乡一体化，而非单纯地发展乡村，是城乡统筹发展以及城乡一体化的城镇化发展诉求。其次，特色小镇的发展应该以"产城人融合发展"为理念，先生态、再生活、后生产，以宜居、宜业、宜人、宜游作为小城镇的发展目的。最后，要特别重视小城镇发展的培育性作用。费孝通在《乡土中国》中提出"位育"一词，旨在强调位育作为手段在新事物形成中的培育作用。特色小镇植根于乡土社会，在乡土社会发轫，因此应挖掘其本身的资源优势，如区位交通、自然资源、人文环境等，更应该借助城市现代元素，通过城市现代元素的引领提升乡村既有特色。

（三）类型与功能

特色小镇的核心功能就是能够实现农村地理空间的提质发展，让农民不离开家乡也可以过城市生活，实现城市生活模式的拓展。因此，它被认为是解决农村问题与城市问题的重要场域。如何在"特"字上做文章，往往是考验特色小镇的重要尺度。如是否可以在民俗、建筑、产业、生态、旅游、消费等方面挖掘出特色来，自然更成为各地考虑的焦点。目前我国发展起来的特色小镇可以分为很多类型，本文只列出了其中的十个类型，具体如表 4 -1 所示。

表 4 -1 我国特色小镇的类型与功能

类型	功能
历史文化型	一是小镇历史脉络清晰可循，二是小镇文化内涵重点突出、特色鲜明，三是小镇的规划建设延续历史文脉、尊重历史与传统
城郊休闲型	一是小镇与城市距离较近，位于城市旅游圈之内，距城市车程最好在 2 小时以内；二是小镇要根据城市人群的需求进行有针对性的开发，以休闲度假为主；三是小镇的基础设施建设与城市差距较小
新兴产业型	一是小镇位于经济发展程度较高的区域；二是小镇以科技智能等新兴产业为主，科技和互联网尤其突出；三是小镇有一定的新兴产业基础的积累，产业园区集聚效应突出

① 姚尚建：《城乡一体中的治理合流——基于"特色小镇"的政策议题》，《社会科学研究》2017 年第 1 期。

续表

类型	功能
特色产业型	一是小镇产业特点以新奇特等产业为主；二是小镇规模不宜过大，应是小而美、小而精、小而特
交通区位型	一是小镇交通区位条件良好，属于重要的交通枢纽或中转地区，交通便利；二是小镇产业建设应该能够联动周边城市资源，成为该区域的网络节点，实现资源合理、有效的运用
资源禀赋型	一是小镇资源优势突出，处于领先地位；二是小镇市场前景广阔，发展潜力巨大；三是对小镇的优势资源进行挖掘，充分体现小镇资源特色
生态旅游型	一是小镇生态环境良好，宜居宜游；二是产业特点以绿色低碳为主，可持续性强；三是小镇以生态观光、康体休闲为主
高精制造型	一是小镇产业以高精尖为主，并始终遵循产城融合理念；二是注重高级人才的引进，为小镇的持续发展增加动力；三是突出小镇的智能化建设
金融创新型	一是小镇经济发展迅速的核心区域，具备得天独厚的区位优势、人才优势、资源优势、创新优势、政策优势；二是小镇有一定的财富积累，市场广阔、投融资空间巨大；三是科技金融是此类小镇的强大动力和重要支撑
时尚创意型	一是小镇以时尚产业为主导，并与国际接轨，引领国际时尚潮流；二是小镇应该以文化为深度，以时尚为广度，实现产业的融合发展；三是小镇应该打造一个时尚产业的平台，促进国内与国际的互动交流

就首批特色小镇的分布情况来看，特色小镇主要分布在经济相对发达的省份。特色小镇分布最多的是浙江，有8个；其次是四川、山东、江苏，分别是7个；陕西、湖南、福建、湖北、贵州、安徽位列第四，分别是5个；西藏、天津、青海、宁夏与海南分布最少，各有2个。

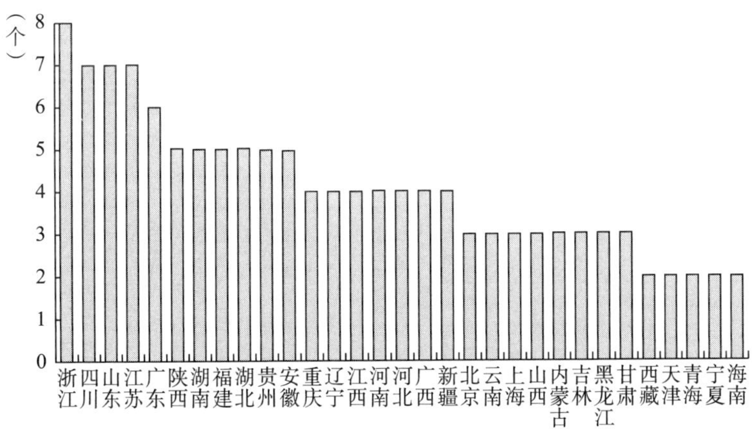

图4-1 首批127个特色小镇的省级区域分布

（四）特色小镇：农村社区示范性发展

城市化是我国近几十年来经济社会发展的核心议题，在未来相当长一段时间内是拉动经济社会发展的主要动力。就当前城镇化发展状况而言，农民上楼、集中居住构成了当前我国农村向城镇化过渡过程中空间重构的基本形态。近 30 年来我国快速城市化的一个显著后果是，城市建设用地的快速扩张和乡村的消失。[①]“农村出地、城市出钱、农民上楼”是新型城镇化探索出的新路子。于是，各地采取多种形式推进“增减挂钩”，最终促成了无数村庄的“撤村并居”和大量农民上楼。[②]

1. 特色小镇的确定

2017 年住房和城乡建设部公布的首批 127 个特色小镇中，湖南省有 5 个，分别是浏阳市的大瑶镇、邵东县的廉桥镇、汝城县的热水镇、双峰县的荷叶镇以及花垣县的边城镇。2017 年 7 月 27 日，国家又公布了第二批全国特色小镇名单，一共 276 个特色小镇，湖南省有 11 个，分别是临澧县的新安镇、邵阳县的下花桥镇、冷水江市的禾青镇、望城区的乔口镇、龙山县的里耶镇、宁远县的湾井镇、攸县的皇图岭镇、湘潭县的花石镇、华容县的东山镇、宁乡市的灰汤镇、珠晖区的茶山坳镇。

尽管国家有关特色小镇的分类指标存在十种，不过现实中特色小镇并非只具备单一功能。很多特色小镇的功能是勾连、有机互补的。湖南省 16 个全国特色小镇，有历史文化型、城郊休闲型、新型产业型、特色产业型、交通区位型、资源禀赋型、生态旅游型、高精制造型、金融创新型、时尚创意型等。

表 4 – 2　湖南省 16 个全国特色小镇分布信息概况

特色小镇	类型	是否靠近省会城市	是否靠近河流	是否能调动相关区域发展资源
浏阳市大瑶镇	特色产业型（花炮）	是	是	是
邵东县廉桥镇	特色产业型（中药材）	否	是	是

① 吴莹、叶健民：《“村里人”还是“城里人”——上楼农民的社会认同与基层治理》，《江海学刊》2017 年第 3 期。

② 吴莹、叶健民：《“村里人”还是“城里人”——上楼农民的社会认同与基层治理》，《江海学刊》2017 年第 3 期。

续表

特色小镇	类型	是否靠近省会城市	是否靠近河流	是否能调动相关区域发展资源
汝城县热水镇	生态旅游型	否	是	是
双峰县荷叶镇	历史文化型	否	是	是
花垣县边城镇	历史文化型	否	是	是
临澧县新安镇	资源禀赋型、现代农业型	是	是	是
邵阳县下花桥镇	特色产业型、现代农业型	否	是	是
冷水江市禾青镇	资源禀赋型、生态旅游型	否	是	是
望城区乔口镇	城郊休闲型	是	是	是
龙山县里耶镇	历史文化型	否	是	是
宁远县湾井镇	历史文化型、资源禀赋型	否	是	是
攸县皇图岭镇	交通区位型	是	是	是
湘潭县花石镇	综合发展型	是	是	是
华容县东山镇	特色产业型	是	是	是
宁乡市灰汤镇	特色产业型、城郊休闲型	是	是	是
珠晖区茶山坳镇	城郊休闲型、现代农业型	是	是	是

湖南省16个特色小镇的发展有一些共同的特点：一是有进一步发展和成长的条件，有8个（占50%）特色小镇邻近省会城市长沙；二是有较发达的交通条件，所有小镇都靠近河流；三是有丰富的资源，包括矿产资源、水资源、森林资源等，所有小镇都能够调动相关区域发展资源；四是有丰富的旅游资源，包括优美的自然景观、历史文化遗产、少数民族风土人情；五是有特色产业，如民间手工业等。从地理分布情况来看，绝大多数特色小镇都集中在长株潭地区。

2. 特色小镇再提质

根据国家对特色小镇的要求，湖南省对每个特色小镇都做了具体要求，从2017年12月到2019年2月分别推动并出台了一个文件、一个实施方案、一个标准，还举办了一个博览会。

湖南省首批10个农业特色小镇分别为：安化县黑茶小镇（田庄乡）、浏阳市花木小镇（浏阳市柏加镇、雨花区跳马镇、株洲市石峰区云田镇）、华容县芥菜小镇（三封寺镇）、邵东县廉桥中药材小镇（廉桥镇）、湘潭县湘莲小镇（花石镇）、新宁县脐橙小镇（黄龙镇）、汝城县辣椒小镇（泉水镇）、炎陵县黄桃小镇（中村乡）、靖州苗族侗族自治县杨梅小镇（坳上镇）、常宁市油茶小镇（西岭镇）。

表 4－3 湖南省特色小镇政策推进历程

时间	文件/会议	单位	任务/标准	目标
2017 年 12 月 4 日	《关于规范推进特色小镇和特色小城镇建设的若干意见》	国家发展和改革委、国土资源部、环境保护部、住房和城乡建设部	准确把握特色小镇内涵；遵循城镇化发展规律；注重打造鲜明特色，有效推进“三生融合”、厘清政府与市场边界；实行创建达标制度；严防政府债务风险；严控房地产化倾向，严格节约集约用地；严守生态保护红线	提高思想认识、压实省级责任、加强部门统筹、做好宣传引导
2018 年 1 月 13 日	2018 中国特色小镇博览会（2018 中国特色小镇博览会暨特色小镇和小城镇发展高层论坛）	国家发展和改革委城市和小城镇改革发展中心、长沙市人民政府	举办特色小镇和特色小城镇发展论坛、全国百强县论坛等四场主题论坛，同时开设特色小镇优秀案例展示区、产业链服务展区、特色产业展区等五大主题展区	旨在营造良好舆论环境，更好地展示特色小镇建设成果，重点推出一批在特色小镇建设领域卓有成效的地方和单位，树立特色小镇建设标杆，交流国际特色小镇建设经验案例，对接特色小镇建设产业，助力特色小镇发展，传递特色小镇蕴含的传统文化
2019 年 8 月 1 日	/	湖南省政府	按照“五有五好”标准进行遴选，将在政策和涉农项目上给予倾斜	全力支持农业特色小镇申报，创建国家级农业产业强镇，集中资源力量打造一批在全国有知名度、有影响力的特色小镇
2019 年 2 月 11 日	《湖南省加快推进特色产业小镇建设专项实施方案》	湖南省发展和改革委员会	一是突出特色，培育产业发展新动能；二是产镇融合，构建宜居宜业新空间	实现产区、镇区、社区“三区”合一，建设新型城镇化和乡村振兴的综合载体；重点支持“两平台、三基础”重大项目建设；全省创建 20 个左右有活力、有竞争力、有影响力的示范性特色产业小镇

注：“五好五有”，即发展有规划，功能布局好；产业有规模，示范带动好；加工有龙头，品牌形象好；三产有融合，致富效果好；建设有特色，镇域环境好。

3. 典型案例：宁乡市灰汤镇

宁乡市灰汤镇于 2017 年 7 月 27 日入选第二批全国特色小镇。该镇位于宁乡市西南部，总面积 43 平方公里，与毛泽东故里韶山、刘少奇故里花明楼成“品”字形排列，因其“泉沸如汤滚、汽腾如灰雾”而得名。灰汤温泉位居中国三大高温复合温泉之首，是有名的旅游目的地。

灰汤温泉小镇以产业特色和功能特色为主打建设原则，采取“温泉 +”发展模式。如地处灰汤镇的金太阳温泉农庄就大力发展农耕体验、水果采摘、拓展培训、中医养生、休闲娱乐、运动健身、怡情山水、乡村旅游等一系列主动体验式旅游文化项目。

灰汤温泉附近池塘中富含人体所需的铁、铜、锌、锰、镍、碘、硅、矾、氟等 14 种微量元素，凭借这个优势，灰汤镇积极扩大养鸭规模，这里的鸭肉富含多种微量元素。灰汤镇围绕灰汤鸭的养殖和销售，通过“农户 + 公司 + 政府”的发展模式，实现了三方盈利的良性发展局面。

灰汤镇利用其靠近长株潭的优势，积极吸引省会大专院校的科研人才，建立科技联盟，打造农业科技服务云平台，开通智农通服务，为广大农民和各类现代农业生产经营主体提供精准、及时、全程顾问式的科技信息服务。

目前灰汤特色小镇已经成为“五好五有”小镇，很好地实现了灰汤镇“农村”的就地城镇化。

（五）特色小镇：城市与农村空间新契合

以功能性思考特色小镇定位。在城乡关系当中，乡村应该有区别于城市的功能，乡村的功能应该更多地体现在休闲、生态、传统等方面上，以区别于城市的创新、科技、竞争等功能性定位。首先，乡村具有生产经济价值。乡村的首要生产经济价值是保障国家粮食安全，为国民提供安全、优质的农产品，为一国人口质量打下坚实基础。此外，乡村还是休闲农业、乡村旅游等新形态产业的哺育基地。其次，乡村具有生活生态价值。我国的乡村是我国自然生态资源保存的主体。乡村生活生态价值是在满足人类生活资源需求的同时，人类和自然共同塑造出宜居的生态环境，在农民的日常生活中形成的生产生活节奏良好地适应了环境变化的自然规律。最后，乡村还具有社会文化价值。中国社会的基层是乡土性的，在乡村社会结构及其基础上形成的文化传统、社会价值和意识形态是中华文明的重要组成部分，乡村的社会文化价值不仅是乡村治理和乡风文明的重要来源，还是中国特色社会主义乡村振兴道路的内在意涵。因此乡村的社会文化价值是乡村价值的重要方面。

以发展性定位特色小镇目标。农村的发展，尤其是基于空间结构变动的发展，应坚持发展性的目标。乡村发展在城乡一体化发展中意义重大，促进乡村发展，目的在于挖掘乡村自身的内在价值以及开发其内在潜力，促进乡村经济可持续发展，促进乡村居民的生计可持续发展。将发展性作为乡村经济发展的目标，才能使城乡一体化凸显更大的时代价值。

特色小镇属于农村的一部分，是城市元素向农村延伸的地理空间载体，是城乡基础设施和产业互联互通的承接平台。应加快小城镇水、电、路等基础设施建设，实施乡村环境综合整治工程；以“因地制宜、突出特色”为原则，推动小城镇发展与现代农业、特色产业、特色经济相结合，建设休闲旅游、商贸物流、信息产业、民俗文化传承等特色小镇；以小城镇为中心加强村庄规划，引导适当集中居住，制定农村遗弃房屋处置政策，带动农村就近城镇化。

二　普通村镇：城乡关系新展示

相对于全国数十万个村庄来说，特色小镇数量所占的份额的确太少。真正意义上的城乡关系协调发展主要是以全国大多数农村的整体发展为基础的。因此，对中国农村普通村镇进行调查，了解其发展状况，也就更有意义。

（一）农村普通家庭生计模式：工耕兼营

2019 年 1 月，课题组走访了湖南省邵阳市 SD 县、SN 县和 WG 市。这三个县（市）中的绝大部分村都属于一般村，既不是特色小镇，也不是作为扶贫对象的贫困村。我们在走访中发现，这些村庄的农民的生计有一个共同的模式，即他们基本采取“半工半耕”的生计模式。他们的家庭成员中既有从事农业生产的人员，也有外出务工的人员，由此使得家庭人均年收入不至于处于贫困线以下。如邵阳市的 SN 县，位于湘西南边陲，是武陵山片区集中连片特困县、少数民族聚居县、军事禁区和革命老区县。全县少数民族分布较多，民俗文化较为丰富，地势陡峻，林业资源极为丰富，全县森林覆盖率高达76%。但作为武陵山片区集中连片特困县，该县经济发展底子薄、产业结构转型慢、村庄空巢化和人口空心化现象严重、乡村能人欠缺，致使乡村发展产业带动效应较弱，阻碍了经济发展，大部分家庭的人均收入之所以高于贫困线，主要是由于其家庭成员兼有外出务工和务农的收入。

随着工业化、现代化与后现代化的迭代推进，中国城乡二元结构的内涵和性质也发生了巨大变化，农民在获得自由进城就业和居住权利的同时，继续在农村享有获得基本生产生活资料的身份。农民作为“能动的主体”形成了“以代际分工为基础的半工半耕”的生计模式。① 农民在城乡之间双向流动，以代际接力的方式快速实现城市化。农村社会也保持了有序分化和稳定。

这种“半工半耕”的生计模式有效地将农村和城市连接起来。农村劳动力为了增加家庭收入向非农产业转移是各国工业化、城市化进程中必然出现的现象。农民工流动就业不仅为自己的家庭增加了收入，也为社会创造了财富，同时还为农村增加了收入，为城乡发展注入了活力。②

（二）农村普通家庭新心态：幸福感提升

国家加大了对农村地区的投入力度，尤其是对贫困县的投入力度，要求2020年全国范围内所有贫困县出列。湖南省一共有47个贫困县，2017年有12个贫困县脱贫摘帽，2018年17个，2019年18个，进而完成了湖南省所有贫困县整体出列任务。

脱贫攻坚战略的实施总体上提升了农村居民的满意度，我们调查发现，98%的受访者认为他们的生产生活变好了，而针对交通出行有95%，电力设施有80%，通信设施有86%，饮水及水利设施有88%，儿童上学条件有84%，就医看病有94%，卫生环境有99%，文体设施有89%的受访者认为“以前有问题，现在变好了”。99%的家庭住房安全，100%的家庭没有辍学的适龄儿童，超过95%的家庭自认为其生活水平超过一般家庭。

不过值得注意的是，有14%的受访者反映他们“家里有人患重病或者

① 夏柱智、贺雪峰：《半工半耕与中国渐进城镇化模式》，《中国社会科学》2017年第12期。

② 王志浩：《中国农民工流动行为研究》，博士学位论文，东北林业大学，2007。

大病”，28%的受访者反映他们家里缺乏劳动力。这两大问题会极大制约农村居民的生活与工作质量提升。

农民对于国家政策的评价和态度，往往是考察农民政治认同的重要依据与指标。张静曾认为中国农民具有公共精神与意识，只不过缺少公共行动能力。[①] 国家脱贫攻坚战略在农村取得的成果得到了农民的认可，其社会满意度得到提升，城乡关系也自然就趋向良好。

三 贫困村镇：城乡关系新突破

（一）贫困村镇旧面貌

尽管“乡土培植出来的人已不复为乡土所用”[②]，新型城镇化促使农村空间结构发生变异，乡村常住人口尤其是青壮年劳动力人口逐年锐减，使得农村成为“386199”[③] 部队的集中驻地。不过，2014 年国家集中开展的脱贫攻坚战略却真真实实地改变了贫困村的模样。

农村人口外流导致人才流失[④][⑤]，“在乡青年”参与乡村建设与发展“缺位”，参与动能严重不足[⑥]。接近 40% 的农村流动人口已经将土地流转出去。[⑦] 农民对土地依赖性的下降进一步提高了农民的流动性。近年来，我国农村宅基地闲置现象日益普遍。2018 年，我国农村宅基地闲置程度平均为 10.7%。[⑧] 随着农村劳动力大规模、跨地区向城镇流动，我国农村地区，尤其是中西部的农村地区，村庄逐渐空心化。[⑨] 农业劳动力结构老龄

---

① 陈明：《家户主义的行为逻辑及其公共治理》，中国社会科学出版社，2018。

② 费孝通：《乡土中国·乡土重建》，群言出版社，2016，第 183 页。

③ 注：“38”指妇女，“61”指儿童，“99”指老人。

④ 杜鹰、白南生：《走出乡村：中国农村劳动力流动实证研究》，经济科学出版社，1997，第 286～290 页。

⑤ 李强：《影响中国城乡流动人口的推力与拉力因素分析》，《中国社会科学》2003 年第 1 期。

⑥ 谢新华、李思明、马润生：《在乡青年及其观念中的社会互动——以湖南 M 镇为例》，《青年研究》2008 年第 5 期。

⑦ 陈旭峰、田志锋、钱民辉：《农民工土地流转的现实可能性研究——基于山东泗水县的调查分析》，《陕西行政学院学报》2011 年第 2 期。

⑧ 张涵：《农村绿皮书：中国农村经济形势分析与预测（2018～2019）》，社会科学文献出版社，2019，第 232～235 页。

⑨ 韩启民：《城镇化背景下的家庭农业与乡土社会——对内蒙赤峰市农业经营形式的案例研究》，《社会》2015 年第 5 期。

化趋势明显。[1][2][3][4]

我们利用 CGSS 2005 ~ 2015 年数据库中有关农村方面的数据，分析农村各年龄段人数比例，特别注意到农村青年的人数比例（见表 4 - 4）。2005 ~ 2015 年，农村人口中的青年劳动力，即 15 ~ 44 岁人群呈逐年迅速下降趋势，45 ~ 60 岁的中年群体基本稳定，而 60 岁以上的老年人所占比例则逐年增加。

表 4 - 4　2005 ~ 2015 年农村各年龄段人数比例分布

单位：%

年龄段	CGSS 2005	CGSS 2008	CGSS 2010	CGSS 2015
15 ~ 44 岁	55.1	52.1	43.9	32.6
45 ~ 60 岁	31.1	34.4	33.3	33.9
60 岁以上	13.8	13.5	22.8	33.5

注：表中数据来源于中国综合社会调查相应年份的 CGSS 数据库。

空心村问题最早出现于 20 世纪 90 年代。高速城镇化导致农村劳动力大量外流，引发乡村空心化，乡村产业发展面临挑战。[5] 对于这一问题的关注，最先是新闻媒体，其次是政策部门，最后是学术界。学术界对空心村问题的研究大致有四个维度。第一，从地理学视角研究农村空心化问题，着眼于空废住宅的拆迁和土地整治[6]。张正河提出“城镇化、中心村建设、村庄兼并和生态移民”的农村空心化分类治理模式[7]；薛力主张依据空心化阶段采取不同的政策，促进乡村人口城镇化，对留存村庄进行撤并调整[8]。第二，从经济学或土地管理视角研究农村空心化问题，着眼于

① 黄芳：《农业现代化进程中农村妇女就业问题研究》，《农业现代化研究》2001 年第 4 期。

② 白南生、李靖、陈晨：《子女外出务工、转移收入与农村老人农业劳动供给——基于安徽省劳动力输出集中地三个村的研究》，《中国农村经济》2007 年第 10 期。

③ 谭琳：《建设社会主义新农村与性别平等》，中国妇女出版社，2007。

④ 吴海盛：《农村老年人农业劳动参与的影响因素——基于江苏的实证研究》，《农业经济问题》2008 年第 5 期。

⑤ 付伟：《城乡融合发展进程中的乡村产业及其社会基础——以浙江省 L 市偏远乡村来料加工为例》，《中国社会科学》2008 年第 6 期。

⑥ 刘彦随：《中国农村空心化的地理学研究与整治实践》，《地理学报》2009 年第 10 期。

⑦ 张正河：《准城市化下“空心村”解决思路》，《中国土地》2009 年第 8 期。

⑧ 薛力：《城市化背景下的“空心村”现象及其对策探讨———以江苏省为例》，《城市规划》2001 年第 6 期。

土地经营权流转和规模经营。农村空心化是农村青壮年劳动力大量流入城市，只剩下老人、妇女和儿童的人口空心化。张志胜主张通过土地流转实现规模化经营，解决土地抛荒；通过宅基地退出和流转实现退耕还林还田还园，解决土地闲置浪费问题。[①] 第三，从人口经济学角度研究农村空心化问题，通过家庭经营向规模化经营、家庭养老向社会社区养老[②]，以及培育职业农民等措施解决人口空心化所导致的农民荒问题[③]和养老问题。第四，从社会学视角研究农村空心化问题，着眼于综合治理农村空心化问题。有人还提出农村服务、精神与文化的无形空心化问题。[④] 有学者主张通过农村社区建设填充空心村，恢复农村经济社会生机[⑤]，推动乡村建设运动，治理农村空心化[⑥]。程必定提出农业就地产业化、农民就地职业化、农村就地城镇化和户籍就近市民化的“四就”治理思路。[⑦]

空心村的治理内含多种逻辑，有学者将其归为以下三种，一是为谋求稳定与执政合法性的国家逻辑，二是为谋求政绩与财政最大化的基层政府逻辑，三是为谋求生计与生活的乡村逻辑。[⑧]

（二）脱贫攻坚：贫困村镇空间价值再造

如前所述，新型城镇化背景下的城乡关系协调是一种发展性的协调，它在促进城市发展的同时，可以相当有效地带动农村尤其是贫困农村的发展。党的十九大以后，中国政府将脱贫攻坚作为“补短板”的重要战略，通过农村就地提升农村发展水平，以改善城乡关系。

我国脱贫攻坚战略开始于 1978 年，当时的贫困发生率是 25.97%，到 2010 年，贫困发生率降低到 2.8%。但是将贫困线提升至人均年收入 2300 元（2010 年不变价）以后，中国农村的贫困发生率再度上升至 26%，经

---

① 张志胜：《土地流转视阈下的“空心村”治理》，《长白学刊》2009 年第 2 期。

② 周祝平：《中国农村人口空心化及其挑战》，《人口研究》2008 年第 2 期。

③ 陈池波、韩占兵：《农村空心化、农民荒与职业农民培育》，《中国地质大学学报》2013 年第 1 期。

④ 王文龙、万颖：《乡村的终结与新生：政府作用探讨》，《经济体制改革》2013 年第1 期。

⑤ 陈家喜、刘王裔：《我国农村空心化的生成形态与治理路径》，《中州学刊》2012 年第5 期。

⑥ 林孟清：《推动乡村建设运动：治理农村空心化的正确选择》，《中国特色社会主义研究》2010 年第 5 期。

⑦ 程必定：《中国的两类“三农”问题及新农村建设的一种思路》，《中国农村经济》2011 年第 8 期。

⑧ 易文彬：《论农村空心化治理的多重逻辑》，《西南民族大学学报》2018 年第 7 期。

过6年实施的卓有成效的反贫困战略，2017年贫困发生率再度降低到3.1%。与此同时，贫困县、贫困村的基础设施和农民的生活水平也得到极大改善，贫困户的生活得到了保障。①

课题组带领一个由65人组成的团队于2019年1月到湖南省XS县、SN县以及WG县做问卷调查与访谈。我们发现，3个县在实施脱贫攻坚战略以后，均投入巨资新建学校、村务活动中心、村卫生室，硬化农村公路，将自来水接入农村居民家中，解决饮水问题，帮助村民就业、创业，发放小额信贷资金，为零就业家庭创设公益性岗位，解决其收入不足问题。这些措施的确提升了农民的满意度与幸福指数。

> 我之前是在外面打工嘛，城市生活条件好，赚钱机会又多，前年我听家里人说政府在村子里投了好多钱，统一发展种养殖业，还给修了路，还给建了合作社，解决了很多实际问题，我就回来了，回来搞种养殖业，现在搞的是立体农业，经济效益还不错，带动了很多农户，他们都愿意跟我一起干！（返乡青年Z，30岁）

> 我对乡村是有一种情怀的，我当初回来就觉得应该要为乡村做些什么，况且近几年政府确确实实做了很多实事的，你看现在，村容环境变整洁了，道路通畅了，家家户户都有Wifi，生活很是方便，这和城市生活没什么两样了，而且我觉得在乡下生活还好些……我回来的时候瞄准了我们家乡的自然环境和宜人气候，主要是开发旅游资源和民宿体验，我现在整合了很多资源和合作伙伴，每年的收益还不错……（xx省生态旅游开发有限公司创始人，40岁）

为扶持乡村产业、促进脱贫，政府引入企业投资就地办厂。如WG县积极与国内养鸡龙头企业合作，鼓励该企业投资3.5亿元，从2017年起用4年时间建成2500万羽产能项目，配套建设种鸡场、饲料厂、配送服务中心的养殖、销售体系。项目建成后，全县年可出笼肉鸡2500万羽，年产饲料15万吨、种苗4000万羽，年产值超过4亿元。这一项目可以帮助1万名贫困人口

① 毛安然：《赋权与认同：乡村振兴背景下乡村价值激活农民主体性的路径》，《华东理工大学学报》2019年第2期。

增收，直接解决400人以上贫困劳动力长期就业、1600人以上临时用工。

我们调查的3个贫困县的脱贫攻坚战略实施情况大体上呈现以下特点。（1）突显地域特色。各地结合本地实情和特色，积极制定精准扶贫战略实施意见，因地制宜推进脱贫攻坚战略实施。（2）发展特色优势产业。XS县着力打造县域内药材作物，大幅度提高农业附加值，形成规模相当的生产基地和销售市场。WG县着力打造光伏发电、温氏养鸡等产业，通过集资入股分红等方式，为当地村民创收；另发展“互联网+农业”，坚持“政府引导、企业建设、项目支撑、市场运作”的运行机制，采取“公司+合作社+基地+农户”的经营模式。SN县则充分发挥当地天然的森林资源优势，重点培育楠竹等经济木材，完善农产品品牌培育体系，实现了从单一农产品生产向多元化经营转型，推进“旅游+农业”优化乡村产业结构，拓宽增收渠道。（3）将基础设施建设、产业、教育、住房、易地扶贫搬迁等相结合。通过建立合作社，将农户组织起来进行规模化培训，结合当地农业大县的实际情况，将农业打造为现代特色农业，通过进行深加工，为当地居民创造更好的就业岗位；通过设置各种公益性岗位，为当地居民提供就业岗位，拓宽其家庭收入渠道。

上述措施一方面让贫困农民有比较稳定的收入来源，也改变了农村的公共空间。农村学校、医疗卫生室、入户公路等基础设施的完善以及饮用水等品质的提升，让农村变得更加美丽、更加有吸引力，进而从本质上改变既往的不均衡的、令人不愉快的城乡关系。

四　七大城镇化战略提质城乡总体关系

精准扶贫与城镇化两大战略日益互为手段。一些学者提出城镇化助推精准扶贫[①]，也有人提出精准扶贫战略促进了新型城镇化发展[②]，还有学者

① 陈燕：《新型城镇化助推扶贫开发基本路径研究》，《长春理工大学学报》2018年第5期；龙花楼、戈大专：《新型城镇化对扶贫开发的影响与应对研究》，《中国科学院院刊》2016年第3期。

② 赵双：《易地扶贫搬迁在推进城镇化进程中面临的主要问题及对策探析——以X乡为例》，《小城镇建设》2018年第12期；李晋芳、张爱国、薛龙义等：《平陆县扶贫移民城镇化的途径及其效应研究》，《山西师范大学学报》2014年第4期。

则认为精准扶贫战略与新型城镇化互相促进、彼此联动[①]。我们的实地研究证实，精准扶贫战略与新型城镇化的确互相促进。首先，新型城镇化吸引农村人口向城市集中，变动了中国城乡人口结构，消除了人口结构问题上的“厨师困境”[②]，使农民增收获得结构上的保障；其次，实施精准扶贫战略极大而迅速地提升了农民就地城镇化的速度，并加深了程度。

我们就精准扶贫战略与就地城镇化之间的关系问题，于2018年1月、2019年1月分别对湖南省的五个县（Q县、H县、S县、X县、W县）展开了实地调查，发现在精准扶贫战略驱动下，五个县均提升了农村居民就地城镇化水平。五个县都采取了如下举措以帮助农村居民脱贫，进而直接提升农村居民的就地城镇化水平。

（一）道路“城镇化”：精准扶贫战略助力农村公路网四通八达

农村公路网四通八达是新型城镇化的基本要求与硬件指标[③④]，优质道路与农村村庄的连接自然是就地城镇化的基本要求[⑤]。我们调查的五个县均花费巨资按照现代标准新建或提质改造农村公路，各县自然村组公路通达率达100%。如H县在2014~2018年融资2亿元左右，新建农村村组公路7条27.4公里，提质改造33条102公里，完成安保设施35条125公里；Q县建设贫困村组道路336.52公里；S县投入9.07亿元完成农村公路项目600个1128.837公里，安保项目73个511.543公里，危桥31座，

① 李秉文：《甘肃省精准扶贫与新型城镇化联动机制研究》，《生产力研究》2018年第9期；戈大专、龙花楼、屠爽爽等：《新型城镇化与扶贫开发研究进展与展望》，《经济地理》2016年第4期。

② 所谓“厨师困境”，就是指假如有一个收入有限而又食不厌精的人，需要雇用三个厨师，那么关于这三个厨师的收入，我们至少可以肯定如下两点。第一，假如这三个厨师都没有别的收入来源，那么，可以肯定，这三个厨师的平均收入会远远低于雇主的收入。或者说，不会高于雇主收入的三分之一。因为即使假定这个雇主没有别的消费项目，他的收入也要在去掉饮食开销之后，才能用来向三个厨师支付工资。第二，如果这个雇主的收入在整个社会中只处于平均水平，那么，就可以肯定，三个厨师的平均收入会远在整个社会的平均收入之下（最高只能接近平均水平的三分之一），即他们不可能得到与雇主大体相当的收入。转引自孙立平《“厨师困境”与农村问题》，《中国软科学》1994年第9期，第58~63页。

③ 吴婷：《新型城镇化背景下农村公路网规划目标探讨》，《四川建筑》2015年第4期。

④ 向楠、尤文晓：《新型城镇化背景下公路网规划方法研究及应用》，《交通与运输》2018年第1期。

⑤ 宁述峰、张琦：《新型城镇化背景下农村公路发展研究》，《中共济南市委党校学报》2016年第6期。

"窄改宽"改造626.483公里，通乡、通村、通组公路改造502.35公里，实现了村村通水泥路、农村客车村村通；W县累计投入5.75亿元，新修建农村公路776.23公里（其中自然村通水泥路433.35公里）、农村公路提质改造340.76公里，安全保障工程521公里，全县农村公路通畅率已达两个100%（即所有行政村100%通畅，299个村1376个组以及100人以上的自然村落100%通畅）；X县投入资金9.56亿元，建设村组道路1751公里，413个村1950个组道路达标。

（二）家庭饮水"城镇化"：农村自来水

农村居民家庭能够像城市居民家庭一样，享受到自来水带来的便捷，不仅仅意味着农民生活质量的提升，也体现了农村就地城镇化程度的提高。因此，各地政府一直对城镇化进程中农民的用水问题特别重视。[①] 我们调查的五个县都将解决农民的饮水问题放在非常基础的位置，它们有相同的工作目标：力争将自来水接入每个农民家里，尽量不让农民取水距离超过500米，或者来回取水用时超过30分钟。为了实现这样的目标，S县投入1.93亿元，新建和改造供水工程238处，S县农村自来水普及覆盖率达89.6%；W县投入5.03亿元，通过打井、饮用山泉水等方式，完成水池水井、单村联村、管网延伸等饮水安全巩固提升建设项目816个，W县农村人口饮水安全覆盖率已达100%；X县投入资金2.58亿元，建设289处饮水工程，解决48.22万农村人口饮水安全问题；H县累计投入9356万元，完成安全饮水工程190处，解决6万人饮水问题；Q县投入了8022万元建设自来水管网、打井等安全饮水工程，解决36.7万农民的饮水问题。我们发现，尽管这几个县在解决农村居民生活用水问题上投入了巨资，但由于农村地区农民居住分散，自来水的覆盖率还是比较低。除S县以外，其他四个县自来水的真实覆盖率不足50%。一些县（如W县）中离县城不足3公里的村，自来水还没有完全覆盖。

（三）住房"城镇化"：跨越与阻隔共存

中国城市住房改革40年不仅极大地增加了中国城市住房的数量、提升了住房质量、变动了各城市之间以及城市内部的住房分布结构，还分别差

① 杨晓英、李纪华、田壮等：《城镇化进程中的农民生活用水研究》，《交通与港航》2013年第4期。

异性地内生了住房的超额价值。[①] 而中国广大农村的住房则被排斥在城市住房的巨大升值洪流之外，个中体现的到底是“不公正”还是“大智慧”，还需要进一步考量。不过，从社会学视角分析，我们认为住房不能够也不应该完全市场化。因此，不让农村住房进入市场交易，其正向功能应该大于负向功能。事实上，我们已经感觉到目前中国城市住房已经出现了过度市场化现象，由此而引发的问题正在显现。

不过，尽管农村住房不能直接到政府设定的市场交易，仍然有不少农村住房，如那些位于城市周边地区，特别是大中城市周边地区的农村住房，人们已经在想办法通过出租或出让的方式使其参与市场分配。一些远离城市的农村也通过吸引企业进驻而获得房屋出租机会，或者农村居民自己直接利用其住房从事经营活动，让住房产生市场价值。因此，那些处于优势位置的住房，或者市场能力较强的农村居民，往往能够较好地让住房获得市场价值，实现住房“城镇化”。

除此之外，农村住房还有豪华奢靡建设趋势，这一方面是因为有不少获得巨额经济收益的农村外流人员回流老家建设豪宅；也有一些城市精英寻求农村安静生活而到农村建设住宅；还有一些农村居民通过举债而进行炫耀性建设。如果说农村住房的上述“城市化”更多的是居民个体性行为的话，那么因精准扶贫战略、乡村振兴战略实施而导致的农村住房更新就是国家战略直接作用的结果了。

我们调查的五个县不仅就地改造了贫困农民的危房，而且还都建设了集中安置点，即将相应区域内的贫困人口按照一定标准集中安置。2014 年以来，S 县完成危房改造 12984 户、发放补助资金 2.79966 亿元，建设了 11 个集中安置点，70% 的贫困户入住后收入来源转为务工，务农的只剩下 27.7%，其他有 2 户经商、1 户从事公益工作。W 县投入 3.16 亿元做危房改造，完成 12321 户；易地扶贫搬迁资金 6.820420 亿元，在乡镇集镇所在地及城区建设有 17 个易地扶贫搬迁集中安置点，2017 年搬迁 1432 户，2018 年搬迁 1477 户。X 县投入 5.29 亿元建设了 16 个集中安置点，完成易地搬迁 2201 户；投入 4.42 亿元资金对 16323 户农村危房做了改造。H 县投入资金 1.28 亿元，新建改建 C、D 级危房 7722 户；投入 8322 万元建设

① 李斌：《分化与效率：中国城市住房改革 40 年》，《学术前沿》2018 年第 11 期。

集中安置点 13 个。Q 县危房改造累计投入 1.56 亿元，改造危房 10263 户，投入 7 亿元资金新建集中安置点 6 个，解决了 3297 户群众的住房问题。在调查中我们感受到，各个县集中安置点的建设加快了就地城镇化的速度。

（四）公共卫生“城镇化”：村卫生室

农村地区医疗卫生条件长期处于落后状态。1968 年国家承认当时在农村地区广泛存在的半医半农的医生为赤脚医生，并以赤脚医生为主体建设村卫生室。[①] 赤脚医生体系的运行为改善我国广大农村地区农民的医疗卫生条件做出了贡献。然而，市场改革尤其是医疗制度的市场化改革以后，村卫生室大面积凋敝。尽管统计数字上仍然显示全国各村都有卫生室，如全国 1999 年底有 72.8 万个村卫生室，2012 年有 65.3419 万个[②]，但是很多调查都证实 20 世纪 80 年代至 2014 年这段时间，我国绝大多数村卫生室名存实亡，即使存在也基本为个体诊所所取代。2014 年国家实施精准扶贫战略以后，村卫生室作为社区医院重新被重视起来，特别是在贫困县脱贫攻坚过程中，村卫生室建设作为扶贫的重要手段被提升至战略高度。我们调查发现，（1）S 县开展村卫生室规范化建设大会战，按照“统一规划、统一设计、统一标准、统一组织施工、统一验收实施”的建设模式，投入 1835.7 万元在每一个村（共 190 个）新建或改扩建村卫生室，还在 17 个乡镇提升乡镇卫生院医疗水平；（2）W 县实施筑网工程，投入 1.05 亿元，在每一个村（共 299 个）新建、改扩建村卫生室，投入 9000 万元提质改造 14 个乡镇卫生院，投入 1.6 亿元新建市人民医院住院门诊医技综合楼，建立了“基本医保 + 大病保险 + 扶贫特惠保 + 民政医疗救助 + 定点医院减免 + 政府兜底”六道医疗保障线，实现医保、大病保险、扶贫特惠保及资助参保率 4 个 100%；（3）X 县投入 3.4 亿元抓“一站式”服务全覆盖、“先诊疗后付费”全覆盖、标准化村卫生室全覆盖、家庭签约医生全覆盖；（4）H 县新建标准化村级卫生室 41 个，定点医疗机构“先诊疗后付费”“一站式”结算，建档立卡贫困人口参加城乡居民个人缴费部分实行财政代缴；（5）Q 县为 10976 名救助对象建立健康档案，健康立卡贫困户基本医疗报销比例比非贫困户多 10%，此外，Q 县安排 483 万元为全县建档立

---

① 1968 年 9 月 10 日，《红旗》杂志 1968 年第 3 期的调查报告《从“赤脚医生”的成长看医学教育革命的方向》第一次把农村半医半农的卫生员正式称作赤脚医生。

② 李斌：《福利型新农合政策研究》，经济日报出版社，2015，第 151 页。

卡贫困户购买家庭综合保险。

（五）教育“城镇化”：适龄儿童青少年就学

构建城乡一体化的教育体制机制，让农村孩子与城市孩子一样接受大体一致的教育，是教育公平正义的要求，也是新型城镇化的关键指标。[①]然而自20世纪80年代市场改革至2014年这段不短的时间内，城乡之间、区域之间表现在教育上的分化已经成为众所周知的事实。促进教育公平是政府的责任。2014年精准扶贫战略实施以后，中国各级政府花大力气推进教育平等，配置更多教育资源于贫困县。我们调查发现，2014年以来，（1）S县投入了1.2亿元改造升级7所农村中小学校，另外投入1.81亿元新建校舍面积3万余平方米，并且在每个乡镇建设1所公立幼儿园；同时还向困难学生发放补贴，累计向121227人次发放7364.37万元，向137人次建档立卡的高校毕业生发放63.1万元，给117121人次补贴8319万元的农村学生营养餐，另外还向2837人次提供生源地信用助学贷款2132.52万元，完成5275人次、涉及资金685.5万元的“雨露计划”，还发放了职业学历教育扶助款2336.67万元。全县义务教育阶段适龄儿童“零辍学”。（2）W县投入资金13.5亿元，全面完成城乡163所薄弱学校改造，全县办学条件发生了翻天覆地的变化。另外累计发放各类助学金3.34亿元，资助家庭经济困难学生39.01万人次，补贴农村学生营养餐18774万元，农村学生中有48.79万人次受益。适龄儿童九年义务教育入学率、巩固率均达到100%。（3）X县投入4.8亿元完成192所义务教育薄弱学校改造，发放各类资助资金5.13亿元，资助家庭经济困难学生133.47万人次，没有一个学生因贫、因厌学而辍学；落实了学杂费减免、营养改善、“雨露计划”、困难助学等近20项扶贫助学政策，从幼儿园到大学，实现教育补助全覆盖，惠及427518人次。（4）H县近4年累计投入教育扶贫资金2.3亿元，贫困家庭学生扶贫助学率、职业学历补助覆盖率、适龄学生九年义务教育巩固率均达100%。（5）Q县2013年以来投入资金3.96亿元改造农村义务教育学校267所，累计发放义务教育贫困寄宿生补助1.17亿元、高中和职业中专困难学生助学金4663.3万元，学杂费减免5007.42万元。各个县投入巨额资金于教育，一方面丰富了贫困县农村的教育资源，让农

① 李玲：《构建城乡一体化的教育体制机制研究》，《教育科学研究》2011年第5期。

村学生能够享受九年义务教育甚至完成大学教育，另一方面，也是更为重要的，是使农民后代能够更为顺利地完成城镇化。

（六）公共服务“城镇化”：网络、农村综合文化服务中心

公共服务与新型城镇化二者之间不仅需要协调发展，而且还存在时空协调特征[①]与耦合性[②]，如果公共服务供给不足，则会影响新型城镇化的质量。[③] 党的十八大以前，中国绝大多数农村的公共服务都相当缺乏，2014年精准扶贫战略将公共服务的传送确定为提升农村生活质量的重要措施。于是所有贫困县都投入巨资提升农村公共服务水平。就我们调查的几个县的情况来看，自2014年以来，（1）S县投入资金1.4亿元，建成光缆近6000皮长公里[④]，建成4G基站174个，实现光纤到户（FTTH）215个村，4G覆盖率和光纤通达率都达100%。另外，集中建设村部，投入9662.28万元，按照“八个统一”的模式即统一规划设计、统一建设标准、统一功能布局、统一审批程序、统一资金拨付、统一招投标、统一检查验收、统一建章立制，新建33个、改扩建147个、维修35个村级综合服务平台，实现了村村有综合服务平台。另投入1554.9万元，按照“七个一”的标准即一个文化活动广场、一个文化活动室、一个简易戏台、一个宣传栏、一套文化器材、一套广播器材、一套体育设施器材，新建和改造了215个村综合文化服务中心，建成“村村响”县级平台1个、乡镇平台17个、村级终端平台578个，覆盖了全县所有行政村。（2）W县实施宽带乡村、覆盖优化工程，299个行政村4G覆盖率达100%，275个行政村接入光纤宽带。另外，实施农村人居环境整治三年行动计划，投入5200万元，配备1566名专职保洁员，集中转运农村垃圾，垃圾无害化处理率超过90%。同时，投入1.86亿元建设了299个村级综合文化服务中心、135个文化广场、111个简易戏台、315个农家书屋，实现了广播电视全覆盖。（3）X县投入资金4.64亿元，使网络覆盖全县354个行政村、22个社区、4665

---

① 余兴厚、胡翠：《新型城镇化与公共服务协调发展的时空特征及影响因素分析——基于长江经济带空间面板数据的实证》，《重庆理工大学学报》2019年第7期。

② 曹现强、姜楠：《基本公共服务与城市化耦合协调度分析——以山东省为例》，《城市发展研究》2018年第12期。

③ 吴秋明、黄灿煌：《新型城镇化背景下的基本公共服务水平提升研究——以福建省泉州市为例》，《发展研究》2017年第11期。

④ 注：光缆的长度计量单位。

个自然村组；投入资金 1.05 亿元，新建 16 座大中型垃圾中转站，2000 个村级垃圾收集亭；投资 4.04 亿元，新建 292 个、改扩建 94 个村级综合服务平台。（4）H 县县域范围内 4G 覆盖率达 100%、光纤通达率达 100%，投资 3200 万元新建和改造 26 个农村综合服务平台，新建 33 个、改建 29 个综合文化服务中心，建成 62 个农家书屋、52 个“村村响”平台。新建及改造农村电网 4 批次，15 个贫困村电网升级改造全部完成。新建或改扩建 27 所农村薄弱学校，创建了 23 个合格教学点。（5）Q 县实现 4G 网络、光纤、中央有线电视节目 100% 全覆盖。此外，按 99 万元一个村的标准建设了 51 个村级综合服务平台。公共服务基础设施水平的提升，为农村就地城镇化的实现提供了基础性保障。

（七）产业“城镇化”：产业培育与发展

城镇化需要产业推进。一般来说，城镇化水平高的县域会产生“溢出效应”，进而提升周边县域的城镇化水平并提高产业的集中度。[①] 另外，产业的形态、类别以及与生态环境的关系也会制约或者促进城镇化的发展。[②③] 产业结构合理化与高级化更会对新型城镇化的发展产生显著正向促进作用。[④] 2014 年以来，各县级政府特别是贫困县政府积极努力发展农村产业，希望通过提升产业规模与效益达到高质量脱贫的目标。产业发展、脱贫摘帽，也提升了新型城镇化水平。

在我们调查的五个县中，S 县积极打造“龙头企业 + 专业合作社 + 基地 + 农户”产业模式，以“人有业、户有社、村有品”为目标，力图提升城镇化水平。4 年共整合产业资金 2.9 亿元，成立并培育 1686 家农村专业合作社。培养出的相关产业有 2.26 万亩青钱柳、3.5 万亩绞股蓝、装机 7177 千瓦的光伏发电、42.9 万亩杂交水稻制种、11.5 万亩油菜、4.6 万亩蔬菜种植、75 万亩楠竹、17.5 万亩油茶、年出栏 8900 头东山花猪。上述这些产业的持续运行能够让 14701 户 4.9 万贫困人口脱贫，并提升其城镇化水平。另外，县政府积极设法促进销售，投资 1500 万元建设电商服务

① 孔雪松、谢世姣、朱思阳等：《湖北省人口 - 土地 - 产业城镇化的时空分异与动态耦合分析》，《经济地理》2019 年第 4 期。

② 刘博轩：《三大产业对城镇化各阶段的影响研究》，《中国城市经济》2011 年第 29 期。

③ 刘成军、孙育红：《主导产业对城镇化的促进作用探析》，《理论月刊》2015 年第 3 期。

④ 吴穹、仲伟周、张跃胜：《产业结构调整与中国新型城镇化》，《城市发展研究》2018 年第 1 期。

中心，与著名高校签订“以购代捐”协议，与龙头企业签订商品猪代养合同，与种业公司签订杂交水稻制种保护价收购协议，举办扶贫商品集中展销会等，以促进产品快速变现。我们调查发现，贫困户自主产业发展势头良好。有49.7%的贫困户获得了政府提供的资金或实物支持而独立发展出了自己的产业。另外，产业带动效应显著，有71.4%的贫困户在企业、合作社或大户的带领下发展了产业，其中40.3%的贫困户得到了技术服务，36.3%的贫困户得到了代购生产资料的服务，34.1%的贫困户得到了代销产品的服务，25.2%的贫困户得到了托管托养的服务。S县农村合作社已经成为贫困户摆脱贫困的重要支柱。在706户建档立卡贫困户调查样本中，有85.8%的贫困户加入了农村合作社，69.4%的贫困户入股了合作社。S县的产业扶贫产生了实实在在的社会效益。在706户建档立卡贫困户调查样本中，有66.1%的贫困户直接享受到了政府委托的产业分红。

W县积极将产业发展作为农村居民脱贫致富的根本之策，按照“资金跟着穷人走、穷人跟着能人走、能人穷人跟着产业项目走、产业项目跟着市场走”的产业发展路子，通过采取直接帮扶、股份合作、委托帮扶等模式发展产业，最终使67503名贫困人口稳定就业和增收。W县采取的办法有如下几个方面。一是全面开展自主产业帮扶，出台《W县产业扶贫直接帮扶以奖代扶暂行办法》，对有劳动能力、有一定产业基础的贫困群众采取直接帮扶的办法，直接发放以奖代扶资金。二是发展特色产业，推行“企业（合作社）+基地+农户”模式，成立了494个农民专业合作社，在100个村设置了101个“一村一扶贫龙头带一贫困群体”项目，建成120亩大棚蔬菜、1150亩中药材基地，7个铜鹅养殖新型经营主体，9个生猪养殖新型经营主体。三是实施重大产业项目，按“户贷户用户还”、政府投入、招商引资等办法，实施光伏发电、温氏养鸡、大北农等重大产业项目；建成15个温氏养鸡场，年出笼肉鸡800万羽。四是发展乡村旅游产业。五是把“互联网+”新经济形态引入农村，培育62家电子商务企业，建成1个市级电子商务公共服务中心、159个村级电子商务服务站。六是建设85个金融扶贫服务站、1196个助农取款服务点。调查发现，W县自主产业发展势头良好。在被调查的741户建档立卡贫困户中，42.5%的建档立卡贫困户获得资金或实物支持，自己独立发展产业。同时，W县的产业带动效应显著。在企业、合作社、大户的带领下发展产业的有206户，

36.0%表示有技术服务，24.3%表示有代购生产资料，38.3%表示有代销产品，23.8%表示有托管托养，66.5%表示有分红。农村合作社发展状态良好。在被调查的741户建档立卡贫困户中，加入合作社成为社员的有208户。产业扶贫社会效益良好。在被调查的741户建档立卡贫困户中，60.3%的建档立卡贫困户得到了产业扶贫帮扶。这些举施实实在在解决了贫困问题，同时也直接促进了W县农村的就地城镇化水平，让居住在农村的居民与城市居民之间的差距逐渐变小。

X县按照“一乡一业、一村一品”的思路，坚持“政府扶、市场引、企业帮”。2014年以来，共投入2.9亿元产业扶持资金，重点发展富硒、中药材、茶叶、油茶、特色果蔬、黄酒、禽畜加工七大主导产业，共筛选出34家重点帮扶企业，带动92691名贫困人口稳定增收。相应的特点有如下两个方面。一是以种植业和养殖业为主。在被调查的613户建档立卡贫困户中，283户发展了种植和养殖业。二是农村合作社已渐成主要脱贫力量。在企业、合作社、大户的带领下发展产业的有333户，占比54.3%，其中有300户（48.9%）加入合作社成为社员。

H县近4年整合投入1.38亿元产业扶贫资金，按照自主发展、委托扶贫、入股专业合作社、产业奖补、发展光伏、收购电站等多种方式，因地制宜发展特色产业，形成板栗坪龙虾、长潭甲鱼、尽远鸡蛋、仇家香菇等区域性特色品牌，探索了乡村农业旅游、现代观光农业等新型产业扶贫模式。

Q县通过委托帮扶和股份合作的方式，建立紧密利益联结机制。湖南省级重点产业项目与Q县12102名贫困人口签订了项目合作协议，打造62个县级重点产业扶贫项目，引导贫困户发展种养业，为2686户发放10015万元扶贫小额信贷。此外，Q县通过党建引领，在全县296个村成立296个村级经济组织、120个农民专业合作组织、65个新培育家庭农场、200户科技示范户。农村产业的引入、培育与发展，使得这些县的农村居民的自然特征减弱，规划性、政策性、市场交易性等城市化特征明显增强。

五　农村发展仍然面临“短板”

（一）乡村基础设施方面

1. 部分乡村的垃圾、污水处理能力仍严重不足

乡镇和行政村层面的集中供水、供气设施和垃圾集中处理只能覆盖部

分住户。农村改厕和污水处理的任务更重，部分农户生活污水直接排放到河沟。第三次全国农业普查结果显示，26.1%的村全部生活垃圾没有进行集中处理，82.6%的村全部生活污水没有进行集中处理。

2. 部分乡镇生产生活设施条件仍然比较差

在生产设施方面，最突出的就是水利灌溉问题，水利系统不健全、灌溉成本高，制约了农村产业发展。在生活设施方面，农村的水、电、气、路和网络依然存在问题，特别是在欠发达地区、集中连片特困地区和偏远的农村地区。

（二）部分村民的心态需要引导

1. 争抢扶贫资源、争做贫困户的怪异心态

我们在调研座谈时发现，部分村民为了享受更多国家福利，不愿退出贫困户序列，认为自己脱贫后将没有能力进行后续生产生活，对贫困资源和贫困帮扶措施依赖性较强。甚至有部分群众为了进入贫困户序列，抱着不劳而获的心理。因此，后扶贫时代的重点是扶“志”和扶“智”相结合。

2. 部分贫困户缺乏内生动力

我们发现，不少贫困户对政府引导的项目不上心，少数贫困户吃惯了“救济粮”，花惯了“便宜钱”，失去了脱贫致富的主观能动性，不想主动脱贫致富奔小康，而是将脱贫希望寄托于各级政府、帮扶部门和结对干部长期地给钱给物。

3. 部分非贫困户群体对扶贫政策和工作存在意见

贫困户享受在建房、看病、小孩读书、生产等方面基本不花钱的帮扶措施，而处于贫困边缘的其他农户则享受不到政策的帮扶，不少非贫困户群体对扶贫政策和工作产生不满。农村社会基层的公平遭到质疑。

4. 传统孝道文化受冲击

部分农户为了进入贫困户序列，把自己的老人分出去单独立户，不赡养，找政府解决其父母的贫困户“待遇”问题。这一现象如果呈现蔓延趋势，就会冲击中华民族传统敬老、爱老、孝老文化，成为基层政府建设“乡风文明”的难点。

六　乡村振兴：确保城乡关系良好

保障农民的长远利益是乡村振兴的前提。党的十九大报告提出，乡村振兴战略的总要求是产业兴旺、生态宜居、乡风文明、治理有效、生活富裕。乡村振兴战略具有“影响乡村发展走向以及重塑中国社会结构的深远意蕴”。乡村具有多元多维价值，其生产经济价值、生活生态价值、传统文化价值的承载主体均是农民。[①] 乡村振兴是实现城乡关系良性发展的最好体现。

（一）以特色小镇建设为抓手，促进乡村产业振兴

需要在更加宽泛而有利于农村发展且不折腾的基础上，加快推进特色小镇建设。与此同时，应积极推进一二三产业融合发展。以县级行政区为基础、以建制镇为支点，搭建多层次、宽领域、广覆盖的农村一二三产业融合发展服务平台，促进农业产业链延伸，推进农业与旅游、教育、文化、健康养老等深度融合，大力发展农业新业态。强化农民合作社和家庭农场的基础作用，支持龙头企业引领示范，鼓励社会资本投入，培育多元农业产业经营主体。

（二）以基层党组织和领头人为抓手，推进乡村组织振兴和人才振兴

提高基层党组织的组织能力与工作能力，依靠建设起来的村务活动中心平台，积极发展党组织服务，大力培育服务性、公益性、互助性农村社会组织，发展农村社会工作和志愿服务。

发挥乡贤作用。每个乡都有乡贤，通过乡贤的人脉、资源，对接产业项目，吸引产业资金回流乡村。

将留在农村的年轻人培育成新型农民。设立青年农民创业基金，培育青年农民，鼓励农业院校、农业职业技术院校的学生回乡务农。

（三）以精准扶贫为抓手，全面提升乡村自我发展能力

扶贫的根本在于扶“志”和扶产业。坚持开发式扶贫与保障性扶贫并

① 毛安然：《赋权与认同：乡村振兴背景下乡村价值激活农民主体性的路径》，《华东理工大学学报》2019 年第 2 期。

重，以基础设施建设提升特色产业培育，巩固脱贫成果。壮大村集体经济，提高扶贫能力。发展多种形式的农业适度规模经营，发展旅游业，建立合作社、农业科技示范园，促进集体经济发展。

第五章　农村社区居民发展

一　理论模式与现实选择

从居住空间类型分析，农村社区居民的城镇化路径大致应该有两条：一条是就地实现人口城镇化，另一条是异地实现人口城镇化。前者是指农村人口在自己家乡实现人口城镇化，后者是指通过外出流动在异地城市实现人口城镇化。改革开放以来，中国城镇化以迁移性城镇化为主，即农村人口大量涌入城市而提高城市化率。大城市随着承载人口数量的限制，对流动人口的选择性增强，由此出台了许多硬性的制度规定。越来越多的学者发现，中国未来城镇化将由跨省的异地城镇化逐渐过渡到就近、就地城镇化。[①] “就近、就地城镇化与大城市吸纳人口的异地城镇化模式相互补充、缺一不可，就近、就地城镇化是城乡统筹建设的重要节点，是城乡融合战略得以实现的基础。”[②] 因此，研究就地城镇化的路径具有很重要的意义。

李强等认为，中国城镇化推进模式大致有七种：建立开发区、建设新区和新城、城市扩展、旧城改造、建设中央商务区、乡镇产业化和村庄产业化。[③] 乡镇产业化和村庄产业化这两种模式可以比较有效地促进农村就

---

① 王业强、魏后凯：《大城市效率锁定与中国城镇化路径选择》，《中国人口科学》2018 年第 2 期。

② 李强：《就近城镇化与就地城镇化——以城市群为主体的大中小城市协调发展的重要支撑》，《北京日报》2019 年 2 月 25 日，第 018 版。

③ 李强、陈宇琳、刘精明：《中国城镇化“推进模式”研究》，《中国社会科学》2012 年第 7 期。

地城镇化。有鉴于此，有学者认为农村就地城镇化是新型城镇化建设的突破口和着力点。[①] 吴碧波提出了七种方式以提升农村就地城镇化水平，即房地产商开发模式、企业发展带动模式、集中居住或项目统筹模式、村集体筹资建设模式、政府保障性住房模式、偏远农区（中心村）建设模式、慈善组织资助模式。[②] 房地产商开发模式适合毗邻城市或者容易与城市发生资源交换的村落，由于具有良好的地理优势，其土地开发价值能够给村民带来后续动力，如北京市的房山区。企业发展带动模式则有比较好的适应性，只要适合企业运行与发展的村落，当企业被引进落户后，就能吸引当地村民就业，实现人口非农化，进而实现人口就地城镇化。如近年来，中西部地区承接各类产业转移，众多贫困县开办的扶贫工厂、扶贫车间，都很好地起到了促进人口城镇化的效用。集中居住或项目统筹模式把分散居住的农民集中到新建的、规划良好的社区居住，或者以原有发展条件较好、有历史文化条件、有旅游资源的村落为中心向其逐步靠拢。村集体筹资建设模式的实质是村集体集资建房，由于存在众多法律政策困境，在实践中很难推行，目前只在温州市郊区有突破，况且它不适合边远农村社区。政府保障性住房模式适合农村的建档立卡贫困户的住房保障，目前众多贫困县普遍采取分散安置与集中安置两种方式。对于那些缺乏后续脱贫动力的贫困农民采用分散安置的办法，而集中安置后续脱贫动力强的贫困户，集中安置点要么本身就是集镇，要么经过一定时间会发展为集镇。偏远农区（中心村）建设模式是在现有自然村的基础上，将几个村落合并，重新建立村落聚居区，改变农房过于分散、土地过于零碎的格局。该模式需要以村务服务活动中心、村卫生室等公共服务平台为核心，以提高中心村建设的效率，满足村民要求。至于吴碧波在其博士学位论文中提出的慈善组织资助模式，很难找到相关案例，目前只是一种设想。

非常明显，上述所谓的模式都是从住房建设或居住聚落集中的角度论及就地城镇化。虽然居住模式在一定程度上可以影响人的城市化程度，"人造住房，住房造人"[③]，但是我们更应该知道，人的城镇化元素可以随

---

① 吴碧波、黄少安：《中国农村就地城镇化模式选择研究》，《制度经济学研究》2016 年第 1 期。

② 吴碧波：《中国农村就地城镇化模式选择研究》，博士学位论文，中央财经大学，2016。

③ 李斌：《共有的住房习俗》，光明日报出版社，2007，第 73 页。

着教育的普及、大众传媒渠道的拓展、外出打工的流行等形式，不同程度地嵌入农村。陆学艺曾经指出，一旦农村居民受到现代化元素的冲击与影响，他们身上的城镇化、现代性元素就会凸显。[①] 而就地城镇化“强调农村的就地改造，农民在世代居住的乡村完成了生产方式、生活方式、权利权益等的城镇化、现代化的转型”[②③]。

于是，我们就有理由通过农村居民非农化指标值来说明农村人口就地城镇化程度。这自然有两条路径：其一是农村居民自身努力或者自身变化而引发的人的城镇化；其二则是由于国家制度逻辑变化、国家战略导致城乡一体化进程加快而引发的城镇化。

二　七大城镇化提升农村居民发展水平

（一）职业城镇化：农民就地实现的非农职业转移提升就地城镇化水平

近10年来，全职务农的农民所占比例迅速下降。鉴于农民这一职业具有低收入、低声望、低权威等特征，因而绝大部分农村居民并不满足于日常务农。有学者将农村居民的职业做了分层研究，依据从高到低的顺序分别列出如下职业：农村干部、农村企业主、农村个体户、打工者、兼业务农者、纯务农者和无业者。研究发现，“纯务农者比例正在逐年迅速下降，兼业务农群体扩大趋势明显，农民兼业已经成为明显的社会阶层现象”[④]。由此，农村地区有非农产业已经不是稀奇现象。CGSS 2005 中有村办企业方面的调查，一共调查了401个村，其中60个村有村办企业，194个村开办了私营企业。从村民职业分析，CGSS 2005 数据显示，被调查的农村居民中全职务农的有79.2%（3385人）；CGSS 2006 数据显示，有67.06%的农村居民全职务农；CGSS 2013 数据显示这一比例进一步下降，这时农村

---

① 陆学艺：《中国农村现代化基本问题》，中共中央党校出版社，2004。

② 李强、陈振华、张莹：《就近城镇化与就地城镇化》，《广东社会科学》2015年第1期。

③ 李强：《就近城镇化与就地城镇化——以城市群为主体的大中小城市协调发展的重要支撑》，《北京日报》2019年2月25日，第018版。

④ 王春光、赵玉峰、王玉琪：《当代中国农民社会分层的新动向》，《社会学研究》2018年第1期。

居民中已经只有 49.5% 的（2303 人）被访者回答他们还在全职务农了；CGSS 2015 数据显示已经只有 33.9%（1523 人）的人回答他们目前在务农了［不过有 22.2%（998 人）的被访者反映他们过去务农但目前没有工作，详见表 5－1］。

表 5－1　农村居民的工作经历及工作状况（CGSS 2015）

单位：人，%

	目前从事非农工作	目前务农，曾经有过非农工作	目前务农，没有过非农工作	目前没有工作，而且只务过农	目前没有工作，曾经有过非农工作	从未工作过	合计
计数	884	466	1523	998	449	178	4498
占比	19.7	10.4	33.9	22.2	10.0	4.0	100.0

如果从就业愿望即城乡居民希望从事的职业分析，CGSS 2005 数据显示，有高达 90% 的农村居民不希望从事农民这一职业，并且有意思的是，农村居民的职业愿望结构与城市居民相比，呈现大体一致的分布趋势（见图 5－1）。这说明早在 2005 年，农村居民“主观愿望上”的职业城镇化程度已经很高了。

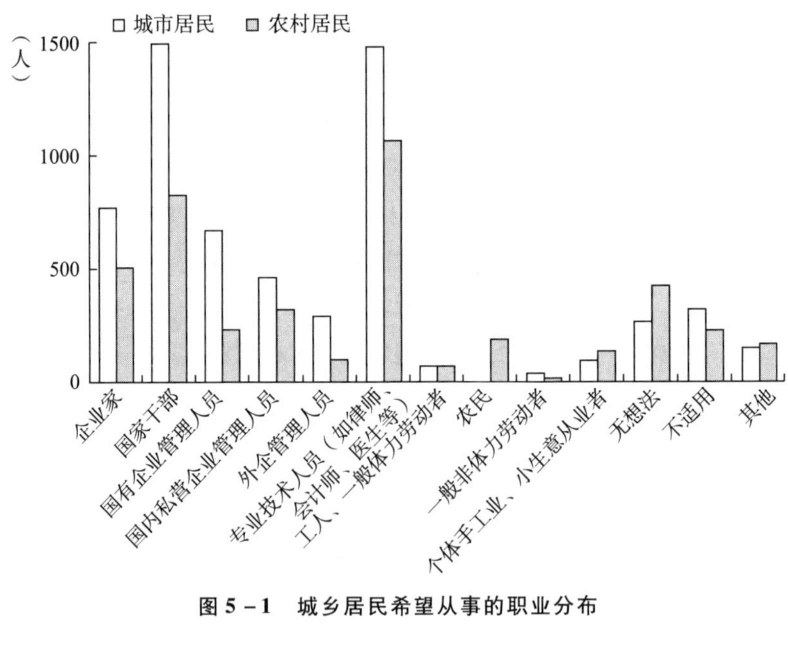

图 5－1　城乡居民希望从事的职业分布

由于农村居民的职业转换往往可以增加其收入，因此如何让更多农村居民尽快实现职业转换已经成为贫困县脱贫摘帽过程中的一个重要方向。我们在对湖南省五个县进行调查的过程中发现，这五个县均花大力气让贫困户尽可能多地实现就业转移。

S 县为了让就业转移实现常态化，推行“政府 + 劳务公司 + 劳务经纪人 + 劳动力”四位一体的就业扶贫模式，在过去的四年中让 13338 户 28156 名贫困劳动力签约。与此同时，还通过建设就业扶贫服务中心，与其他发达地区的经济开发区建立长期劳务协作关系，举办专场招聘会，培训贫困劳动力（一共培训 1538 人），发放培训生活补贴（一共发放 39.16 万元），甚至还累计发放交通补助 472.6 万元。在县委县政府强有力的推动下，S 县已经实现就业转移的有 22142 人，就业转移率达 78.64%。尽管如此，我们发现，95.2% 的贫困劳动力成功实现就业转移主要是依靠农民自身的努力（到县域以外寻找工作），而不是靠政府安排。因此，他们参加就业培训的意愿非常强烈。在调查的 706 户建档立卡贫困户中，58.4% 的贫困户明确表示想参加就业培训，另外 41.6% 的贫困户是因为家里无人没有办法参加培训。有 91.3% 的参加过就业培训的贫困劳动力认为参加培训对找工作或提高就业收入有帮助。当然，对于那些不方便外出务工的农民来说，政府安排的公益性岗位是对他们极大的支持。我们发现，大约 13.7% 的贫困户表示家里有人在公益性岗位就业。

W 县大力推进就业扶贫。首先，积极完成湖南省人社厅公共就业服务信息平台 44052 名建档立卡贫困劳动力信息的录入工作，将劳动力培训和劳务输出紧密结合起来，以培训提技能、以输出促增收。整合政府各部门的教育培训资源，完成就业技能培训 5774 人次。我们发现，有 50.7% 的贫困户特别愿意参加培训。通过“批量安置、集中定向、分散自主、辐射对接、远程输送”等形式，实现了 26928 人的就业转移，超过 70% 的劳动力被转移到县域以外。2017 ~ 2018 年两年发放外出务工人员交通补贴 42327 人次 1629.13 万元，以此刺激在乡农民外出务工。

X 县 2014 年以来先后两次对建档立卡贫困劳动力开展了信息采集工作，共采集和补充完善信息 34633 条，其中已转移就业 15347 人，未就业 19286 人；培训贫困劳动力和“两后生”2.43 万人次［这个县愿意参加就业培训的人所占比例相对较低，只占被调查户数的 38.3%（235 户）］，转移贫困劳动力就业 35188 人；采取劳务输出、安排公益性岗位等方式，实现了零就业贫困家庭的动态清零；利用易地扶贫搬迁的一楼门面等乡村民房，发展了 43 个扶贫车间，实现了 845 名贫困人口在家门口就业。为了鼓励农民外出务工，2018 年全县发放外出务工人员交通补贴 31898 人次 1102.27 万元。调查发现，X 县本地就业和扶贫车间日渐成为贫困户增收的主阵地。建档立卡以来，有 67 人通过政府安排外出务工，120 人获得了稳定的本地就业机会，31 人参与公益性岗位，20 人成为扶贫车间工人。

H 县转移贫困劳动力 1960 余人，贫困户稳定就业达 2460 人、临时就业达 3300 余人，注重培训“两后生”103 人，开发就业扶贫特岗 500 个。

Q 县 2017 年新增农村劳动力就业转移 7300 余人，通过劳务协作转移就业 3010 人，扶持自主创业 151 人；开展了贫困劳动力就业技能培训、创业培训等培训项目，解决了贫困群众自身发展动力不足、缺技术等难题，促进了贫困劳动力稳定就业。

（二）收入城镇化：农村居民的收入趋近城市居民，就地城镇化水平提升

农村居民与城市居民相比，经济收入倍差减少，但绝对数差异还在增加。中国城乡长期以来存在比较明显的分割现象。在经济收入领域，改革开放以后城乡居民之间的收入差距就一直在扩大。根据国家统计局的数据，1978 年，中国城乡居民收入差距为 209.8 元，到 2013 年，两者之间的差距扩大到 18059.2 元。① 城乡居民收入比从 1997 年的 2.47 上升到 2003 年的 3.23②，2018 年城乡居民收入比回落至 2.69，这一年城镇居民人均可支配收入为 39251 元，农村居民人均可支配收入为 14617 元。③（图 5－2）

我们认为当农村居民的收入大致上与城市居民相当时，就可以表明农村有比较高的城镇化水平了。CGSS 2005 数据显示，被调查的城市居民人均可支配收入是农村居民的 3 倍，而家庭收入则是 2.84 倍。到 2014 年，

① 郭小东、付升华：《社会保护底线支出、城镇偏好与城乡居民收入差距》，《社会保障研究》2017 年第 2 期。

② 李实、罗楚亮：《中国城乡居民收入差距的重新估计》，《北京大学学报》2007 年第 2 期。

③ 李丹、裴育：《城乡公共服务差距对城乡收入差距的影响研究》，《财经研究》2019 年第 4 期。

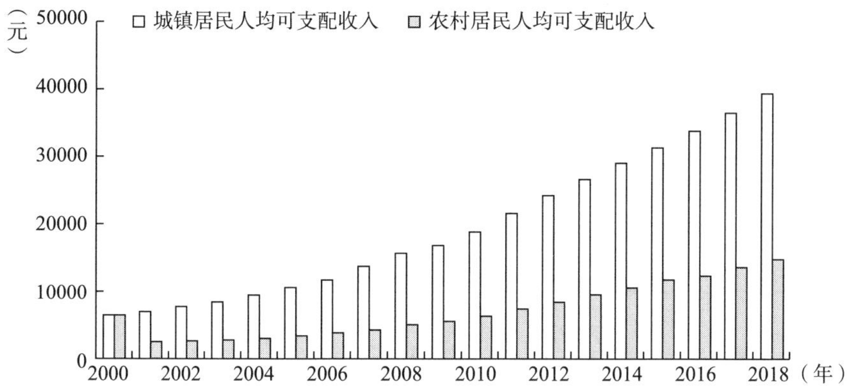

图 5－2　2000～2018 年城乡居民人均可支配收入及其差异

CGSS 2015 数据显示，城乡居民收入差距的倍数有所下降，个人年收入倍数下降至 2.5 倍，家庭总收入倍数降低到 1.84 倍。当然表现在绝对数上的差距仍然在增加：个人年收入之间的差距由 2004 年的 7848 元提升至 2014 年的 24666 元；家庭总收入之间的差距更大，从 18025 元上升至 37327 元。

如表 5－2 所示，尽管在收入上，城市居民远多于农村居民，但是在对其获得的收入是否合理的判断上则呈现相反的情况，有 45.7% 的农村居民认为他们获得的收入是合理的，而这一比例在城市居民那里只有 35.7%（见表 5－3）。

表 5－2　城乡居民全年总收入对比

居民收入	2004 年（CGSS 2005）			2014 年（CGSS 2015）		
	N	均值	标准误	N	均值	标准误
城市（个人）	5819	12006	199.33	6470	41111	2822.19
农村（个人）	4035	4158	92.20	4498	16445	2274.92
城乡差额	—	7848	—	—	24666	—
城市（全家）	5665	27818	607.54	6470	81627	3475.93
农村（全家）	4020	9793	168.88	4497	44300	4292.71
城乡差额	—	18025	—	—	37327	—

表 5－3　考虑到您的能力和工作状况，您认为您目前的收入是否合理

单位：人，%

		非常合理	合理	不合理	非常不合理	不适用	合计
城市居民	频数	79	2174	2719	568	558	6098
	百分比	1.3	35.7	44.6	9.3	9.2	100.0
农村居民	频数	59	1955	1769	214	277	4274
	百分比	1.4	45.7	41.4	5.0	6.5	100.0

（三）阶层认同城镇化：农村居民与城市居民大体一致的阶层感

阶层认同属于个体对自己所属阶层的主观认定，或称主观评价，它强调了人们的主观认知成分。[①] 比较多的研究显示，中国城乡居民的阶层认同相对偏低。[②③④] 有学者发现中国居民的阶层认同属于“混合型”。[⑤] 与上述研究结论有所不同，本研究发现（见表 5－4），从 2005 年到 2015 年，城市居民认为自己处于较好的社会阶层的比例上升较多，而农村居民的这一比例则下降明显。

表 5－4　家庭社会经济地位在本地大体属于哪个层次

单位：人，%

		上层	中上层	中层	中下层	下层	合计
2005 年	城市居民	25(0.4)	335(5.5)	2251(36.9)	2017(33.1)	1470(24.1)	6098(100.0)
	农村居民	54(1.3)	342(8.0)	1917(44.9)	1082(25.3)	879(20.6)	4274(100.0)

① Kraus, M. W., Piff, P. K., Mendoza-Denton, R. et al., “Social Class, Solipsism, and Contextualism: How the Rich are Different from the Poor,” *Psychological Review* 119 (2012).

② 边燕杰、卢汉龙：《改革与社会经济不平等：上海市民地位观》，载边燕杰主编《市场转型与社会分层：美国社会学者分析中国》，生活·读书·新知三联书店，2002。

③ 范晓光、陈云松：《中国城乡居民的阶层地位认同偏差》，《社会学研究》2015 年第 4 期。

④ 冯仕政：《中国社会转型期的阶级认同与社会稳定——基于中国综合调查的实证研究》，《黑龙江社会科学》2011 年第 3 期。

⑤ 徐琪：《“混合型”主观阶层认同：关于中国民众阶层认同的新解释》，《社会学研究》2018 年第 6 期。

续表

		上层	中上层	中层	中下层	下层	合计
2015年	城市居民	35(0.5)	456(7.1)	3160(49.4)	1977(30.9)	771(12.0)	6399(100.0)
	农村居民	45(1.0)	184(4.1)	1907(42.7)	1542(34.6)	785(17.6)	4463(100.0)

(四) 获得感城镇化：农村居民与城市居民在获得感方面的比较

与上述数据表现出的含义似乎有所不同，当与自身做比较时，相比于城市居民，更多的农村居民认为较三年前，他们的社会经济地位上升了，较少的农村居民认为自己的社会经济地位下降了（见表5-5）。提升居民的获得感已经成为新时代政府的执政理念，2015~2017年，《人民日报》发表了习近平12篇文章论及获得感[①]，故此，提升居民获得感与提升居民的收入还是不能简单画等号，获得感所涉及的面更广、内容更加复杂。

表5-5 与三年前相比，您认为您的社会经济地位是上升还是下降

单位：人，%

		上升了	差不多	下降了	不好说	合计
城市居民	频数	1946	2632	1423	97	6098
	百分比	31.9	43.2	23.3	1.6	100.0
农村居民	频数	2053	1529	617	75	4274
	百分比	48.0	35.8	14.4	1.8	100.0

(五) 人际关系城镇化：农村居民与城市居民在人际关系密切程度上的比较

一般认为，城市居民的人际关系会有更多的功利性与理性，而农村居民在处理人际关系时一般更强调伦理性与感性。“农村人际关系简单、亲

① 熊建生、程仕波：《试论习近平关于人民获得感的思想》，《马克思主义研究》2018年第8期。

密、情感色彩浓重，城市人际关系则复杂、疏远、理性分较多。”① 不过，如果仅仅从接触与联系的密切程度来分析，城乡居民之间所呈现的差异并不显著，这或许在一定程度上可以证明农村居民的就地城镇化水平接近城市居民。CGSS 2015 数据分析结果见表 5－6。

表 5－6　您和亲戚/朋友之间的接触和联系的密切程度

单位：人，%

		非常不密切	不密切	一般	密切	非常密切	合计
城市居民	频数	51	256	2362	2849	580	6098
	百分比	0.8	4.2	38.7	46.7	9.5	100.0
农村居民	频数	32	173	1190	2324	555	4274
	百分比	0.7	4.0	27.8	54.4	13.0	100.0

（六）婚姻状态城镇化：农村居民与城市居民的婚姻状态比较

一般来说，传统农村社会居民的结婚年龄会早些，婚姻稳定性会高些；城市社会居民的初婚年龄会后延，并且婚姻的稳定性也会变差。如有学者发现，随着现代性的推进，城市居民的结婚率与出生率双双出现降低现象。② 正因如此，我们使用婚姻这一指标来衡量城乡居民的接近度，如果两者相当或者相差不大，则表明城乡居民在婚姻观念上具有一致性。我们对 CGSS 2015 数据进行整理，发现城市居民平均初婚年龄为 24.25 岁，高于农村居民的 22.57 岁的平均初婚年龄；29.6% 的农村青年在 20 岁以前就结婚了，而 20 岁以前结婚的城市青年只占 16.1%。值得注意的是，2005～2015 年这 10 年间，城乡居民婚姻状态均发生了较大变化：处于稳定婚姻状况的比例在城市下降 6.7 个百分点，农村则下降 10.5 个百分点。2015 年，城市中有 24.7% 的被访者没有处于婚姻状态中，这一比例在农村是 19%。其他类别的比例也都有不同程度的变化（见表 5－7）。

---

① 王喜平：《城乡人际关系差异成因的系统考察》，《系统科学学报》2001 年第 3 期。

② Yong, J. C., “East Asian Low Marriage and Birth Rates: The Role of Social Status Affordance in Marriage and Childbearing Behavior,” Singapore Management University. Master Thesis. 2014.

表 5-7 城市居民和农村婚姻状态

单位：人,%

婚姻状态	2005 年		2015 年	
	城市居民	农村居民	城市居民	农村居民
未婚	755（12.4）	221（5.2）	801（12.4）	327（7.3）
已婚	4872（79.9）	3830（89.6）	4733（73.2）	3556（79.1）
离婚未再婚	121（2.0）	24（0.6）	180（2.8）	49（1.1）
离婚后再婚	21（0.3）	15（0.4）	126（1.9）	74（1.6）
丧偶未再婚	311（5.1）	167（3.9）	554（8.6）	455（10.1）
丧偶后再婚	17（0.3）	16（0.4）		
同居			57（0.9）	22（0.5）
分居未离婚			19（0.3）	15（0.3）
合计	6097（100.0）	4273（100.0）	6470（100）	4498（100）

注：Pearson 卡方检验 Sig = 0.000。

（七）社会态度城镇化：农村居民与城市居民的社会态度比较

中国社会转型 40 年，经济领域、政治领域、文化领域等均发生很大变化，人们的社会态度也随之发生相应变化。社会态度一般是指社会大众对外界事物的各种感受、评价以及行为倾向等心理状态。① 有学者认为，“社会态度既是社会变迁的潜在但现实的结果，也是社会变迁潜在及现实的动因”②。因此，研究城乡居民在社会态度上的差异，可以反推农村居民的就地城镇化程度。我们将 CGSS 2015 数据中有关城乡居民认为自己的观点与社会大众是否一致的判断整理成表 5-8。表中数据体现了城乡居民在社会态度上有大体一致的分布。这一结果与郑昱在 2014 年所做的实证研究结果大体一致。③

① 李小平：《态度研究的动向》，《南京师大学报》1999 年第 3 期；Gerd Bohner and Nina Dickel, “Attitudes and attitude change,” *Annual Review of Psychology* 62（2011）：391－417.

② 李路路、王鹏：《转型中国的社会态度变迁》，《中国社会科学》2018 年第 3 期。

③ 郑昱：《生活满意度与政府满意度的关系变迁——基于 2005～2010 年某省城乡居民社会态度的调查数据》，《天津行政学院学报》2014 年第 3 期。

表 5－8　就您一般印象，您对一些重要事情的看法与社会大众一致的时候有多少

单位：人，%

		一致的时候非常少	一致的时候比较少	一般	一致的时候比较多	一致的时候非常多	合计
城市居民	频数	96	376	3272	2170	184	6098
	百分比	1.6	6.2	53.7	35.6	3.0	100.0
农村居民	频数	48	246	2218	1619	143	4274
	百分比	1.1	5.8	51.9	37.9	3.3	100.0

不过在一些具体体现现代城市文明的行为方面，城乡居民还是存在差异的（见表 5－9）。本研究归纳了“反感”项的具体差异。（1）在公众/公共场合大声喧哗。城市居民有 83.5% 反感，这一比例在农村居民中只有 62.4%。（2）吸烟者在非吸烟者面前或附近吸。城市居民有 73.8% 反感，农村居民有 50.2%。（3）随地吐痰。城市居民有 92.9% 反感，农村居民有 71.5%。（4）随手扔垃圾。城市居民有 91.0% 反感，农村居民有 69.3%。（5）讲粗话/脏话。城市居民有 91.0% 反感，农村居民有 77.4%。（6）不排队购物/付款/办事，夹塞。城市居民有 88.1% 反感，农村居民有 67.0%。（7）不按照交通灯指示和行人线过马路。城市居民有 84.2% 反感，农村居民有 64.7%。（8）不守时间。城市居民有 89.2% 反感，农村居民有 79.1%。（9）不守信用。城市居民有 95.6% 反感，农村居民有 89.2%。（10）不关照/协助老弱病残。城市居民有 96.0% 反感，农村居民有 94.5%。这些数据虽然不能反映相关项目的深度，但是大致可以说明农村居民对一些具体的公共事务的看法正在接近城市居民。这说明，中国农村已经在具体的事务上实现了就地城镇化。

表 5－9　如果别人有以下行为，您的反应/看法是怎样的

单位：人，%

			不反感	不太反感	无所谓	比较反感	很反感	合计
在公众/公共场合大声喧哗	城市居民	频数	31	150	669	2441	1878	5169
		百分比	0.6	2.9	12.9	47.2	36.3	100.0
	农村居民	频数	147	289	1161	1843	813	4253
		百分比	3.5	6.8	27.3	43.3	19.1	100.0

续表

			不反感	不太反感	无所谓	比较反感	很反感	合计
吸烟者在非吸烟者面前或附近吸	城市居民	频数	94	240	1017	1940	1878	5169
		百分比	1.8	4.6	19.7	37.5	36.3	100.0
	农村居民	频数	305	384	1427	1395	742	4253
		百分比	7.2	9.0	33.6	32.8	17.4	100.0
随地吐痰	城市居民	频数	11	44	311	1961	2842	5169
		百分比	0.2	0.9	6.0	37.9	55.0	100.0
	农村居民	频数	75	188	951	1930	1109	4253
		百分比	1.8	4.4	22.4	45.4	26.1	100.0
随手扔垃圾	城市居民	频数	18	59	386	2142	2564	5169
		百分比	0.3	1.1	7.5	41.4	49.6	100.0
	农村居民	频数	73	201	1034	1955	990	4253
		百分比	1.7	4.7	24.3	46.0	23.3	100.0
讲粗话/脏话	城市居民	频数	11	58	396	1924	2780	5169
		百分比	0.2	1.1	7.7	37.2	53.8	100.0
	农村居民	频数	48	140	772	1923	1370	4253
		百分比	1.1	3.3	18.2	45.2	32.2	100.0
不排队购物/付款/办事，夹塞	城市居民	频数	10	80	524	2253	2302	5169
		百分比	0.2	1.5	10.1	43.6	44.5	100.0
	农村居民	频数	63	168	1172	1918	932	4253
		百分比	1.5	4.0	27.6	45.1	21.9	100.0
不按照交通灯指示和行人线过马路	城市居民	频数	12	104	702	2351	2000	5169
		百分比	0.2	2.0	13.6	45.5	38.7	100.0
	农村居民	频数	43	158	1302	1807	943	4253
		百分比	1.0	3.7	30.6	42.5	22.2	100.0
不守时间	城市居民	频数	11	81	465	2568	2044	5169
		百分比	0.2	1.6	9.0	49.7	39.5	100.0
	农村居民	频数	34	131	724	2124	1240	4253
		百分比	0.8	3.1	17.0	49.9	29.2	100.0

续表

			不反感	不太反感	无所谓	比较反感	很反感	合计
不守信用	城市居民	频数	13	33	183	1700	3240	5169
		百分比	0.3	0.6	3.5	32.9	62.7	100.0
	农村居民	频数	18	73	372	1797	1993	4253
		百分比	0.4	1.7	8.7	42.3	46.9	100.0
不关照/协助老弱病残	城市居民	频数	3	23	181	1800	3162	5169
		百分比	0.1	0.4	3.5	34.8	61.2	100.0
	农村居民	频数	10	31	193	1660	2359	4253
		百分比	0.2	0.7	4.5	39.0	55.5	100.0

三 小结与讨论

在现代化、城市化进程中，农民会因为“时间性”效应滞后，即农民的自然时间难以跟上城市，而导致农民自我认同的转换滞后于物质的变迁；相比于城市空间具有的高价值性，农村空间存在的“空间性”效应带来了强烈的相对剥夺感，也阻碍了农民的自我认同转换。[①] 尽管时间上的滞后与空间上的相对剥夺感会使农村居民在一定程度上内心感到“不爽”，但是城市化进程是不可阻挡的。首先，在当今中国，流动已经成为一种常态，而流动对于推进就地城镇化具有特别的意义。列宁曾经高度赞扬流动的现代性、城市化的价值，他指出，“与居民离开农业而转向城市一样，外出做非农业的零工是进步的现象，它把居民从偏僻的、落后的、被历史遗忘的穷乡僻壤拉出来，卷入现代社会的旋涡中”[②]。周晓虹甚至认为农民的流动经历有连城之价。[③] 因为流动，农村居民会改变职业、收入状况，提升心理敏感力、获得感，拓展人际关系，学会理性计算与规划未来，形成主流社会推崇的社会态度。总之，因为流动、扩散、交流等动态要素，

① 张海波、童星：《被动城市化群体城市适应性与现代性获得中的自我认同——基于南京市561位失地农民的实证研究》，《社会学研究》2006年第2期。

② 列宁：《列宁全集》第3卷，人民出版社，1959，第527页。

③ 周晓虹：《流动与城市体验对中国农民现代性的影响——北京“浙江村”与温州一个农村社区的考察》，《社会学研究》1998年第5期。

现代城市特征正在以硬件、软件形式在农村大地生根发芽。其次，无论是以市场形式的土地开发，还是以精准扶贫形式的脱贫攻坚，或者是乡村振兴战略，随着国家政策的实行，我们所熟悉的农村正在以快速度、高效率发生脱胎换骨式的变更。

农村居民城镇化的路径首先需要他们自身的考虑与权衡，是留守老家，实现就地城镇化；还是流动至城市，实现异地城镇化。这两条路径的取舍在考验着每一个农村居民，特别是青年人的智慧与价值取向。截至2018年末，我国的常住人口城镇化率才刚刚近60%，而一个拥有良好城乡关系的国家需要城镇化率达到80%。也就是说，我们还要加快异地城镇化的进程。不过众多数据显示，目前的异地城镇化主要是通过吸取农村优质资源来实现的。这就使得农村“弱化”“空心化”问题严重，农村就地城镇化的质量与可持续性成了问题。对此，国家政策需要积极应对，抑制农村的“弱化”，真正实现城乡一体化背景下的农村就地城镇化，而不是简单地让农村成为城市，让城市变回农村。

第六章　城乡关系发展之实践话题：城市融入

20世纪90年代以来，中国的城镇化进程迈入高速发展期，投资、产业在城镇的快速集中直接带动了大量分散的农村人口迅速向城镇流动。[①]《2017年国民经济和社会发展统计公报》数据显示，2016年我国外出务工人员总量已达2.82亿人次，较五年前增长了约11.5%，并呈现明显的家庭式迁移特点[②③]。如此大规模、快速的城市发展对于城镇吸纳农村人口以及农村人口融入现代城市文明的能力均提出了挑战。在政府主导、自上而下的推进模式下，中国城镇的基础设施建设和吸纳能力等方面得到了一定的改善，而农村人口在融入现代城市文明和养成现代生活方式上仍有较大提升空间，这同时也得到了学术界的广泛关注[④⑤⑥]。

从2006年国务院发布的《关于解决农民工问题的若干意见》，到2018年中共中央、国务院印发的《乡村振兴战略规划（2018—2022年）》，都提出需解决农民进城后的社会保障权益、农村土地权益问题，分类制定落户政策，重点解决符合条件的普通劳动者落户问题，加快农业转移人口市

---

① 李强、陈宇琳、刘精明：《中国城镇化"推进模式"研究》，《中国社会科学》2012年第7期。

② 朱明芬：《农民工家庭人口迁移模式及影响因素分析》，《中国农村经济》2009年第2期。

③ 洪小良：《城市农民工的家庭迁移行为及影响因素研究——以北京市为例》，《中国人口学》2007年第6期。

④ 李斌、张贵生：《住房产权与农业转移人口社区治理参与》，《社会治理》2019年第1期。

⑤ 张贵生、李斌：《农转非对农业转移人口城里人身份认同度的影响——基于中国综合社会调查数据的分析》，《城市问题》2019年第7期。

⑥ 陈云松、张翼：《城镇化的不平等效应与社会融合》，《中国社会科学》2015年第6期。

民化的进程，这也是破解中国社会二元结构困境、改善制度环境的重要举措①②。由此可见，农业转移人口的社会生活质量与社会适应能力是政界及学术界一直以来关心的重点问题。美国心理学家亚伯拉罕·马斯洛在《人类激励理论》一文中提出，人类需求从低到高可分为五个层次。学术界认为农业转移人口的社会生活适应是个人或家庭需求层层满足的过程，也存在阶梯式推进的特点③④。杨菊华⑤构建出社会融入的四个维度，分别是经济整合（economic integration or incorporation）、文化接纳（cultural acceptance）、行为适应（behavioral adaptation or adjustment）、身份认同（identity of mainstream society），并以图形展示（见图6-1）。因此，本研究从职业与就业能力、住房、社会网络、身份认同四个方面分别对应以上四个维度，来对农业转移人口的社会生活质量与社会适应能力进行考量，并对其进行全面评估。

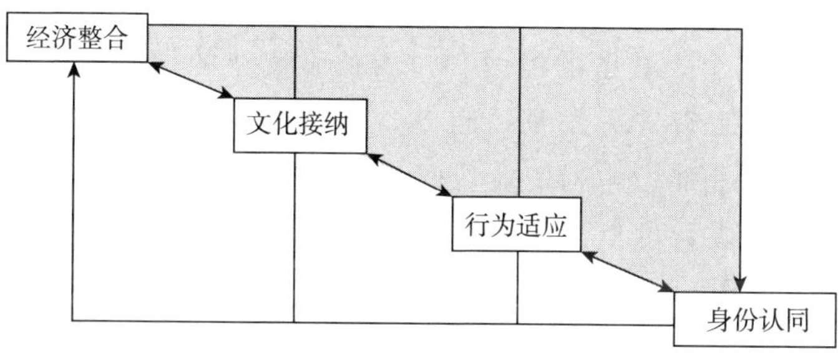

图6-1　社会融入的四个维度

一　农业转移人口的职业与就业能力：城乡关系主场域

就业是民生之本，农业转移人口面临的核心问题就是如何提高其就业

---

① 接栋正：《从社会结构变迁看中国人口城镇化政策》，《浙江社会科学》2013年第6期。

② 匡贤明：《以贫为荣，何以脱贫?》，《商周刊》2012年第3期。

③ 杨菊华：《流动人口在流入地社会融入的指标体系——基于社会融入理论的进一步研究》，《人口与经济》2010年第2期。

④ 朱力：《论农民工阶层的城市适应》，《江海学刊》2002年第6期。

⑤ 杨菊华：《从隔离、选择融入到融合：流动人口社会融入问题的理论思考》，《人口研究》2009年第33期。

能力和可持续性生计的能力①。2009 年的中央经济工作会议强调了“农业转移人口”的概念。这是较“农民工”“进城务工人员”等更中性且内涵和外延更广泛的一种称谓，既包括了户籍在农村、“乡—城”转移外出从业 6 个月以上的劳动者，也包括了一部分户籍已迁到城镇的、“政策性”和“自致性”的、在城镇生活居住的农转非人员②。如何尽快提升农业转移人口的就业能力，特别是“政策性”农转非居民在失地后，如何提升其可持续性生计能力显得尤为重要。本研究基于农业转移人口及其就业能力的理论阐述，分析得出影响其就业能力提升的主要因素，根据现状提出可行性建议。

关于就业能力的研究，国内外学者自 20 世纪 50 年代以来对其开始关注，直到 90 年代达到鼎盛。综合多样化和复杂化的研究成果可以发现，不同学者对于概念的界定存在分歧。Beveridge 提出，就业能力（Employability）即“可雇用性”，包含获取工作和保持工作的能力。另有学者认为人力资本包含个人具备的能力和对所从事职业的期望度。③ Pallard 认为就业能力包括资产、发展、表达、个体环境和劳动力市场环境。Fugate 等认为就业能力包括职业认同、个人适应性、社会和人力资本三个维度。④ 他们认为可以从潜在的多维度（Panel A）和聚合的多维度（Panel B）（如图 6－2 所示）两种方式来对就业能力进行理解。Panel A 是从“包含”关系来进行分解，而 Panel B 是从“组合”因素来进行聚合。

据此推理可得，包含成分即影响因素。因此，本研究在上述研究成果基础上，结合农业转移人口的身份特征来综合建构其就业能力的影响因素。首先，就业能力的组成维度之间的关系是建立在相互决定论的基础上的，这种决定论认为个人、行为和环境因素相互影响。因此，从宏观层面考虑制度建设和制度环境对就业能力的影响不可忽略。其次，职业认同是

---

① 程业炳、周彬、张德化：《新型城镇化背景下农业转移人口就业能力提升研究》，《探索》2014 年第 3 期。

② 李斌、张贵生：《农业转移人口身份认同的分化逻辑》，《社会学研究》2019 年第 3 期。

③ Anneleen Forrier, LucSels, “The Concept Employability: A Complex Mosaic,” *International Journal of Human Resources Development and Management* (2003) 3: 102－124.

④ Mel Fugate, Angelo, J., Kinicki, Blake E. Ashforth, “Employability: A Psycho-Social Construct, Its Dimensions, and Applications,” *Journal of Vocational Behavior* 65 (2004): 14－38.

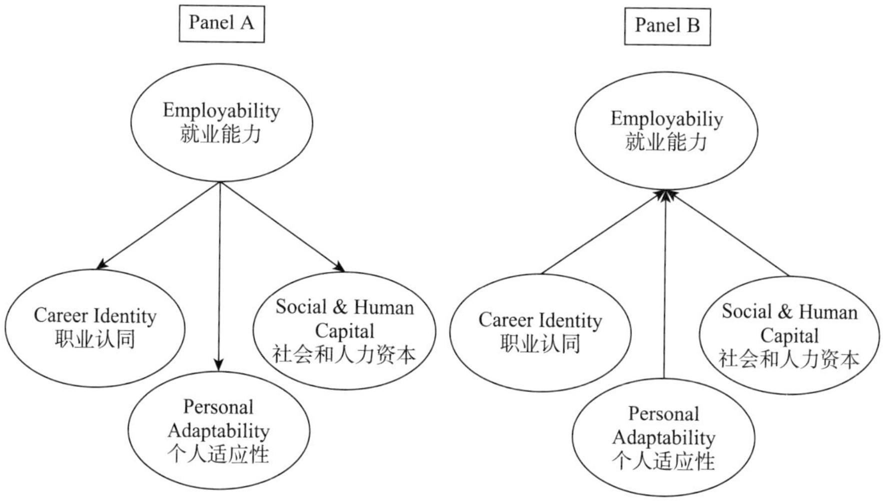

图 6－2　Fugate 等的就业能力结构

个人在职场中的自我定义，包括“我是谁”和“我想成为谁”两个方面，其作为认知指南，可以激励个体积极创造机会来达成自己的意愿[①]。再次，个人适应性。Savickas 认为个人适应性的强弱对整体职业发展至关重要。但是，适应变化的能力主要取决于个体差异。积极的心态、学习倾向、开放的态度、自我控制力和自我效能感都会对个人适应性造成影响。然后，人力资本是指影响一个人职业发展的一系列因素。国外学者从年龄和教育、工作经验和培训、工作绩效和组织任期、情感智力、认知能力对人力资本进行分析。国内学者认为教育、培训、工作经验、技能等对就业能力具有显著影响。最后，从社会资本的角度，人们认为“弱关系”有助于就业能力的提升。

（一）农业转移人口职业：城乡关系底线话题

农业转移人口进入城市并且被城市接纳的底线就是他们能够在城市找到可以谋生的工作，进而才能谋求其他方面的发展。改革开放 40 多年来，我国工业化和城镇化进程取得了世界瞩目的成绩，改革成效显著。新中国成立初期，我国从一个传统的农业大国开始工业化建设，并在最近 20 年创

---

① Ashforth, B. E., Fugate, "Role Transitions and the Life Span," In Ashforth, B. E., (Ed.) *Role Transitions in Organizational Life: An Identity-based Perspective* (Mahwah, N. J.: Lawrence Erlbaum, 2001), p. 225－257.

造了难以赶超的“中国速度”，“在相当程度上是由于我们充分发挥了劳动密集型产业的优势，把数以亿计的农民转化为农民工”[①]。从“农民”到“农民工”身份转换的更深层次意义在于促进农村大量富足劳动力从“乡村”迁徙到“城镇”，并参与到二、三产业的生产中来，从而建立起具有中国特色的经济运行机制，这是对传统分工格局的一种突破，也是打破传统城乡二元经济结构壁垒的有效手段。

新中国成立初期，百废待兴，加之“文化大革命”，彼时国内经济一片萧条。从国际形势来看，帝国主义列强对我国实行经济封锁、政治打压。实行高度集中的计划经济体制和优先发展劳动密集型的重工业是受当时严峻的国内外经济和市场形势所迫，也是唯一可行的出路。[②] 但是，由此带来的严重后果也日益显现。农业劳动生产率和农民生活水平低下，1965～1977 年，农民人均年收入仅增加 1 元，国民经济发展几乎处于停滞状态。1978 年，我国开始实行改革开放，打破了原有封闭格局，于是，大量农村剩余劳动力开始陆续进入城市。改革开放初期，我国第一代农民工进城后转化为廉价劳动力，以从事劳动密集型行业的工种为主，如建筑业、制造业等。在商品经济条件下，我国产业升级加速。较为落后的劳动密集型产业向较为进步的资本密集型产业转型，这也是经济发展的必然趋势。在经济转型的大背景下，由价格关系变革所带来的结果是活劳动（劳动力）价格成本不断攀升，逐渐被物化劳动（资本）所取代，第二代农民工（或称为“新生代农民工”），以及农业转移人口在职业选择上和所从事的工种上都有了较大突破。第二代农民工在城市的职业已经迈向了城市职业的大多数领域，可以期待最终会渗透到城市所有职业领域。

（二）农业转移人口就业质量：城乡关系满意度话题

本研究使用 2015 年中国综合社会调查（CGSS）的数据，对不同类型的农业转移人口的基本情况和职业类型进行描述统计。该调查由中国人民大学中国调查与数据中心采用分层多阶段概率抽样法，对全国 28 个省（自治区、直辖市）、134 个县（区）、491 个村（社区）的 10968 户家庭进行调查。依据统计分析规范，去除不符合条件和缺失的案例后，最终获得

---

① 韦曙林、许经勇：《透过“民工荒”现象看其问题的本质》，《学术研究》2005 年第 1 期。

② 许经勇：《中国农村经济改革研究》，中国金融出版社，2001。

2168 个有效样本。

1. **农业转移人口的社会人口属性及职业情况**

我们根据户籍属性将农业转移人口分为两类：第一类是户籍在乡村，来城市从事非农业产业劳动 6 个月以上，并常住城区，以非农产业为主的农民（或称为进城务工人员），占样本总人数的 83.7%；第二类是户籍由农业户口转成非农户口，并常住城区，以非农产业为主的“农转非”居民，占样本总人数的 16.3%。其中，因户籍转换的原因不同，第二类农业转移人口又可分为“自致性”和“政策性”两种。

农业转移人口的社会人口属性可以从性别、年龄、受教育程度和家庭经济状况四个方面来分析。按性别划分，男性为 1226 人，女性为 942 人，分别占 56.5% 和 43.5%。按年龄段划分，40～50 岁人数最多，共 649 人，占总人数的 29.9%；30～40 岁共 522 人，占 24.1%；20～30 岁共 477 人，占 22.0%；50～60 岁，占 15.5%；60 岁为 7%；20 岁以下为 1.5%。数据显示，70 后和 80 后已成为农民工最重要的组成部分，甚至 90 后也逐步加入新生代农民工的行列，第一代进城务工的农民工已逐渐退出历史舞台。按受教育程度划分，从未受过教育的人仅占 5.1%；初中占 39.5%，位列第一；其次为高中，占 21.4%，位列第二；小学占 18.6%，位列第三；大学及以上仅为 15.4%。按家庭经济状况划分，54% 的人认为其家庭经济状况处于平均水平；32.4% 的人认为低于平均水平；9.6% 的人认为高于平均水平；3.5% 的人认为远低于平均水平。其中，有 23.8% 的家庭拥有家用小汽车，63.8% 的人认为目前的收入合理，29.7% 的人认为不合理。

从职业属性来看，首先，在工作回报的选项中，高收入（51.8%）、工作有长期保障（31.9%）、社会声望和尊重（15.2%）成为排名前三的选项。紧随其后的是可以有更多自由运用的时间、工作时间短和满足个人兴趣三个选项。上述数据说明，农业转移人口把经济收入、保障和声望、地位看作是工作的最大回报。有 50% 的人认同“工作只是一种挣钱的方式而已”的说法。55% 左右的人表示在求职、加薪或升职等过程中没有受到过不公平待遇。70% 左右的人表示在工作时没有被上级或同事侵害过。因此，从上述两组数据可得出农业转移人口在工作中受不公平待遇或侵害的情况发生概率不高。其次，在工作满意度的选项上，比较满意、说不清、很满意的占比分别为 42.7%、20.6% 和 16.5%。4.1% 的人表示完全满意，只有 13.6% 的人表示比较不满意。41.8% 的人有时会感觉工作压力大，22.8% 的人几乎没有感觉到工作压力大。30% 左右的人几乎没有从事过重体力劳动，另有 30% 多的人表示经常或一直从事重体力劳动，27.2% 的人表示有时从事重体力劳动。从这组数据可以看出，农业转移人口的工作满意度还是很高的，但是工作性质仍以从事劳动密集型的重体力劳动为主。再次，在工作时间选项上，60% 以上的人表示几乎没有或从来没有过在正常工作时间里在家上班的经历，30% 左右的人表示周末一直都要工作，50% 以上的人表示有时或经常在周末都需要工作。因此，可看出农业转移人口的工作时间欠缺灵活，并且工作时间较长，留给自己和家人的时间并不多，生活质量可能处于一种较低水平状态。最后，在工作技能的选项上，50% 以上的人表示工作中只需用到一点或几乎用不上以往的工作经验或技能。70% 左右的人表示在过去的 12 个月里，没有在工作单位或其他地方参加过提高工作技能的培训，同样也有 70% 左右的人表示为了找到工作，愿意接受新技能的培训。这说明，很大一部分农业转移人口都有求学、上进的期待和愿望。还有数据显示，50% 左右的人认为要重新找一份和现在一样或者更好的工作比较困难，说明该群体的职业选择能力还有待加强。

就业质量在一定程度上受公共服务的影响，因此公共服务质量也应纳入就业质量的测量范围。在公共服务方面，37.8% 和 39.7% 的人对公共服务资源的充足程度和便利程度表示比较满意，不太满意和说不清的人数占比均为 27.7%。但是在分布均衡程度的情况上，33.9% 的人表示不太满意，30.6% 表示比较满意，27.2% 的人表示说不清。34.6% 的人对公共服务的普惠性程度表示比较满意，29% 的人表示说不清，27.6% 的人表示不太满意。“劳动就业”、“社会保障”和“公共教育”是农业转移人口认为目前政府最需要加强的基本公共服务的三个方面。

2. 农业转移人口的就业质量

农业转移人口的就业质量可以从自主决定性、工作的单位或公司类型、工作的性质三个方面来加以考虑。

如表 6-1 所示，不同户籍农业转移人口在职业自主决定程度上存在显著差异。总体上看，农业户籍人口较居民户籍人口有更强的自主决定性。其中，农业户籍人口中完全不能自主的占比为 9.8%，远远低于居民户籍人口；完全自主决定的占比 31.5%，高出居民户籍人口 7.2 个百分点。居民户籍人口中，自致性农转非人口的自主性与政策性农转非人口相比略显复杂。在完全自主决定和很少程度上自主层面上，政策性农转非人口的情况要好于自致性农转非人口。按照这个比较结果，可综合考虑不同户籍农转非人员工作的单位或公司的类型和所有制性质。

表6-1　不同户籍农业转移人口的职业自主决定程度分布

单位：人，%

自主程度	农业户籍人口	居民户籍人口（以前是农业户口）		
		总体	政策性农转非	自致性农转非
完全自主决定	563（31.5%）	85（24.3%）	27（26.7%）	58（23.3%）
一定程度上自主	628（35.1%）	140（40.0%）	33（32.7%）	107（43.0%）
很少程度上自主	420（23.5%）	72（20.6%）	24（23.8%）	48（19.3%）
完全不能自主	176（9.8%）	53（15.1%）	17（16.8%）	36（14.5%）
总计	1787（100.0%）	350（100.0%）	101（100.0%）	249（100.0%）

表6-2中的数据说明，农业户籍人口在进城务工以后，52.2%的人只能从事一些非正式的、组织性不强的、社会保障制度不覆盖的临时性工作或者无工作。尽管有38.3%的农民工已经进入相对正规的企业工作，但相较于农转非人口44.8%的占比，还是要低很多。党政机关和事业单位的从业人员中，农业户籍人口的比例只占到7%，低于农转非人员20多个百分点。这两种类型的单位或公司会让从业者在心理上更具有优越感，主动意识会更强。因此，在一定程度上自主和完全不能自主两个层面上，自致性农转非人口比政策性农转非人口更具优势可得到解释。最后，社会团体、居/村委会的工作，在农业户籍人口和居民户籍人口中差别不大。但是政策性农转非人员比自致性农转非人员的积极性要高很多。

表6-2　农业转移人口目前工作的单位或公司的类型

单位：人，%

		党政机关	企业	事业单位	社会团体、居/村委会	无单位/自雇（包括个体户）	军队	总计
农业户籍人口	频数	15	650	103	40	885	2	1695
	百分比	0.9	38.3	6.1	2.4	52.2	0.1	100

续表

<table>
<tr><th colspan="3"></th><th>党政机关</th><th>企业</th><th>事业单位</th><th>社会团体、居/村委会</th><th>无单位/自雇（包括个体户）</th><th>军队</th><th>总计</th></tr>
<tr><td rowspan="6">居民户籍人口（以前是农业户口）</td><td rowspan="2">总体</td><td>频数</td><td>24</td><td>152</td><td>71</td><td>6</td><td>85</td><td>1</td><td>339</td></tr>
<tr><td>百分比</td><td>7.1</td><td>44.8</td><td>20.9</td><td>1.8</td><td>25.1</td><td>0.3</td><td>100</td></tr>
<tr><td rowspan="2">政策性农转非</td><td>频数</td><td>4</td><td>48</td><td>13</td><td>4</td><td>30</td><td>0</td><td>99</td></tr>
<tr><td>百分比</td><td>4.0</td><td>48.5</td><td>13.1</td><td>4.0</td><td>30.3</td><td>0.0</td><td>100.0</td></tr>
<tr><td rowspan="2">自致性农转非</td><td>频数</td><td>20</td><td>104</td><td>58</td><td>2</td><td>55</td><td>1</td><td>240</td></tr>
<tr><td>百分比</td><td>8.3</td><td>43.3</td><td>24.2</td><td>0.8</td><td>22.9</td><td>0.4</td><td>100.0</td></tr>
</table>

表6-3中的数据显示，70%以上的农业户籍人口选择在私有/民营或私有/民营控股单位或公司工作，在国有或国有控股单位或公司工作的仅为18.6%。该数据再次说明大部分进城务工的农业户籍人员只能选择一些私营或民营性质的单位或公司从事零工或散工的工作。其余三种性质的公司，农业户籍人口与居民户籍人口的占比差别不大。在居民户籍人口层面，50%以上的政策性农转非人口选择私有/民营或私有/民营控股单位或公司工作，而53.3%的自致性农转非人口选择在国有或国有控股单位或公司工作。工作单位的性质也就解释了农业户籍人口与居民户籍人口在完全自主决定层面上的差异性。关于很少程度上自主的差异，需进行进一步的深入研究。

表6-3　农业转移人口目前工作的单位或公司的性质

单位：人，%

<table>
<tr><th colspan="3"></th><th>国有或国有控股</th><th>集体所有或集体控股</th><th>私有/民营或私有/民营控股</th><th>港澳台资或港澳台资控股</th><th>外资所有或外资控股</th><th>总计</th></tr>
<tr><td colspan="2" rowspan="2">农业户籍人口</td><td>频数</td><td>146</td><td>40</td><td>574</td><td>5</td><td>21</td><td>786</td></tr>
<tr><td>百分比</td><td>18.6</td><td>5.1</td><td>73</td><td>0.6</td><td>2.7</td><td>100.0</td></tr>
<tr><td rowspan="6">居民户籍人口（以前是农业户口）</td><td rowspan="2">总体</td><td>频数</td><td>109</td><td>12</td><td>97</td><td>3</td><td>7</td><td>228</td></tr>
<tr><td>百分比</td><td>47.8</td><td>5.3</td><td>42.5</td><td>1.3</td><td>3.1</td><td>100.0</td></tr>
<tr><td rowspan="2">政策性农转非</td><td>频数</td><td>21</td><td>4</td><td>35</td><td>2</td><td>1</td><td>63</td></tr>
<tr><td>百分比</td><td>33.3</td><td>6.3</td><td>55.6</td><td>3.2</td><td>1.6</td><td>100.0</td></tr>
<tr><td rowspan="2">自致性农转非</td><td>频数</td><td>88</td><td>8</td><td>62</td><td>1</td><td>6</td><td>165</td></tr>
<tr><td>百分比</td><td>53.3</td><td>4.8</td><td>37.6</td><td>0.6</td><td>3.6</td><td>100.0</td></tr>
</table>

总的来说，农业转移人口的工作职业性质存在较大流动性和不确定性，工作单位以私营或民营为主，工作类型以从事劳动密集型工种为主，劳动收入处于中下游水平，社会保障制度落实不够，公共服务资源获取渠道欠畅等。上述各种不足势必会对农业转移人口的市民化程度和社会认同度产生负面影响。提高农业转移人口的就业能力和可持续性生计能力，是促进有能力在城镇稳定就业和生活的农业转移人口有序实现市民化的重要手段，也是实现乡村振兴战略和国家长治久安的必经之途。因此，从深层次挖掘影响农业转移人口就业能力的因素，再有针对性地提出解决对策才是根本举措。

应该说，农业转移人口在城市所从事的职业如果与城市居民所从事的绝大多数职业实现了统计学意义上的均衡分布，那么我们就可以认定，农业转移人口进入城市以后，城乡关系实现了良好发展。

（三）农业转移人口就业能力：城乡关系的基础性话题

根据查尔斯·扎斯特罗（Charles H. Zastrow）的现代社会生态理论的框架，笔者从微观、中观以及宏观层面提出方案，促进农业转移人口就业能力提升。

1. 以用人单位需求为导向，加强职前基础性知识训练

舒尔茨认为人口质量的改善和知识的增进才是改善穷人生活的决定性因素。掌握义务教育阶段的基础知识是新时代对农业转移人口进城务工的基本要求。要预防农村地区特别是贫困偏远山区的适学青少年群体因家庭经济困难过早退学、加入打工者的行列。首先，要加大教育扶贫的支持力度，加大农村基础教育的投入力度。在确保适学青少年顺利完成九年义务教育的基础上，采取政府主导、社会力量参与、多元行动主体发力等方式，以免费资助、助学贷款、奖学金、助学金等形式帮助想学、愿意学的贫困学生完成高中阶段乃至大学阶段的学习。其次，要完善职业教育体系，强化“一技傍身”的理念。在我国教育体系中，九年义务教育没有将高中阶段纳入其中。其结果是，每年有相当比例的青少年在完成初中学业后无书可读。职业教育是现阶段我国义务教育的有效延伸。应完善职业教育课程体系，督促实践教学环节的落实，培养出“一技傍身”的中、高级技术型人才，使职业院校真正成为技能型新生代农业转移人口的培养基地[①]，为城乡建设提供必需

① 程淑平、程业炳、张德化：《农业转移人口职业化影响因素研究——基于供给侧改革的视角》，《新余学院学报》2017 年第 1 期。

的人才。

2. 构建农业转移人口职业培训体系，提升其职场竞争力

产业结构调整和就业结构调整必然带来的是对职业能力要求的不断提升。大多数农业转移人口主要集中在劳动密集型、低技能、低知识要求的制造业、建筑业、家政服务业、餐饮业、物流业等服务性行业，其特点为工作时间长、技术要求低、工资待遇低、劳动重复性和被替代性强、人员流动性大等。就目前来看，企业的"用工荒"与劳动力的供需结构性矛盾之间存在着必然的联系。构建完善的农业转移人口职业培训体系，其中最重要的一个环节就是要调动企业和个人的积极性。企业应通过"请进来""走出去"等培训形式提高聘用人员的技术水平。一方面，这可在一定程度上缓解人员短缺的问题；另一方面，可以通过培训的福利提供加深企业与个人的情感联系，对降低员工的流动性也有积极作用，这是解决供需矛盾和企业用人困境的一条有效途径。诚然，职业培训体系的构建表面上看似乎只关乎企业和个人的利益，实际上作为劳动者和城市建设者，农业转移人口的技能提升与政府、企业甚至是城市居民们的切身利益紧密相关。因此，在思想上达成共识，形成一个政府主导监督，企业负责执行，社会参与协作的全方位、多主体、多形式开展的农业转移人口职业培训体系是非常重要的。

3. 激励型就业政策和保障型就业政策双管齐下，完善就业保障机制

农业转移人口的内部异质性较强，政策性农转非人口与自致性农转非人口在对待就业的问题上存在认识上的差异。政策性农转非人口存在政策红利"搭便车"、拆迁补偿等"不劳而获"现象，加之部分人员本身就是学历较低、无一技之长的农业从业人员，在从农民到居民的身份转变之后，因无田可种、无地可耕而面临失业的风险。对于这一部分农业转移人口应主要采取激励型就业政策，避免福利依赖以及低保养懒汉等现象的出现，不让其成为阻碍有劳动能力对象就业的制约①。自致性农转非人员指的是通过自身努力实现身份转变的人。他们本身有着强烈的就业意愿，但是同时受到来自地域、资金、社会网络和社会支持、国家政策等的限制，在就业、创业过程中屡屡受挫。针对上述情况，应加强就业、创业服务的

---

① 王桑成、杨子强：《社会生态系统理论视角下城镇低收入青年劳动力就业现状、影响因素及对策研究》，《中国青年研究》2018 年第 8 期。

制度设计以及服务递送，提供保障性、扶持性和援助性政策。因此，针对不同人群应制定差异化、动态化的制度，避免流于形式。

二 农业转移人口的住房：城乡关系的试金石

居住空间是城市的物质载体。住房尤其是大城市的住房已经演变为特定城市排斥外来人口的核心工具。农业转移人口能够融入城市、在该城市拥有一套住房，成了核心指标。

从住房改革的发展历程可见，中央政府自 2007 年起开始关注中低收入家庭和外来务工常住城市人口的住房问题，并制定了一系列住房保障制度，如推出限价商品房、自住型商品房、共有产权住房等销售型保障房以及公租房等。[①] 尽管如此，农业转移人口的住房问题一直是影响其城镇化和市民化的重要“拦路虎”。政策性农转非人员的居住空间以“撤村并居”、“回迁上楼”、就地城镇化或城镇边缘扩张等形式发生着变革。自致性农转非人员则是由“乡”到“城”迁徙，并大量集聚，而导致居住空间结构发生了变化。居住空间结构是城市空间结构的组成部分。居住空间结构还能有效地反映出居民的生活水平与社会地位，成为居民各阶层隔离的“指示器”，也成为影响社会和谐的重要因素。居住空间分异产生了诸多社会问题，同时也使城市化的发展过程得以规范和受到制约。

居住空间结构的变动是城乡人口流动的重要表现，从居住空间结构变动的视角来研究流动人口问题正日趋成为转型中国和城镇化研究的有效路径。“流动人口的居住空间转换状况直接关系着他们的工作情绪、身心健康、社会融入、生活品质等。”流动人口进入流入地后首先面临的是居住空间问题，但居住空间问题实际上较为复杂。一方面，它不单单是“找个地方住”的问题，还包括物质条件（住的怎么样）、地理区位（住在哪儿）、交通状况（方不方便）、周围环境（绿化、治安环境等）、配套设施（超市、卫生机构、学校等）和社区文化（邻居素质、社区文体活动等）等。另一方面，人们的居住空间选择正变得日益复杂，“随着住宅商品化改革的日趋深入和人们生活水平的不断提高，城市人口对居住社区有了更

① 李斌：《效率与分化：中国城市住房改革 40 年回顾》，《人民论坛・学术前沿》2018 年第 21 期。

为复杂的要求，人们的居住生活进入了‘消费层级化’和‘需求多样化’时期。除了满足基本的居住需求外，人们对居住社区的区位、功能和舒适度等多样化需求在不断提升”[①]。相应地，人们对居住空间需求的变动倒逼社区社会服务的供给侧结构性改革。因此，本研究以农业转移人口为例，了解其居住现状。在合理的理论分析框架下，创新新型城镇化背景下我国农业转移人口住房供给模式，是十分必要的。

（一）农业转移人口的居住状况：城乡关系的复杂话题

对农业转移人口而言，购房意味着拥有物业产权，成为“社区业主”；租房则仍然是“流动人口”。因此，是否在城市拥有住房甚至被认为是城乡关系可否发生质变的核心指标。

从国家统计局监测数据来看，农业转移人口以住单位宿舍为主，独立租赁或与他人合租住房的占很大比例。历年来，乡外从业回家居住的比例变化较小。总体来看，农业转移人口仍以公房和临时性租房为主，只有1%左右的人选择在务工地买房。农业转移人口落脚城市的第一步是居住问题的解决。[②] 租赁可以暂时解决居住问题，但对于有意愿留在城市长期居住和发展的人来讲，在务工地购买自住房可以帮助他们更好地融入现代城市生活，也更有利于加速实现其城镇化和市民化，提升其稳定感和幸福感。[③④] 于是，通过上述数据我们可以判断，政策层面以及农业转移人口双方均没有将“流动转移”作为实现城乡一体化的重要途径。不过，作为理论研究者需要从其他数据来检测表 6 - 4 数据的可推断范围。如果仅仅设置“城市”与“农村”，则情况就会发生变化。因为近十年来中国城镇化率特别是常住人口城镇化率在迅速增长。所以在思考城乡关系时似乎需要有“权变”思想。

---

① 冯帅帅、廖鸿冰：《面向需求的城市居住公共服务供给研究》，《贵州师范大学学报》（社会科学版）2019 年第 2 期。

② 吕萍：《以促进两个转化为目标推进住房制度改革》，《中国房地产》2015 年第 34 期。

③ 林江、周少君、魏万青：《城市房价、住房产权与主观幸福感》，《财贸经济》2012 年第 5 期。

④ 毛小平：《住房产权、社会和谐与居民幸福感研究》，《统计与决策》2013 年第 3 期。

表6－4　2008～2015年我国农业转移人口的住房情况

单位：%

年份	2008	2009	2010	2011	2012	2013	2014	2015
单位宿舍	35.1	33.9	33.8	32.4	32.3	28.6	28.3	28.7
工地工棚	10.0	10.3	10.7	10.2	10.4	11.9	11.7	11.1
生产经营场所	6.8	7.6	7.5	5.9	6.1	5.8	5.5	4.8
与他人合租住房	16.7	17.5	18.0	19.3	19.7	18.5	18.4	18.1
独立租赁住房	18.8	17.1	16.0	14.3	13.5	18.2	18.5	18.9
务工地自购房	0.9	0.8	0.9	0.7	0.6	0.9	1.0	1.3
乡外从业回家居住	8.5	9.3	9.6	13.2	13.8	13.0	13.3	14.0
其他	3.2	3.5	3.5	4.0	3.6	4.0	3.3	3.1

资料来源：国家统计局《全国农民工监测报告》（2009～2015年）；刘宝香：《产城融合视角下我国农业转移人口住房模式研究——基于就业效应作用渠道的分析》，《经济问题探索》2017年第7期。

《2018年农民工监测调查报告》数据显示，进城农民工中，有2.9%享受保障性住房，比上年提高0.2个百分点。其中1.6%自购保障性住房，与上年持平；1.3%租赁公租房，比上年提高0.2个百分点。在居住设施的质量方面也得到了一定程度的改善，其中有洗澡设施的、使用净化处理自来水的、拥有独立厕所的、能上网的、拥有电冰箱的、拥有洗衣机的、拥有汽车（包括经营用车）的分别比上年提高1.9、0.7、0.5、2.5、3.6、4.6和3.5个百分点。

通过上述数据分析可以发现，在农业转移人口中自主进城务工群体的住房质量和住房保障仍有较大的提升空间。住房作为农业转移人口实现充分融合、稳定居住和永久性迁移的必要条件，其“地方性”和“历史性”特征决定了复杂化和多样化的存在方式。从根源上探寻造成住房困境的原因，并提出相应的解决对策意义重大。

（二）农业转移人口住房困境：城乡关系的“痛点”话题

1. 住房政策：农业转移人口住房话题被漠视

从宏观层面来看，社会结构压力和社会政策造成我国农民工住房需求遭市场排斥，从而使其住房呈现极强的同质性，并且随着时间的推移，其住房条件没有改善的迹象。中国城市住房改革40多年来，阶段性发展的特点显著。“四段论”[①] 和“七段论”[②] 其实可归纳为“通过货币化手段让单位福利公房私有化和商品房市场化两个阶段”。40 多年的住房改革从制度上完成了城市住房资源从稀缺到富足，实现了效率目标，在一定程度上缓解了城市住房紧张问题。然而在实践中，增加住房供给并未取得实际效果，而控制需求又使农业转移人口因户籍、社保等在购房方面遭遇困境。[③] 但是，制度本身无法避免的缺陷以及行动主体对高额利润的追求所导致的城市住房阶层分化严重、福利分配不均、保障制度落实不够等问题也日益凸显。2007 年以前，中央政府制定的政策更倾向于实现房地产市场化和福利住房商品化等，新进城务工人员所需住房面积远大于商品房可售面积，总体呈现供不应求的“总量失衡”现象。直到 2007 年以后，国家才开始将城市常住外来人口和新就业人群作为住房保障的对象。新时代住房改革制度明确了“以人民为中心”以及“让全体人民住有所居”的定位、路径、目标以及时代精神，把进城务工人员考虑进来。“渐进式改革”的中国住房改革经验得到了普遍认可，但是政策改革从“结果公平”到“机会公平”经历了较长时间“走一步、看一步”的摸索过程，这是从宏观层面造成当下农业转移人口住房困境的重要原因。

2. 农村土地产权政策：农业转移人口住房议题被悬置

从中观和微观层面来看，政策部分“失灵”是导致农业转移人口难以“退村进城”的重要原因。一方面，近年来国家相继出台加大农业补贴力度的惠农政策，农民因为农民身份和依靠土地获得的各种补贴收益越来越多。另一方面，就地城镇化和城市扩张以征收城郊农村现有土地为主要途径，土地蕴藏的巨大收益随之显现，农民对土地保障和升值的预期显著提高。农转非可能会让农业转移人口因放弃农民身份和农村土地而支付高昂的机会成本。如何保障土地的财产性收入，是降低农业转移人口对土地保障和升值预期、促使其下定决心“退村进城”的关键环节。然而，当前的制度障碍具体表现为：土地无法作为抵押物；宅基地和住房也未被赋予财产权利；承包地、宅基地和住房缺乏市场流通性。大部分农民因偏低的家

① 王振霞：《中国住房制度改革 40 年：回顾与反思》，《财经智库》2018 年第 2 期。

② 易成栋、高璇、刘威：《中国城镇住房制度改革的效果——总体改善、阶层分化以及对房屋普查、人口普查等数据的实证分析》，《中国房地产》2018 年第 15 期。

③ 王辉龙：《农业转移人口住房贫困问题研究：基于交换权利的视角》，《郑州大学学报》2017 年第 6 期。

庭收入难以承受超高的城市房价，加之土地权益保障落实不够，又缺乏土地自由流转和交易的流通性，而无法获得流入城市后购买自住房以及维持生活的必要资金，使得“退村进城”愿望落空。农业从业人员对土地及乡土生活的情感联结和与农村的“脐带”关系，使得其进城落户、购房的意愿大大降低，甚至出现“返乡”热潮。

3. 市场准入：农业转移人口住房被排斥

居业联动是联结劳动力生产者和消费者双重角色的重要机制。[①] 从国家统计局关于农民工的监测数据来看，我国农业转移人口的就业结构变化呈现一定的规律性。自2013年以来，第二产业的就业人口比例逐渐下降，第三产业的就业人口比例逐年攀升，特别是在2016年，增幅高达1.6个百分点。在城市化和工业化相互作用的背景下，产业结构高级化、产品结构高质化，农业转移人口的劳动收入随之上涨，消费结构日益个性化和高质化使其对住房提出新的诉求。这种诉求主要集中在住房质量、住房价格、社区环境、配套设施等方面。一部分农业转移人口因过高的房价收入比，无力购买商品房，只能选择蜗居工棚、地下室或与人合租解决住宿问题。但是，另一部分人，尤其是对于新生代农民工而言，他们较父辈更倾向于居住在城市中，更注重居住地配套的公共服务产品，如教育培训、医疗保障、娱乐休闲等，也不乏有人希冀自己或后代能融入现代城市，体面地生活。他们赋予了住房除传统“居住”意义之外更为丰富的内涵。然而，在较大部分农业转移人口的职业状况和实际收入水平难以满足其对住房要求的现实背景之下，加之企业作为市场化运作主体，对农业转移人口住房支持的积极性下降，从而进一步增强了农业转移人口住房问题解决的个人救赎色彩和政府使命。这主要体现在农业转移人口从企业居住依附到自我居住改善的努力方向，以及从群体互帮到个人努力的自我调整，这无疑为农业转移人口居住质量改善增加了难度，也是其陷入困境的一大重要原因。

---

① 刘宝香：《产城融合视角下我国城市低成本住房制度研究——基于农业转移人口家庭化迁移消费效应作用渠道的分析》，《经济问题探索》2016年第4期。

表 6-5 2012~2015 年我国农业转移人口就业分布及其变化

单位:%

年份	2012	2013		2014		2015	
	比例	比例	增幅	比例	增幅	比例	增幅
第二产业	57.1	56.8	-0.3	56.6	-0.2	55.1	-1.5
第三产业	42.5	42.6	+0.1	42.9	+0.3	44.5	+1.6

资料来源：根据国家统计局 2012~2015 年《全国农民工监测调查报告》的数据绘制。

（三）农业转移人口的住房前景：城乡关系的“兴奋点”

习近平新时代中国特色社会主义思想要求在中国梦实现的过程中，在社会主义成果分享的途中，一个也不能少。于是，流入城市的农业转移人口的住房在国家政策的强力介入与督促下，会有一个好的结局。另外，住房市场过滤理论[①]和住房轮候国际经验[②][③]也为城市化转型过程中农业转移人口住房问题的解决提供了思路。

1. **政府赋权和市场治权：保障农业转移人口的土地权益**

中国特色住房保障体系需在构建民生型政府的基础上，提升住房政策的公平性，将有能力在城市生活发展并有意愿在城市购买自住房、愿意长期在城市居住的外来务工人员纳入重点人群范围。劳动力城市化滞后于消费者城市化是我国城市化进程中面临的主要问题和挑战。[④] 居住问题的解决可有效促进农业转移人口特别是自致性农转非人口的城市化进程。只有在真正完善了农村土地产权和土地财产性收益之后，比如政府通过颁布法律明确赋予土地抵押和财产权利，允许承包地、宅基地、集体资产可抵押以及进行市场交易，同时改进管理方式、提高服务水平，建立和完善产权市场交易体系和市场参与治权体系，以增加土地的财产性收入，保障农业转移人口家庭以农村住房为主的资产激活，满足其进城置业的资金需求，

---

① 塔娜、柴彦威、刘志林：《过滤理论的起源、概念及研究进展》，《人文地理》2011 年第 1 期。

② Kemp, Peter A., Keoghan, Margaret, "Movement Into and Out of the Private Rental Sector in England," *Housing Studies* (2001): 21-37.

③ Kemp, Peter A., "Low-Income Tenants in the Private Rental Housing Market," *Housing Studies* (2011): 1019-1034.

④ 宋立：《着力推进三次产业内部结构调整优化》，《宏观经济管理》2014 年第 11 期。

这样才能真正形成农业转移人口下定决心“退村进城”的推力。[①]

2. 政策保障：明确农业转移人口住房问题的解决之路

从政策角度出发，以出台合理的住房制度为前提，在保障劳动者“劳有所得”的基础上，才能实现第一代和第二代农业转移人口从短、长期住房租赁依赖转向商品性住房或政策性住房的购买，或是不同档次住房服务供给的选择。20 世纪 80 年代至 21 世纪初，我国推行的住房政策呈现明显的差异性和住房货币化、商品化趋势。尤其是 20 世纪末住房商品化政策的出台，住房的完全商品化使得居民按市场原则租赁或购买住房，农业转移人口因受户籍和可支配收入的双重限制，在城镇购置房产的可能性微乎其微。21 世纪初至 2017 年，我国的住房政策分化明显。[②] 2007 年成为重要的分水岭，国家首次将农民工进城买房纳入政策考虑范围。但是，住房货币化和商品化的逻辑强化了市场渠道的重要性，房价泡沫持续发酵，北上广深等一线城市房价与二、三线城市房价差异日益拉大，同城不同社区类型，特别是名校配套学区房、高等级商品房和别墅区等优质房源的住房价值提速更快，居民家庭总收入与住房价值关系进一步强化。

在此背景下，保障农业转移人口的合法劳动收入是基础前提。第一，“市场加保障”[③] 的政策制度改革方向，一方面确保了市场流通的商品房源满足无房者刚性需求和提升生活质量者的品质需求，另一方面切断了保障性住房的市场流通渠道，对城市低收入人群和农业转移人口有所倾斜，从制度上保证了保障性住房不会成为炒房投机者的逐利目标。第二，“单位加组织”。住房的刚性需求只适用于有能力、有意愿在城市中长期居住的农业转移人口，大部分人的流动性和灵活性较大，发挥企业、单位和组织对临时性住房供给的积极性（如通过政府补贴、政府提供统一房源等形式）对于农业转移人口提升生活质量、加速适应城市生活，乃至对于国家的长治久安和可持续性发展都有重要意义。

3. 激发流动人口潜力：满足不同层次的住房需求

2016 年 6 月，国务院办公厅印发的《关于加快培育和发展住房租赁市

---

① 吴宾、李娟：《基于住房视角的农业转移人口市民化的漂浮困境及其化解机制》，《农村经济》2016 年第 12 期。

② 李斌：《分化的住房政策：一项对住房改革的评估性研究》，社会科学文献出版社，2009。

③ 赵沛楠：《加快建设保障性安居工程多渠道解决住房困难家庭的住房问题，专访住房和城乡建设部住房保障司司长侯淅珉》，《中国投资》2009 年第 12 期。

场的若干意见》指出，要为租赁住房消费提供政策支持，“要引导城镇居民通过租房解决居住问题，推动实现城镇居民住有所居的目标”。短期内，房屋租赁作为解决农业转移人口住房问题的有效渠道，着实发挥着积极的作用。然而，过分发展房屋租赁市场与我国的政策主旋律是明显相违背的。从中长期来看，租购并举是农业转移人口理性选择居住方式的必然发展趋势。住房租买选择机制是成熟住房市场的重要标志。[①] 根据家庭生命周期不同阶段和住房生命周期不同阶段的相互作用，住房保障是农业转移人口住房供给模式选择的重点内容。但是，从长远的角度来看，把支持有条件、有能力、有意愿在城市买房的农业转移人口家庭作为重点发展对象意义深远。一是，自有住房有助于该类人群更好、更快地融入现代城市生活，使其对自己是城里人的身份认同感更强烈，这对社会的和谐稳定发挥着积极作用；二是，这对于稳定房地产市场发挥着积极作用。我国目前房地产市场的库存压力仍较大，积极引导农业转移人口回流到二、三线城市或是小城镇，对去库存发挥着积极作用。[②] 同时，可使农业转移人口流入中小城市和小城镇，降低居住市民化成本，实现大城市农业转移人口市民化与中小城市房地产去库存有效结合。

三　农业转移人口的社会网络：城乡关系的发展指标

考查农业转移人口的城市融入度的另一个指标就是看他们进入城市以后，其社会网络的变化。如果农业转移人口主要社会关系由原来的乡村性特征转变为城市的现代性，我们就能够判断其具有很好的城市元素，于是以此为基础的城乡关系也就得到了一个满意度维度。

对于以关系取向、伦理本位为特征的中国社会[③]，研究社会支持和社会网络对农业转移人口的社会生活质量和适应性的影响有重要的意义。大量的政策性农转非人口在“国家主导式城市化”的推动下回迁上楼，其居

① 崔裴、胡金星、周申龙：《房地产租赁市场与房地产租买选择机制——基于发达国家住房市场的实证分析》，《华东师范大学学报》2014 年第 1 期。

② 邹一南：《中国城镇化水平的再认识与城镇化转型——基于新增城镇人口的来源结构角度》，《东岳论丛》2016 年第 11 期。

③ 潘泽泉：《社会资本影响个人健康水平吗？——基于 CGSS2008 的中国经验证据》，《浙江社会科学》2019 年第 1 期。

住空间、住房样式和社区布局在短时间内发生了巨大变革。然而，空间富含着社会性，体现了生产关系和社会关系的脉络。[①] 农业转移人口在“回迁上楼”、“乡—城”流动的过程中，由空间变革带来的后果是新的权力格局和社会关系的重构。[②] 强化农业转移人口的社会支持和社会网络，可以有效缓解因地域变动而造成的压抑或不适应，提升农业转移人口的生活品质、幸福感和满意度。

借鉴董晓英[③]的研究成果，我们将社会支持概念的界定主要集中于非正式的社会支持网络，即农业转移人口的家庭、朋友、同事和社会关系，等同于社会网络的概念。同时，社会网络作为个人社会资本的重要考察指标，本文通过网络规模（拜年人数）、网络顶端（最高声望）以及网络差异（职业类型数）、个体在网络中所处位置以及网络中所嵌入的资源等指标[④]对农业转移人口的社会支持和社会网络进行现状分析，试图找到其特征，并对农业转移人口社会网络建构与拓展的影响因素进行挖掘。最后尝试进行功能分析，并对该群体的社会网络依赖现象进行解释。

在此，我们使用本课题组于 2017 年和 2019 年开展的两个社会调查所获得的数据。第一个为湖南省长沙市城市化与新移民调查数据（简称为 2017 年数据），调查内容分为 A 卷和 B 卷，包括 8 个方面：个人基本情况、个人工作创业状况、家庭生产生活情况、社会保障和医疗健康、社会信任和社会评价、社会支持与社区参与、社会活动参与、环境。该调查采用多阶段整群分层抽样，在长沙市一共抽取包括岳麓、芙蓉、天心和雨花在内的 4 个区、5 个街道、20 个居委会、500 多个家庭。在每个家庭中随机抽取一个年龄在 16 周岁至 65 周岁（出生日期在 1952 年 7 月 1 日至 2001 年 6 月 30 日）的中国公民作为调查对象，采取入户面对面访问、念读问卷的形式开展调查。最终获取 500 个有效样本，其中农业转移人口为 152 人，总体占比 30.4%，研究样本具有较好的代表性。

---

① Lefebvre, Henri, *The Survival of Capitalism: Reproduction of the Relations of Production*, trans. by Fran Bryant (London: Allison & Busby, 1976).

② 吴莹：《空间变革下的治理策略——“村改居”社区基层治理转型研究》，《社会学研究》2017 年第 6 期。

③ 董晓英：《“积极老龄化”政策下的社区居家养老与社会支持网络——基于山西省长治市老年人居家养老的社会支持调查》，《吉首大学学报》2017 年第 S2 期。

④ 边燕杰：《城市居民社会资本的来源及作用：网络观点与调查发现》，《中国社会科学》2004 年第 3 期。

第二个为2019年开展的湖南省长沙市城市居民生活状况调查数据（简称为2019年数据），调查内容分为A卷和B卷，包括8个方面：个人基本情况、工作与社会保障、家庭经济状况、住房情况、社会生活、日常生活和文化消费、社会心态与健康、家庭生活和子女养育。该调查采用多阶段整群分层抽样，在湖南省长沙市一共抽取岳麓、望城、芙蓉、天心和雨花5个区、20个街道、40个居委会、1000多个家庭。在每个家庭中随机抽取一个年龄在18～65岁的成年人作为调查对象。最终A、B卷分别获取512个、488个共计1000个有效样本，男性样本456人，女性样本544人。其中农业转移人口有250人，男、女分别为137人、113人，研究样本具有较好的代表性。

本研究借鉴边燕杰的春节拜年网测量法，通过过去1年联系的亲属、亲密朋友和熟人的总体人数来计算社会网络规模，用职业声望得分最高的来计算网络顶端、职业个数来计算网络差异。

表6－6　农业转移人口社会网络规模

		亲属人数	本地亲属	亲密朋友	本地亲密朋友	熟人	本地熟人	网络顶端	网络差异
2017年数据	平均值	13.68	7.45	8.11	4.92	21.09	16.98	39.48	3.43
	标准差	14.39	12.05	10.61	7.964	25.03	24.35	31.23	2.96
2019年数据	平均值	\	6.80	\	13.90	\	5.34	61.63	5.12
	标准差	\	12.22	\	11.37	\	9.47	34.93	3.26

表6－6数据显示，农业转移人口的社会交往面的确在发生变化，本地亲密朋友的数量在增多，但是本地熟人的数量却在减少。网络顶端数量与网络差异性在增加。这些数据说明，随着农业转移人口在城市生活工作时间的延长，其融入城市的程度的确在加深。

后工业社会的到来，引起了城市空间资源的重新配置、城市空间的权利争夺、城市空间结构的分裂重组，社会空间中的产业机构关系、阶级阶层关系、权力和权益关系以及社会关系网络发生着巨大变化。现代社会网络正成为揭示社会复杂结构的重要概念，社会资本就是源于社会网络的，这在社会学研究中得到了充分的肯定。而且社会网络为社会规范和社会信任提供了可依托的场域，在同一网络内互动可以增进相互了解和监控，因此社会网络应该属于社会资本中最基础的。[①] 农业转移人口在空间变革的背景下，开始重构新的权力格局和关系网络，通过数据分析发现农业转移人口的社会支持和社会网络重构呈现新的“差序格局”。

先赋网络逐渐向自致网络拓展。中国的乡土社会是特别重视以家庭为纽带的血缘和地缘关系的。中国老一辈学者几乎都把家庭作为中国传统社会中社会网络的基本单位。本地亲属平均值从 2017 年的 7.45 下降至 2019 年的 6.80。本地亲密朋友的平均值从 4.92 飙升至 13.90。但是，本地熟人的变化呈现断崖式下跌的趋势，其平均值从 2017 年的 16.98 下跌至 5.34。从上述变化可以看出，以血缘关系和地缘关系构建的先赋网络的重要性逐渐被朋友关系和姻亲关系构建的自致网络所取代。或者说，资源匮乏的先赋网络作为乡土社会的产物似乎已然成为新一代农业转移人口新的社会网络构建的桎梏和社会理性化过程的障碍[②]，因此打破固有的“熟人社会”限制，将社交圈扩大到迁移地的“陌生人社会”，最终形成新的自致网络结构，是新一代农业转移人口新社会网络构建的方向。

血缘关系逐渐向地缘关系拓展。费孝通[③]的“差序格局”观点认为，中国传统社会以家庭为中心，社会人际关系主要来自血缘关系。而血缘关系与地缘关系是分不开的。也就是说中国传统社会的人际关系以血缘和地缘关系为基础，形成了“差序格局”。王毅杰、童星的研究中提到了进城务工人员的血缘、地缘网络边界并没有因生活场域的改变而受到影响。[④] 然而，上述数据显示，随着我国城镇化的快速发展，农业转移人口在“乡—城”之间迁徙的频率、速度、广度和深度较之前均发生了巨大变化，其中的一个影响就是以血缘关系为基础构建起的社会网络的重要性慢慢弱化，取而代之的是地缘关系的强化，并形成以此为基础的社会网络和社会关系的新格局。

内卷化逐渐向外延伸拓展。农业转移人口尤其是新生代农业转移人口“发展型”社交网络圈的形成，已然成为趋势。渠敬东[⑤]用“生存－发展”

---

① 雷咸胜：《社会资本对基本医疗保险参与的影响——基于 CGSS（2015）数据的实证分析》，《华中农业大学学报》2019 年第 5 期。

② 李培林：《流动民工的社会网络和社会地位》，《社会学研究》1996 年第 4 期。

③ 费孝通：《乡土中国》，北京大学出版社，1998；费孝通：《生育制度》，北京大学出版社，1998。

④ 王毅杰、童星：《流动农民社会支持网探析》，《社会学研究》2004 年第 2 期。

⑤ 渠敬东：《生活世界中的关系强度——农村外来人口的生活轨迹》，载李改林、柯兰君编《都市里的村民——中国大城市的流动人口》，中央编译出版社，2001。

构建出进城务工人员生存和发展两个阶段的城市生活状态。曹子玮[①]也提出了“依靠原有社会网络－再建构新的社会网络”的分析框架，对渠敬东的研究进行了很好的回应。按照上述逻辑，农业转移人口的社会网络由初期的以血缘为主，到中期的以地缘为主，再到最后形成以业缘为主的“发展型”社交网络圈。社会网络已经逐渐从建构、维持阶段发展到利用、拓展阶段。其中，一部分人的城市生活状态已摆脱生存和生活的限制，进入了发展期，其网络顶端和网络差异呈现发展性、扩大化、优质化、差异化等特点，形成了社交网络圈的“差序格局”新局面。

四　农业转移人口的身份认同：城乡关系的检验性话题

课题组就此议题在《社会学研究》2019 年第 3 期上发表了专题研究论文《农业转移人口身份认同的分化逻辑》。我们发现，“（1）农业转移人口身份认同呈‘阶梯推进’态势；（2）对农业转移人口身份认同起作用的结构性因素的面向呈某种离散性：有些要素有激励作用，如户口改革政策、村改居政策、征地政策等；而有些要素则起阻碍作用，如城市住房保障服务、社会管理服务与公共医疗卫生服务；有些要素似乎被漠视了，如基础教育服务的获取；（3）个体建构层面则是行动造成分化的逻辑已经由‘过程’迈向了‘结果’”。

农业转移人口已然成为现代城市社会的重要建设者和重要组成部分，然而流入地的社会环境、主流文化、生活方式、制度规约等都会对其产生不同程度的冲击。这一规模庞大的群体或积极融入城市成为城市建设和发展的重要力量，或融入受阻，给社会安定以及和谐社会建设带来巨大隐患，发生“对抗主流文化”[②]“逆向融合”[③]“反移民化”[④]“自愿性隔离”[⑤]等情况。深入研究农业转移人口的身份认同和社会适应情况，帮助农业转

① 曹子玮：《农民工的再建构社会网与网内资源流向》，《社会学研究》2003 年第 3 期。

② Willis, P., *Learning to Labor: How Working Class Kids Get Working Class Jobs* (New York: Columbia University Press, 1977).

③ Haller, W., Portes, A., Lynch, S. M., "Dreams Fulfilled, Dreams Shattered: Determinants of Segmented Assimilation in the Second Generation," *Social Forces* 89 (2011): 733－762.

④ 刘玉照：《移民化及其反动：上海农民工与大陆台商反移民化倾向的比较分析》，《探索与争鸣》2005 年第 7 期。

⑤ 郭星华、杨杰丽：《城市民工群体的自愿性隔离》，《江苏行政学院学报》2005 年第 1 期。

移人口克服障碍、实现身份认同、尽快融入迁移地的社会环境和主流文化，关乎社会稳定发展与长治久安，且具有重要意义。[①] 因此，本研究基于实践语境中农业转移人口身份认同的实证研究，找出核心影响因素，希冀进一步丰富身份认同影响因素的研究，这对加速实现该群体市民化和社会融入有着重要的理论价值和实践意义。

社会学视角下的身份认同强调“主体对其身份或角色的合法性的确认，对身份或角色的共识及这种共识对社会关系的影响”[②]。李斌认为，身份认同是行动主体在社会生活中对主观自我与社会群体在文化生活、行为理念、价值取向等各方面的同一性与差异性进行持续不断的验证，最终追求趋同的动态互动、持续重组的心理过程。可见，身份认同既是一个与移入地居民主流价值观念趋同的心理过程，也是一个关系网络重构的社会化过程，还是一个行为选择过程。因此，有学者将身份认同作为衡量农业转移人口市民化和社会融入的重要测量指标。[③]

当前，有学者从不同的视角建构身份认同的影响因素且成果较为丰硕，他们认为自主性不同的个体在同一时空情境下对自我整体的感知、类群归属划分、合法性身份确认及是否需要重构认识的理解呈现不同的演化逻辑[④]，这种差异性最终影响个体行为选择和价值取向，并认为影响身份认同的因素是多维度的。本研究从文化维度、市场维度、制度维度和社会维度四个方面来展开分析。

在文化维度上，对农业转移人口而言，城市不仅是各种器物构件和城市管理机构的人工聚合物，同时也深深根植于现代主流的价值信念、伦理道德、生活习惯以及意识形态等文化土壤。[⑤] 有学者指出，农业转移人口对现代城市文化的适应并非毫无困难[⑥][⑦]，信息化在加速城市文化变迁的同

---

① 路锦非：《中国城市移民二代的社会融入测量研究——理论反思与实证检验》，《公共管理学报》2018 年第 2 期。

② 张淑华、李海莹、刘芳：《身份认同研究综述》，《心理研究》2012 年第 1 期。

③ 徐臻：《社会分层与农业转移人口的身份认同》，《四川师范大学学报》2018 年第 1 期。

④ Legault, L., Weinstein, N., Mitchell, J. et al., “Owning Up to Negative Ingroup Traits: How Personal Autonomy Promotes the Integration of Group Identity,” *Journal of Personality* 10 (2017).

⑤ 陈立旭：《都市文化与都市精神：中外城市文化比较》，东南大学出版社，2002。

⑥ 张卫枚：《农民工融入城市过程中的文化适应》，《城市问题》2012 年第 8 期。

⑦ 马威、罗婷：《行动中的文化：乡—城移民子女文化适应的社会工作介入》，《青年研究》2014 年第 3 期。

时还塑造了独特的城市文化形态，这对农业转移人口的个体认知能力提出了很高的要求。同时，作为文化知识和信息获取的重要渠道，教育成为测量农民工身份认同的一个重要变量。[①][②] 另外，语言作为文化事实本身的重要表征和文化表达的工具媒介[③]，也被学者们认为是测量身份认同的一个指标。

农业转移人口身份认同会随着行动主体物理地域的迁移而进行流入地内部的再次分化，权力地位的高低会引发身份认同的区隔。[④] 空间置换会引发农业转移人口社会网络的重构，而社会网络作为社会资本的重要测量指标，对身份认同的影响也是不容小觑的。当农业转移人口从以血缘和地缘为主的关系网络进入以业缘为核心的流入地社交圈时，定会经历一场身份类型归属重置、合法性身份确认的质疑和反思。王桂新、武俊奎[⑤]认为，农民工的社会资本越丰富，越有利于消除群体偏见和改变身份认同。同时，其对不同性质社会网络的依赖程度也会对身份认同产生不同的影响。具体来说，越依赖于血缘和地缘关系形成的乡土关系圈，越难以融入以业缘关系为核心的流入地城镇社会网络[⑥]，这与“乡土性与现代性之间并不一定构成对立关系，也可能产生促进效应”[⑦] 的观点有一定出入。

经济地位[⑧]、市场能力[⑨]也被认为是影响农民工实现再社会化的重要变量。蔡禾、曹志刚进一步提出，虽然市场能力中的文化程度会对城市空间认同具有抑制效应，但市场能力的增强仍然有助于农民工在城市中实现职业身份的转变。与此同时，以城市住房、小汽车为代表的“累积性”财富

---

① 王昺、梁晓：《温哥华华人新移民的社会融合》，《世界民族》2003 年第 4 期。

② 王春光：《新生代农村流动人口的社会认同与城乡融合的关系》，《社会学研究》2001 年第 3 期。

③ 马林诺夫斯基：《文化论》，费孝通译，华夏出版社，2002。

④ Davis, Jenny, L., Tony, P., “The Effect of Status on Identity Stability,” *Sociological Perspectives* 60 (2016).

⑤ 王桂新、武俊奎：《城市农民工与本地居民社会距离影响因素分析——以上海为例》，《社会学研究》1996 年第 4 期。

⑥ 朱考金、刘瑞清：《青年农民工的社会支持网与城市融入研究——以南京市为例》，《青年研究》2007 年第 8 期。

⑦ 李强、李凌：《农民工的现代性与城市适应——文化适应的视角》，《南开学报》2014 年第 3 期。

⑧ 李春玲：《社会阶层的身份认同》，《江苏社会科学》2004 年第 6 期。

⑨ 李斌：《农村居民的城市融入：基于工作状态研究的分析》，《国际社会科学杂志》2013 年第 4 期。

分化已取代“即期性”职业能力因素而成为身份认同分化的重要解释维度。[①]

在制度维度上，主要集中在制度层面的宏观性建构包括户籍、公共资源和公共福利获取等，是一种结构主义实践取向的逻辑。早期学术界有关农业转移人口身份认同的研究主要采取结构主义的批判视角，强调社会特有的体制结构、制度性安排以及具体的制度实践对身份认同的决定性意义。[②] 有学者认为户籍制度削弱了城市本地人与农民工之间在群体边界上的渗透性，强化了群体偏见[③]，城乡户籍造成的身份分类、制度排斥与文化隔阂是导致农业转移人口身份认同困境的核心要素[④]。

与第三部分类似，这里分析用的数据仍然选择 2017 年数据。2017 年的调查有对长沙市 500 个家庭中在调查地居住 7 天以上的 18～65 岁的公民进行的面访。根据上述对农业转移人口的定义，依照统计分析规范，在去除不符合条件的案例和缺失案例后，最终只获得 152 个有效样本。

本研究的被解释变量为身份认同。在数据库里用“就您目前的生活状况来说，您认为自己属于哪类人?”这一问题来体现，答案选项包括“本地人”、“新本地人”、“既是本地人又是外地人”、“外地人” 和 “说不清”。本研究将“说不清”归为“既是本地人又是外地人”一项中，并且将四个选项分别赋值为 4、3、2、1。根据因变量的多分答案选项，本研究采用多分类 logistic 回归分析方法来进行数据处理。

解释变量包含四个维度，一是语言文化层面，用“您能讲本地话吗?”来测量语言融入情况。答案选项“能讲”“能讲一点”赋值为 1，“不能”赋值 2，当作一个二分变量处理。二是社会生活层面，包括社会生活、社会网络、社会信任三方面。首先，社会生活方面，“您是否熟悉本地特有的风俗习惯?”一题用于测量农业转移人口在社会生活方面的融入程度。答案选项“很熟悉” =4、“大部分熟悉” =3、“熟悉一

---

① 蔡禾、曹志刚：《农民工的城市认同及其影响因素——来自珠三角的实证分析》，《中山大学学报》2009 年第 1 期。

② Stryker, Sheldon, Peter, J., Burke, “The Past, Present, and Future of an Identity Theory,” *Social Psychology Quarterly* 63 (2000).

③ Shi, Yuanyuan, Jianning Dang, Wenwen Zheng et al., “Dual Identity and Prejudice: The Moderating Role of Group Boundary Permeability,” *Frontiers in Psychology* 195 (2017).

④ 崔岩：《流动人口心理层面的社会融入和身份认同问题研究》，《社会学研究》2012 年第 5 期。

些” =2、“几乎不熟悉” =1。其次，社会网络方面，用“在本地，您经常联系的亲戚有几个，朋友有几个，同事有几个（同事指工作之外的联系），老乡有几个?”来进行测量，并将被试填写的具体数值答案当作连续变量处理。最后，社会信任方面，用“请问您对本地人的信任程度如何?”一题来进行测量。五个答案选项“完全不信任”“不太信任”“一般”“比较信任”“非常信任”分别赋值为1、2、3、4、5。三是经济层面，本研究用住房自有或租赁来反映经济水平。将租/住廉租房、租/住亲友房、租/住私人房、集体宿舍都归为没有自有住房一类，赋值为2，与“自有住房 =1”形成对比组。四是制度层面，政策性农转非人口与自致性农转非人口在身份认同上存在着显著差异，这已被诸多学者论证过。本研究受问卷的结构限制，未能进行区分，也期待在下一步的研究中能予以解决。

本研究的控制变量为“性别”“年龄”“婚姻状况”“受教育程度”。其中，男 =1、女 =2。“年龄”的具体数值当作连续性变量处理。“婚姻状况”中，未婚 =1、在婚 =2。“受教育程度”答案选项赋值为：未上学 =0，小学 =6，初中 =9，高中、中专、职高技校 =12，大学专科 =15，大学本科 =16，研究生 =19。本研究还认为“您有几次地级市以上的迁移经历(跨地级市求学、就业都算)?”会对人口的身份认同产生影响，因此也需纳入控制变量，答案的具体数值作为连续变量。为了更准确地反映自变量对因变量的影响，本研究将上述常用的四个人口学变量和迁移次数作为控制变量。

根据因变量的结构类型，本研究选用多分类 logistic 回归分析模型。性别、婚姻、住房性质、对本地习俗的熟悉情况和是否能讲本地话作为二分定类变量处理，其他视为定序和定距变量，直接纳入模型不做处理。有序回归平行性检验结果显示 $p = 0.000 < 0.05$，因此需进一步选用无序多分类 logistic 回归分析模型去处理。

第一个模型是以 $y = 1$（外地人）为参照，探讨自变量对既是本地人又是外地人身份认同的影响。年龄、受教育程度、婚姻状况、迁移经历等均对外地人身份认同的影响无统计学意义，只有住房性质对 $y = 1$ 的影响有统计学意义。自有住房者认为自己既是本地人又是外地人的可能性是租房或住公房的农业转移人口的 8.591 倍，也就是说在流入地购有自住房的农业转移人口会比无房者更倾向于认为自己既是本地人又是外地人身份。

第二个模型是以 $y=1$（外地人）为参照，探讨自变量对新本地人身份认同的影响。年龄、婚姻状况、迁移经历等均对外地人身份认同的影响无统计学意义，受教育程度、住房性质和对本地特有习俗熟悉程度对 $y=1$ 的影响有统计学意义。受教育程度每增加一年，新本地人身份认同系数提高1.413个标准差。对本地特殊习俗了解程度越高，越容易认同自己是新本地人身份。在流入地购有自住房的新本地人身份认同发生的可能性是无房者的31.5倍。

第三个模型是以 $y=1$（外地人）为参照，探讨自变量对本地人身份认同的影响。年龄每增长一岁，本地人身份认同度系数增长1.093个标准差。受教育程度每增加一年，本地人身份认同系数增加1.286个标准差。迁移经历也显著影响本地人的身份认同，具体来说迁移经历每增加一次，本地人身份认同的可能性增加0.313倍。会讲本土话每增加一个系数，本地人身份认同系数增加0.03个标准差。同理，对本地特有习俗熟悉程度、社会网络、对本地人的信任程度和住房性质均对农业转移人口的本地人身份认同产生显著性影响，具有统计学意义。但是，通过对比模型1、模型2和模型3的结果显示，并不是越熟悉本地特殊习俗和越信任本地人就越认同本地人身份。与此同时，社会网络对本地人身份认同也存在着网络圈区隔差异。

表6-7 农业转移人口身份认同的参数估算值

本地人 or 外地人（四分类）[a]		B	标准误差	瓦尔德	Exp（B）
既是本地人又是外地人	截距	-1.534	1.713	0.802	
	年龄	0.014	0.030	0.217	1.014
	受教育程度	0.072	0.084	0.735	1.075
	迁移经历	-0.220	0.145	2.309	0.803
	婚姻状况=1.00	-0.199	0.564	0.124	0.820
	受访本人性别=1.00	0.050	0.470	0.011	1.052
	会讲本土话=1.00	-0.464	0.467	0.989	0.629
	住房性质=1.00	2.151	0.711	9.145	8.591**

续表

本地人 or 外地人（四分类）[a]		B	标准误差	瓦尔德	Exp（B）
新本地人	截距	-6.288	3.344	3.535	
	年龄	0.027	0.052	0.264	1.027
	受教育程度	0.346	0.158	4.785	1.413**
	迁移经历	-0.158	0.225	0.492	0.854
	婚姻状况 =1.00	-1.299	0.946	1.885	0.273
	受访本人性别 =1.00	0.173	0.731	0.056	1.189
	会讲本土话 =1.00	-1.920	1.087	3.119	0.147
	习俗熟悉程度（序列）=2.00	-2.741	1.335	4.215	0.065*
	住房性质 =1.00	3.450	0.875	15.541	31.500***
本地人	截距	-4.588	1.927	5.670	
	年龄	0.089	0.032	7.850	1.093**
	受教育程度	0.252	0.094	7.159	1.286**
	迁移经历	-1.161	0.250	21.642	0.313***
	婚姻状况 =1.00	-0.401	0.629	0.407	0.670
	受访本人性别 =1.00	-0.312	0.484	0.416	0.732
	会讲本土话 =1.00	-3.507	1.045	11.249	0.030***
	习俗熟悉程度（序列）=2.00	-4.722	0.904	27.298	0.009***
	习俗熟悉程度（序列）=3.00	-1.740	0.668	6.775	0.176**
	在本地，您经常联系的亲戚	0.163	0.063	6.622	1.177*
	在本地，您经常联系的老乡	-0.164	0.050	10.583	0.849***
	本地人的信任程度 =2.00	-1.476	0.739	3.986	0.229***
	本地人的信任程度 =3.00	-1.086	0.508	4.576	0.338***
	住房性质 =1.00	3.000	0.662	20.542	20.087***

a. 参考类别为：^1（外地人）。

（一）农业转移人口的受教育程度：城市认同的触发器

社会流动既包括物理学上的空间置换，也包括主体的社会权力地位变动。追溯其根源，我们可以发现所有的影响因素，包括人力资本、社会资本、制度环境等，均可归为先赋性代际累积和自致性个体创造两大类。人力资本理论认为，高等教育是对经济地位和职业地位获得的一种很好的解释机制；现代教育是形成人力资本的最重要途径，受教育层次越高，教育质量越好，个人所获得的人力资本存量就越多，收入水平就越高。[①] 1999年起，大学生扩招使得原本属于精英阶层的所属特权变得大众化、平民化。“读书无用论”“书读得好，不如工打得好”等社会舆论使得社会大众严重质疑高等教育的有用性。高等教育作为实现社会流动的桥梁功能也饱受诟病。

与以上结论不同的是，本文通过数据分析显示，受教育程度每增加一年，其本地人身份认同的发生比便增加 128.6%。教育不仅能够增强劳动者的生产能力，提高劳动生产率，而且能够增强劳动者的配置能力，即处理不均衡状态的能力，这一能力有助于劳动者将包括劳动、资金等在内的各种资源进行最有效率的配置或最优配置，其社会功能也正体现于此。还有学者认为教育可以促进个体社会资本的增加，如有过大学生活经历的个体可以获得更多社会支持、更高人际交往能力和更强社会归属感[②]；高等教育还可以促使个体获得更多文化资本，如人格素养的提高、个体闲暇水平的提高、个体生活素养的提高，为更好、更快地适应流入地的现代城市文明生活提供了保障。

（二）农业转移人口的社会资本：城市认同的探测器

Putnam 从构成性视角出发，将社会资本的建构要素分为信任、网络和规范。[③] 其中，信任作为核心指标，对社会资本的测量具有很好的信度和效度。[④] 农业转移人口对本地人的信任可强化其本地人身份认同，但是在信任程度上也出现了微妙的差异性。对本地人的完全不信任和完全信任对身份认同的影响缺乏统计学意义，但是一般程度的信任反倒显著影响农业转移人口的本地人身份认同。社会信任作为一种人的心理状态或偏好，会隐性支配人的行动逻辑和价值取向。信任也是参与者主体博弈的过程，在博弈中，当两个博弈参与者达成“合作”均衡，即可认定他们是互相信任

① 吴克明、卢同庆、曾新：《高等教育社会流动功能弱化现象研究》，《教育发展研究》2013年第9期。

② 向冠春、刘娜：《我国高等教育与社会流动关系嬗变》，《现代教育管理》2011年第1期。

③ Putnam, R., “Bowling Alone: America's Declining Social Capital in America,” *Journal of Democracy* 6 (1995): 65 – 78.

④ Halpern, D., *Social Capital* (Cambridge: Polity Press, 2005).

的。[①] 中国社会的“差序格局”特征赋予每一个体另外一种基于血缘或地缘关系的身份认同。当空间转移导致原有的血缘或地缘关系断裂时，在流入地需要重新建构业缘关系圈来替代或弥补因迁移造成的关系流失和情感缺失。在此背景下，“均衡合作”效应的信任机制占据主导地位，“中位”的信任度能够有效地促进农业转移人口构建出新的合法化的身份认同。

社会网络中以亲戚关系为核心的血缘圈和以老乡关系为核心的地缘圈对农业转移人口本地人身份认同产生显著影响，对以朋友和同事为核心建构的业缘圈却影响不显著。流动人口被视为在“差序格局”环境下成长的能动性个体，流动性是其本质特性。农业转移人口业缘关系网络和地缘关系网络的建构更具有自发性和能动性，但是业缘关系网络的建构缺乏主动性。定居是“差序格局”的基础[②]，当农业转移人口迁移至物理上的新空间，为了生存的需要，其必定会重新建构起基于流入地的血缘、地缘、业缘等亲疏有别的生产生活共同体，处在“水波圈”中心的血缘关系网和业缘关系网重新被激发，并形成向外差异化扩散的业缘关系辐射圈。

（三）农业转移人口的自有住房：城市认同的承载器

住房具有多重属性和功能，其重要性是一般商品所无法比拟的。住房的居住功能既是常识，也是其他功能的本源。住房居住功能的本源性，既来自人的居住权的天赋性，也来自住房属性的内在市场逻辑。[③] 上述数据表明，自有住房差异化显著影响农业转移人口“既是本地人又是外地人”、“新本地人”和“本地人”三种身份认同。其中，“新本地人”身份认同的显著效应最强。农业转移人口落脚城市的第一步是居住问题的解决。诚然，住房的政治功能、投资功能和消费功能是一般商品所无法替代的。但是，对于中低收入的民众来说，住房作为一种可以长久使用的耐用生活必需品，只是解决其基本的生存需要。“居住权”和“空间权”的获取一直是民众所追求的，也是农业转移人口实现永久性迁移的一个必要条件。

自有住房对于农业转移人口而言，除安身立命的功能之外，也是体现

---

① 齐秀琳、伍骏骞：《身份异质性、差序格局与社会信任》，《中南财经政法大学学报》2017年第2期。

② 侯东栋、王晓慧：《流动人口的城市融合：从疏离到结缘——基于差序格局理论的分析》，《西北人口》2018年第11期。

③ 易宪容：《中国住房居住功能的理论论证——基于现代房地产理论的一般性分析》，《社会科学战线》2017年第11期。

其市场能力的重要指标。李斌认为，市场能力的高低是农民工能否实现再社会化的重要变量，市场能力的增强仍然有助于农民工在城市中实现职业身份的转变，而自有住房的购买力又是其市场能力的重要指示器。一部分市场能力较强的农业转移人口，是在政策红利的刺激下，原有住房产值急剧暴涨或极短时间内因拆迁补偿获取大笔资金，这部分“搭政策便车”的政策性农转非人口，跨越了住房的居住功能，开始关注住房的投资和消费功能。在“获利－认同”的良性循环下，该部分群体会更快地提高生活品质，更好地融入现代城市生活。

五　城市空间场域中城乡关系的实践演绎

为了探究农业转移人口进入城市后所发生的变化，本课题组于 2019 年 6 月在长沙市选择了 20 个街道，在每个街道再选择 2 个社区，一共 40 个社区 25 户家庭展开调查。这 40 个社区可以被分为 7 种不同的社区类型，分别是：未经改造的老城社区、单一或混合单位社区、保障性住房社区、普通商品房社区、高级住宅或别墅区、由农村社区转变过来的城市社区（村改居、村居合并或“城中村”）和安置区。为了方便阐述，我们进一步将社区类型归为两大类：第一类为城乡接合社区，包括由农村社区转变过来的城市社区、保障性住房社区以及安置区；第二类为城市社区，包括未经改造的老城社区、单一或混合单位社区、普通商品房社区、高级住宅或别墅区。数据调查获得的结果是：第一类社区受访人数为 217 人，第二类社区受访人数为 771 人。

本研究的目的是探测居住区社区的性质，即以农业转移人口为主的社区和以城市居民为主的社区之间存在的差异；另外就是农业转移人口进入长沙市以后，其市民化进程如何、城市融入度如何，以此来探究城乡关系在城市层面的进展。

（一）居民状况：城乡关系的个体性话语

1. 户口：城乡关系中被高看的指标

中外学者习惯于使用“户口”来描绘中国城市化、城乡关系协调发展的核心指标，并且指责正是由于中国采取了过于严格的户口制度，才造成了既有的城乡二元结构。本课题组并不认为户口制度运行到今天，还具有其特别重大的意义。实际上，中国城市的户口在很大程度上已经失去其基本意义。整体意义上的城市户口已经不如城市零散的居住地重要了，因为居住社区往往与“学区”“环境”“卫生”等联系在一起。

尽管如此，本研究发现，目前几乎所有城市社区中均有农业转移人口居住，而且获得城市户籍的人口数量在增多。表6－8数据显示，出生时是农业户口的所占的比例要多于目前是农业户口的比例，城乡接合社区中的居民与城市社区中的居民在出生时和目前的户口性质分布情况具有很大的差异。从出生时的户口性质来看，不论是城乡接合社区还是城市社区，居民最主要的户口性质都是农业户口。城乡接合社区的农业户口居民占比更多，为69.6%；而城市社区居民的农业户口不超过一半，为46.7%。从目前的户口性质来看，城乡接合社区仍然以农业户口居民为主，占比51.6%；而城市社区的户口性质分布结构发生显著改变，居民户口转为以非农业户口为主，占比44.6%。

表6－8　两类社区居民出生时和目前的户口性质所占比例对比

单位：%

	城乡接合社区		城市社区	
户口性质	出生时	目前	出生时	目前
农业户口	69.6	51.6	46.7	30.0
非农业户口	18.4	29.8	34.9	44.6
居民户口（之前是非农）	10.6	10.7	16.6	18.8
居民户口（之前是农）	1.4	7.9	1.7	6.6

如表6－8所示，在城乡接合社区居民中，不论是出生时还是目前，都是农业户口居民所占比例最大。尽管该比例从出生时的69.6%下降至目前的51.6%，农业户口居民仍然超过总受访者的一半。非农业户口所占比例远远低于农业户口，出生时为非农业户口的居民仅占18.4%，目前上升至29.8%，这表明有约10%的居民在出生之后由本来的农业户口转为非农业户口。

即使在城市社区，居住于其中的农业户口的人数也占了很大一部分。表6－8数据显示，在城市社区中，农业户口居民所占比例由出生时的46.7%下降至目前的30.0%，而非农业户口居民所占比例由34.9%上升至

44.6%。非农业户口居民成了城市社区居民中的主要组成部分。数据表明有约10%的城市社区居民由出生时的农业户口转变为目前的非农业户口。

户口性质是我国城市化的重要指标，在一定程度上反映了该地区人口的城市化程度。从本次调查得到的数据可以看出，长沙居民户口分布都呈现由农业户口转变为非农业户口的趋势，这说明了在新型城镇化进程中，随着户籍制度的改革以及城市落户条件的放宽，城市户口居民人数不断增加，城市化进程不断加快。值得我们注意的是，城乡接合社区中的居民目前仍然以农业户口为主。因此，在区分城乡时，过度强调户口性质，会使相关政策走向出现偏差。户口应该逐步退出政策考量的序列，不能再被高估了。

2. 收入与开支：城乡关系的融合性指标

城乡关系的协调在于城市农民与农村居民能够获得大抵一致的收入，并且这样的收入或收入差异能够被城乡居民所认同。目前收入分配的机制已经由计划经济时期的劳动决定过渡到资本、身份、劳动等多重决定。善于投资也是获得收入的重要途径。

数据显示，农业转移人口进入城市后，他们的收入和消费与城市社区居民存在比较大的差距。表6-9展示了两类社区居民在个人收入、家庭收入和家庭开支方面的差异。通过独立样本T检验发现，两类社区居民在这三方面的均值都具有统计上的显著差异（$p<0.05$）。城市社区居民的个人收入和家庭收入都显著高于城乡接合社区居民，并且差额较大，城市社区居民个人收入均值甚至是城乡接合社区居民收入均值的两倍。从家庭开支来看，城市社区居民的家庭开支也显著高于城乡接合社区居民。

表6-9　两类社区居民收入与开支的均值比较

单位：元

	城乡接合社区居民	城市社区居民
个人收入（税后）	49324.88	91537.54
家庭收入	137753.92	190261.99
家庭开支	99131.80	123739.04

由此可见，因为城乡接合社区中有较多的农业转移人口，所以他们的收入以及开支都相对少些。这说明进入城市的农业转移人口要想与城市居

民在收入与开支上同步，还需要假以时日。

3. 受教育程度：城乡关系隐蔽性决定指标

我们已经在多处提及，现代城市社会特别鼓励个体的积极努力。同时，城市社会是根据个人所从事的职业以及职位高低来支付酬劳的。受教育程度高的居民更容易获取地位高、收入多的职业，否则就只能从事地位低、月收入也低的职业。调查数据显示，城乡接合社区居民受教育程度明显低于城市社区居民。

表6－10展示了城乡接合社区居民和城市社区居民的受教育程度分布情况。在城乡接合社区中，居民的受教育程度大部分为普通初中（35.8%），其次是普通高中（21.3%）；在城市社区中，居民的受教育程度大部分为大学本科（25.8%），其次是普通高中（19.8%）。从两类社区的总体情况来看，城乡接合社区居民的受教育程度普遍在职业高中（中专/技校）及以下，而城市社区居民更多地在大学专科及以上。由此可见，两类社区居民在受教育程度上也有显著的差异，城乡接合社区居民受教育程度相对低一些。

表6－10　两类社区居民受教育程度分布情况对比

单位：%

受教育程度	城乡接合社区居民	城市社区居民
未上过学	1.9	2.0
小学	11.3	7.0
普通初中	35.8	19.1
普通高中	21.3	19.8
职业高中（中专/技校）	6.9	6.3
大学专科	6.9	15.9
大学本科	13.0	25.8
硕士研究生	2.3	3.8
博士研究生	0.5	0.3

折线图6－3清晰地展示了两类社区居民受教育程度分布情况，城乡接合社区居民的受教育程度峰值出现在普通初中，而城市社区居民的受教育程度峰值出现在大学本科。以职业高中（中专/技校）为转折点，职业高

中（中专/技校）及以下学历以城乡接合社区居民为主，职业高中（中专/技校）以上学历以城市社区居民为主。

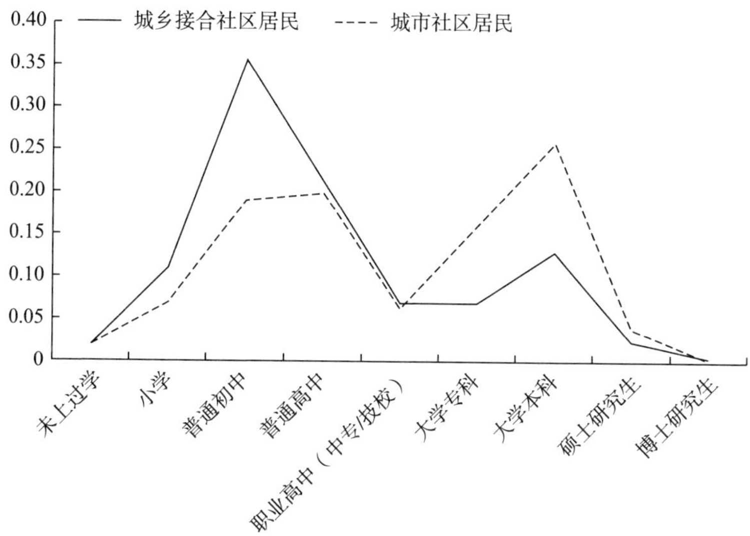

图 6－3　两类社区居民受教育程度分布情况

4. 工作与就业：城乡关系显示性决定指标

尽管在现代城市社会，职位、职称、权利、权力、资本、机会、资格、教育、工作等多种因素决定了人们在社会中所处的等级。但是就一般城市居民而言，工作与就业仍然是核心决定因素。而根据彼得·布劳的研究，就业与工作存在高低等级差异。李春玲发现，“当前中国社会，决定人们声望地位的主要因素是教育、收入、权力、就业单位性质，以及是否从事受歧视职业，主导声望地位评价的标准是工业化社会的普遍主义价值”①。

表 6－11 展示了两类社区居民的就业身份比例分布情况。从总体结构来看，城乡接合社区居民和城市社区居民的就业身份都是以单位雇员/工薪收入者为主，但城市社区居民在单位雇员/工薪收入者上的比例显著偏高。具体来看，城乡接合社区居民在务农人员、无固定雇主的零工/散工、自营劳动者这三种就业身份上的比例显著高于城市社区居民。

① 李春玲：《当代中国社会的声望分层——职业声望与社会经济地位指数测量》，《社会学研究》2005 年第 2 期。

该结果表明，在新型城镇化的背景下，不论是在城乡接合社区还是在城市社区，居民的就业身份分布结构都已经形成了以单位雇员/工薪收入者为主的局面。

表 6 - 11 两类社区居民就业身份比例分布情况

单位：%

就业身份	城乡接合社区居民	城市社区居民
单位雇员/工薪收入者	55.6	69.4
雇主/老板	9.0	8.2
自营劳动者	15.9	7.8
家庭帮工（为自家的企业工作，但不是老板）	0.5	2.1
自由职业者	3.2	4.7
劳务工/派遣人员	1.6	1.8
无固定雇主的零工/散工	6.3	2.2
务农人员	7.9	3.8

表 6 - 12 进一步展示了两类社区居民所在单位类型的分布情况。从总体结构来看，城乡接合社区居民和城市社区居民的所在单位类型都以私有/民营或私有/民营控股企业为主。具体来看，城市社区居民在党政机关/人民团体、国有企业及国有控股企业、国有/集体事业单位这三个单位类型的比例显著高于城乡接合社区居民，尤其是在国有企业及国有控股企业的比例，高出了 13.6 个百分点。然而，城乡接合社区居民在集体所有或集体控股企业、民办非企业单位、社区居委会/村委会等自治组织、个体工商户的比例显著高于城市社区居民，没有工作单位的城乡接合社区居民比例也显著偏高。

该结果表明，在新型城镇化的背景下，不论是在城乡接合社区还是在城市社区，居民的所在单位类型都已经形成了以私企或民营企业为主的局面。但是，二者仍然具有明显的差异性，城市社区居民更倾向于在相对稳定的、门槛相对较高的单位中工作（例如国企），而城乡接合社区居民所从事的工作相对较不稳定、门槛偏低（例如零散工）。

表 6-12　两类社区居民所在单位类型分布情况

单位：%

所在单位类型	城乡接合社区居民	城市社区居民
党政机关/人民团体	1.6	3.2
国有企业及国有控股企业	3.2	16.8
国有/集体事业单位	5.3	12.5
集体所有或集体控股企业	10.4	2.2
私有/民营或私有/民营控股企业	34.2	36.4
三资企业	1.1	1.6
协会/行业/基金会等社会团体或组织	0.0	0.4
民办非企业单位	4.2	1.8
社区居委会/村委会等自治组织	3.7	1.2
个体工商户	20.5	13.9
无单位	15.8	10.0

5. 社会保障：城乡关系协调的保证指标

城乡关系不协调表现在城市内部主要是城市户口居民与农业户口居民享受着差异性极大的社会保障制度。如城市户口居民可以享受较好的医疗、教育、公共服务，而农村户籍的居民要么被排斥在外，要么需要花高价才能享受。如此状况的存在反映了城乡关系在城市场域内的不和谐、不协调。

表 6-13 展示了两类社区居民享受的不同类型社会保障的差异。从总体上看，城乡接合社区居民和城市社区居民在社会保障享受比例上呈现相似的分布结构，即两类社区中大部分居民都有养老保险和医疗保险，比例均超过总样本的 70%，而其他社会保障的覆盖率都偏低，小于总样本的 50%。具体来看，除了医疗保险和低保以外，城市社区居民其他所有社会保障的享有率都比城乡接合社区居民更高。该结果表明，无论是在城乡接合社区还是在城市社区，居民的社会保障覆盖情况都有待提高。

表 6-13　两类社区居民社会保障覆盖情况

单位：%

社会保障类型	城乡接合社区居民		城市社区居民	
	有	没有	有	没有
养老保险	70.8	29.2	71.2	28.8

续表

社会保障类型	城乡接合社区居民		城市社区居民	
	有	没有	有	没有
医疗保险	92.2	7.8	87.1	12.9
失业保险	22.1	77.9	35.2	64.8
工伤保险	21.7	78.3	36.0	64.0
生育保险	20.7	79.3	32.0	68.0
城乡最低生活保障（低保）	3.2	96.8	2.6	97.4
住房公积金	12.5	87.5	22.2	77.8

6. 社会参与和生活感受：城乡关系的体验性指标

国务院于2014年出台的《国家新型城镇化规划（2014—2020年）》提出，“完善农业转移人口社会参与机制，……要积极引导农业转移人口参与社区公共活动、建设和管理”。农业转移人口能够积极参与城市所在社区的活动，表明他们已经处于关系良好的状态之中。

我们从居民的社会参与程度感受、社会接纳程度感受、社会公平程度感受、社会安全程度感受和社会信任程度感受这五个维度来对比两类社区居民的社会生活感受情况。表6－14展示了两类社区居民在这五个维度上得分的均值差异对比。

社会参与程度感受使用7道问题进行测量，包括是否与周围的人讨论政治问题、是否参加基层人大代表选举、是否向新闻媒体反映过意见等，得分越高表示社会参与程度感受越好。独立样本T检验表明，两类社区居民在社会参与情况上没有显著差异，虽然城市社区居民的社会参与程度感受略微偏好，但总体来说，城乡居民的社会参与程度感受普遍很差。

社会接纳程度感受使用1道问题进行测量，即目前居住的社区中，本地人普遍排斥外地人口，得分越高表示越同意这一观点。独立样本T检验表明，两类社区居民在社会接纳程度感受上有显著的差异，城市社区居民更倾向于认为本地人排斥外地人口，而城乡接合社区居民更倾向于不同意这一观点。

社会公平程度感受使用12道问题进行测量，包括测试居民对于公共医疗、高考制度、政治权利、收入分配、城乡居民权利与待遇、大城市与小城市居民之间的权利与待遇、有无编制人员的权利与待遇等的看法，得分越高表示居民的社会公平程度感受越好。独立样本 T 检验表明，两类社区居民在社会公平程度感受上没有显著差异。尽管城乡接合社区居民的社会公平程度感受略微偏好，但总体来说，居民普遍的社会公平程度感受一般。

社会安全程度感受使用 9 道问题进行测量，包括个人和家庭财产、人身、交通、医疗、食品、隐私、环境安全等，得分越高表示社会安全程度感受越好。独立样本 T 检验表明，两类社区居民在社会安全程度感受上没有显著差异。

社会信任程度感受使用 7 道问题进行测量，包括居民个人对政府、军队、司法、慈善以及媒体的信任程度，得分越高表示居民社会信任程度感受越好。独立样本 T 检验表明，两类社区居民在社会信任程度感受上有显著差异，城乡接合社区居民的社会信任程度感受显著偏好，而城市社区居民的社会信任程度感受偏差。

结果表明，城乡接合社区居民和城市社区居民在社会接纳程度感受和社会信任程度感受上具有显著差异，但是在社会参与程度感受、社会公平程度感受、社会安全程度感受方面差别不明显。具体来说，城乡接合社区中的居民更倾向于认为，在目前生活的区域中本地人对外地人具有良好的社会接纳程度，并且对于社会中的各个职能机构具有更强的信任感。

表 6－14　两类社区居民社会生活感受得分均值差异对比

社会生活感受	得分区间	城乡接合社区居民	城市社区居民	差异是否显著
社会参与程度感受	0～7	1. 19	1. 25	否
社会接纳程度感受	1～5	2. 01	2. 30	是
社会公平程度感受	1～5	3. 21	3. 12	否
社会安全程度感受	1～5	3. 58	3. 47	否
社会信任程度感受	1～5	3. 65	3. 52	是

（二）社区对比：城乡关系的社区话语

如前所述，在 2019 年 6 月份调查的 40 个社区中，有 8 个社区属于城乡接合社区，其中有 6 个社区属于新近由农村社区转变过来的城市社区（以下简称为“城中村”社区）。经过比较，这 6 个社区与其他城市社区存在明显差异。

1. **人口构成**

除了个人层面所反映的户口性质差异之外，社区层面的数据显示，“城中村”社区的流动人口占总人口的比例较普通城市社区更大。例如，位于望城区的仁和社区，其流动人口的数量约占总人口的50%，袁家湖社区的流动人口数量甚至超过了常住人口的数量，是常住人口的1.3倍。而普通城市社区的流动人口所占比例相对较低，例如芙蓉区湘府社区的流动人口仅为常住人口的18.3%。

2. **居委会管理人员构成**

这一区别主要体现在居委会专职社工的人数比例上。专职社工是指专门由政府通过社会组织购买服务的形式，委派获得社会工作师证书的、具有专业执业资格的人员。专职社工经过了专业的社区工作培训和学习，在社区管理和社区建设方面具有更丰富的理论知识和更科学的工作方法。从本次调查的社区层面数据来看，在普通城市社区中，大部分的居委会工作人员当中都有专职社工，而且所占比例较高，例如文艺新村社区居委会的工作人员共有14人，其中专职社工有12人；荣龙社区居委会共有工作人员20人，其中专职社工有17人。但是，“城中村”社区中的专职社工人数却偏少，专职社工在城乡接合社区中仍然不普及。不少“城中村”社区中，甚至没有专职社工，例如金坪社区、袁家湖社区和仁和社区。

3. **辖区内的教育资源**

教育资源的不平衡是城乡发展不协调的重要体现，不同地区经济发展的不平衡造成了教育资源上的差异以及居民受教育程度的不同。本次调查的社区层面数据显示，不同社区在教育资源方面差别不大。不论是“城中村”社区还是普通城市社区，其社区内或社区附近都至少有一所幼儿园、小学、初中或高中。例如，望城区近年来已新建多所学校，其中长沙市一中金山桥学校已于2019年9月开学。但是，从办学质量来看，“城中村”社区附近学校的办学质量仍然不如城市社区。这是由于长沙市重点学校或名牌学校仍然位于长沙市内五区，从而那些优质的教师资源也集中在这些区域。近年来，这一教育资源不平衡的局面正在逐渐转变，长沙市教育部门不断深化教育改革，推动中招与主城区并轨，不断促进城乡教育高位均衡发展。

4. 辖区内的医疗资源

社区层面的数据显示，大部分社区内或附近都有医院或卫生院至少一家，所以不同社区的医疗资源从数量上看差距并不明显。但是，总结发现，“城中村”社区距离医院相对较远，而普通城市社区距离医院更近。例如，距离金山桥社区和仁和社区最近的医院约为 3 公里，距离铜官街社区最近的医院为 2.7 公里。这一距离在普通城市社区有明显差异，大部分城市社区距离最近的医院都不超过 1 公里，例如芙蓉区南湖社区附近有 2 家医院，距离最近的一家仅 0.5 公里；开福区蚌塘社区的居委会紧邻医院，居民就医非常方便。

5. 社区生活便利程度

社区生活便利程度主要体现在社区附近是否有超市、市场、公园、商业中心。从数量上看，不同社区在超市、市场、公园这三个上的差异并不明显，大部分社区附近都有至少一家超市或一个市场，至少一个公园。但是，在社区附近是否有商业中心这一点上有显著差异。“城中村”社区附近通常没有商业中心，距离最近的商业中心一般约为 5 ~ 10 公里。而普通城市社区附近通常都有商业中心，距离较近，例如距离雨花区牛婆塘社区最近的商业中心仅 0.5 公里。

6. 社区交通便利程度

社区交通便利程度主要体现在社区附近是否有公交站、地铁站及其数量和距离。在公交站方面，两类社区的差异并不明显，甚至“城中村”社区附近的公交车站数量更多，例如箭弓山社区附近公交站数量多达 8 个。在地铁站方面，两类社区有明显差异，大部分“城中村”社区距离地铁站很远，例如金山桥社区距离最近的地铁站约 15 公里。而城市社区附近通常都有 1 ~ 2 个地铁站。

六 小结与讨论

本研究就城市社区居民和城乡接合社区居民个人层面和社区层面分别进行了差异对比，总体来看，在新型城镇化背景下，城乡关系具有以下显著特征。

（一）城乡二元结构格局普遍存在

虽然近年来国家对城乡一体化建设的各方面关注众多，但是，从本次数据分析报告可以看出，目前，城乡二元结构格局仍然是普遍存在的。从人口类型的分布来看，即使近年来我国已经对户籍制度进行了改革，但城乡接合社区的农业人口以及流动人口所占比例仍然普遍高于普通城市社区居民。这种二元结构格局不仅体现在人口类型的差异上，更重要的是，城乡居民在生活水平、受教育程度以及就业水平、社会保障享有情况上都具有极其显著的差异，这是由我国城乡长期发展不平衡所导致的。社区层面的分析结果同样印证了城乡差异，城乡接合社区的社区工作人员专业程度、公共基础设施的覆盖程度、社区生活便利程度以及社区交通便利程度普遍不如城市社区，这就导致了城乡接合社区的发展受到限制，城乡接合社区居民无法像城市社区居民那样享受较高水平的教育与医疗资源以及便利的交通网络。

本次调查弥补了现有文献的不足，虽然现有文献已经表明了城乡二元结构格局的现状，但少有分析报告指出具体的差异所在。由于城乡社区差异在各个方面都有所体现，这种二元结构格局很难在短时间内得到调整。针对城乡长期存在的二元结构格局，社会政策的制定应更具有针对性，即在城市地区与农村地区采取不同的政策、关注不同的社会问题，从而逐渐改善城乡发展不平衡的现状。

（二）城乡接合社区居民的社会生活感受优于城市社区居民

虽然城乡接合社区的经济水平和生活质量普遍比城市社区差，但本次数据分析发现，城乡接合社区居民在社会生活感受上优于城市社区居民，这些感受体现在对社会接纳程度感受以及社会信任程度感受的认知上。在对社会接纳程度感受的认知方面，可能是由于城乡接合社区中的农业人口和流动人口占比偏大，社区居民已经相互接纳，所以本地人对外地人的接纳程度偏高、歧视程度偏低。在社会信任程度感受方面，可能是由于城乡接合社区居民近年来享受到了更为实惠的社会政策和政府对乡村地区建设的扶持，例如扶贫减贫工作、乡村基础设施建设等，从而导致了这些地方的居民对政府或媒体的信任程度偏高。

现有文献少有对城乡居民的生活感受方面的对比分析，所以本次数据分析为接下来的进一步研究奠定了基础。同时，对城市社区中的社会接纳程度感受与社会信任程度感受应予以更多的关注，找出城市居民生活感受出现不满意的原因。

（三）公共基础设施在质量上仍然有待提高

从本次数据分析来看，城乡接合社区在公共基础设施的数量上与城市社区已经相近。这一点可以归因于近年来国家各部门对于乡镇、郊区的基础设施建设规划与政策扶持。值得一提的是，城乡接合社区在学校数量、医院数量、公交车站数量上已经与城市社区相近，所以，生活在郊区或“城中村”的居民不会面临无学可上或无处就医的困境。但是，从公共基础设施质量的角度考虑，城乡接合社区仍然不如城市社区，尤其是在教育资源和医疗资源方面，城乡接合社区很难与城市社区齐平，原因可能是乡镇、郊区的经济发展水平相对落后，很难对优质的教育资源或医疗资源形成吸引力；其次由于城市社区人口更加密集，并且公共基础设施已建设多年，各方面发展较为完善。今后，城乡接合社区的居民数量会不断增加，逐渐对各项设施有更高的需求，所以城乡接合社区的公共基础设施在质量上还有很大的提升空间。

第七章　新型城镇化背景下的城市空间

马克思、恩格斯指出，社会整体变迁意义上的进步莫过于城市社会取代农业社会。[①] 从表面来看，城市化是城市空间不断扩大的过程[②]；从更深层次来看，城市化是城镇体系（urban system）特征发生了巨大变化，是城镇之间、城市与农村之间土地利用模式的改变，社会生态（social ecology）的改变，建筑环境的改变和城镇生活的本质变化。[③] 毋庸置疑，由于工业化、商业化的发展以及科学技术的升级换代，城市化已经成为人类社会发展的必然趋势，城市空间也就成为学术界重要的研究议题。

一　中国城市空间的拓展逻辑

（一）城市空间结构

空间是城市化研究中重要的核心概念之一。城市空间是社会分化的产物，城市空间结构是城市社会分化在地域空间上的表现，是城市居民活动空间、居住空间和感应空间等多种空间形态的复合与重构。[④] 在本质上，城市空间结构是人类社会经济活动在地域上的投影，是土地结构、经济结

---

① 马克思、恩格斯：《马克思恩格斯全集》，中共中央马克思恩格斯列宁斯大林著作编译局译，人民出版社，1971，第 41 页。

② 赫茨勒：《世界人口的危机》，何新译，商务印书馆，1963，第 52 页。

③ 保罗·诺克斯、琳达·麦克卡西：《城市化》，顾朝林、汤培源、杨兴柱等译，科学出版社，2011。

④ 王开泳、肖玲、王淑婧：《城市社会空间结构研究的回顾与展望》，《热带地理》2005 年第 1 期。

构、社会结构，以及城市生活、城市生态关系的空间表征。[①] 路易斯・富力和梅尔文・韦伯是早期构建城市空间结构概念框架的主要代表性学者。富力认为，应该从多层去理解城市空间结构的概念框架。第一，从构成要素来看，城市空间结构要素应包括文化价值、功能活动和物质环境三种；第二，从空间属性来说，应包括空间和非空间两种属性，其中城市空间结构的空间属性主要是指文化价值、功能活动和物质环境的空间特征；第三，城市空间结构还可以从形式和过程两个方面来理解，形式和过程分别是指城市空间结构要素的空间分布和空间作用的模式；而富力将时间层面引入了城市空间结构的概念框架中。[②] 韦伯认为，城市空间结构的形式是指物质要素和活动要素的空间分布模式，过程则是指要素之间的相互作用，表现为各种交通流。相应地，城市空间被划分为“静态活动空间”（adapted space）（如建筑）和“动态活动空间”（channel space）（如交通网络）。[③] 波纳（L. S. Bourne）用系统理论来表述城市空间结构的概念，他描述了城市系统的三个核心概念：第一，城市形态（urban form），它是指城市各个要素（包括物质设施、社会群体、经济活动和公共机构）的空间分布模式；第二，城市要素的相互作用（urban interaction），是指城市要素之间的相互关系，使之整合成一个功能实体，被称为子系统；第三，城市空间结构（urban spatial structure），是指城市要素的空间分布和相互作用的内在机制，使各个子系统整合成城市系统。[④]

在我国，顾朝林等学者认为城市空间结构主要是从空间的角度来探索城市形态和城市相互作用网络在理性的组织原理下的表达方式。[⑤] 柴彦威则认为，城市空间结构应当专指城市内部空间结构，是城市地域内各种空

① 李莎莎：《我国城市空间结构研究进展》，《中外建筑》2017 年第 7 期。

② Webber, M. M., "An Approach to Metropolitan Spatial Structure," In Webber, M. M. et al., *Exploration into Urban Structure* (Philadelphia: University of Pennsylvania Press, 1964)，转引自唐子来《西方城市空间结构研究的理论和方法》，《城市规划汇刊》1997 年第 6 期。

③ Webber, M. M., "An Approach to Metropolitan Spatial Structure," In Webber M. M. et al., *Exploration into Urban Structure* (Philadelphia: University of Pennsylvania Press, 1964)，转引自唐子来《西方城市空间结构研究的理论和方法》，《城市规划汇刊》1997 年第 6 期。

④ Bourne, L. S. (Ed.), *Internal Structure of the City*, (New York: Oxford University Press, 1971)，转引自唐子来《西方城市空间结构研究的理论和方法》，《城市规划汇刊》1997 年第 6 期。

⑤ 顾朝林、甄峰、张京祥：《集聚与扩散——城市空间结构新论》，东南大学出版社，2000，第 3 页。

间的组合状态。从城市的地理空间角度，可将城市空间分为物质空间、经济空间和社会空间三大系列。[①] 郭鸿懋、江曼琦等将城市空间结构分为城市内部空间结构和城市外部空间结构。[②]

可见，对于城市空间结构的概念，不同学者在认识上存在一定程度的差异。本研究所说的城市空间结构，是指城市要素在空间范围内的分布和联结状态，是城市中人类的各种社会经济活动和功能组织在特定城市地域上的空间投影。城市空间结构是城市社会经济存在和发展的空间形式。

城市化与空间生产是相互形塑、相互依存的关系，从某种意义上说，城市化是空间的生产与再造的过程，空间生产构成了城市的主体内容。空间既包括了物理空间或自然空间，也包括了社会空间。城市空间除了作为城市居民生存与活动的重要场所以外，还是权力、资本等资源的重要体现。关于空间问题的研究，不同的学者从不同的视角进行了阐释，并形成了不同的空间生产理论，主要代表人物有大卫·哈维和福柯。前者主要从资本的视角来解释空间生产的逻辑，认为“当代资本主义的实质就是资本逻辑的空间化”[③]，“资本的伟大本能就是要穿透各种空间障碍，不断寻找新的地盘，不断地将非资本领域资本化，空间自身的固有屏障在资本本能流动之下崩溃了”[④]。正是资本的不断积累与集中塑造了城市空间，反过来，城市空间又成了资本不断积累的重要场所。通常来说，处于城市中心的城市空间，资本最为集中，也是竞争的焦点，富人凭借优势占据大量的土地、住房等，而普通群众游离在城市边缘，进一步造成城市空间的隔离与分化。从资本逻辑来看，城市空间的结构体现了物质在城市空间上的分布，也体现了资本增值和扩张在空间上的展示。总的来说，资本在城市空间生产过程中或是空间演变过程中发挥了重要作用。

福柯通过权力关系来阐述空间生产，认为权力关系（而非权力意志）是推动历史和转化（客体化）主体的宰制性力量[⑤]，因而权力也就安排和创

---

① 柴彦威：《城市空间》，科学出版社，2001，第 13 ~ 14 页。

② 郭鸿懋、江曼琦等：《城市空间经济学》，经济科学出版社，2002，第 23 ~ 24 页。

③ 韩淑梅：《资本逻辑的空间化批判——大卫·哈维空间生产理论实质评析》，《山西师大学报》2015 年第 3 期。

④ 大卫·哈维：《新帝国主义》，社会科学文献出版社，2009，第 72 页。

⑤ 林淑芬：《傅科论权力与主体》，《人文及社会科学集刊》2014 年第 1 期。

造了空间，空间既是权力运作所建构的工具，也是其运作得以可能的条件①。在权力逻辑下，城市空间生产成了政治权力的争夺场所，在我国城市化建设过程中，国家权力在城市空间的规划与建设中发挥了重要作用。

诚然，空间生产的资本与权力逻辑在实际的城市空间生产过程中是相互交织的，权力通过对个人与空间的控制，通过强制性达到控制个人或地方为资本服务的目的。② 例如在城市化过程中，政府对某一空间的扶持力度越大，就越容易吸引更多的资本，如我国的经济特区、经济开发区、科技园、城市群带等。政府行政指令分配和控制土地资源，与开发商等市场资本合谋共赢，形成中国式城市“增长联盟”③，由于国家权力在不同空间的干预策略与资源配置，导致城市空间不平衡。政府优先选择的特定产业、配套的基础设施项目以及给予的不同政策，使得城市发展产生了“空间差异化”④。如我国城市空间呈现不平衡发展状态，特大城市与欠发达地区、东部与中西部城市之间的不平衡发展。在城市内部也发现了老城区与新城区之间由于资本流入的差异，导致城市空间在功能城市现代性发展方面的差异。

（二）城市空间结构变迁

我国政府对权力及土地等资源的控制影响了城市空间结构变动。城市空间结构变动除了城市空间发展不平衡外，还体现在城市空间的不断拓展。城市空间的不断拓展是新型城镇化发展的体现与城镇化研究的重要内容，在城镇化快速发展的进程中，对城市空间拓展进行关注与研究尤为重要。地理学、经济学、社会学、建筑学等学科的学者们从不同的侧重点对城市空间问题进行了研究。地理学和社会学主要强调土地利用结构，以及人的行为、经济和社会活动在空间上的表现；建筑学主要强调实体空间；经济学偏重于解释城市空间格局形成的经济机制。⑤ 随着学者们对城市空

---

① 郑震：《空间：一个社会学的概念》，《社会学研究》2010 年第 5 期。

② 郭文：《“空间的生产”内涵、逻辑体系及对中国新型城镇化实践的思考》，《经济地理》2014 年第 6 期。

③ 陈忠：《城市现代性的政治逻辑：历史转换与伦理趋向》，《哲学研究》2014 年第 9 期。

④ 武廷海、张能、徐斌：《空间共享：新马克思主义与中国城镇化》，商务印书馆，2014，第 41～42 页。

⑤ 冯健、周一星：《中国城市内部空间结构研究进展与展望》，《地理科学进展》2003 年第 22 期。

间结构研究的不断深入，人们对城市空间结构演变的动力机制的了解也在不断深入，如政府力、市场力、社会力三种力量共同驱动城市空间扩展①；有人从政府、企业、居民三个层面对城市空间扩展的动力机制进行了分析②；有人认为经济、人口、社会、政策等因素是城市空间扩展的驱动力③；还有人从经济、人口、道路与交通、政策与规划等方面对城市空间格局演变的驱动力进行了分析④。总的来说，城市空间拓展与结构的演变是一个复杂的过程，它是由各种力量组成的复合力共同推动的结果。

城市空间形态是指城市空间在形状、紧凑性、破碎性等方面所表现出的特征⑤，它随着城市空间的不断扩张而发生变化。有研究抽取了 2000 ~ 2013 年我国 29 个主要城市的城市空间扩张问题，并对其进行了研究，发现近年来，我国城市扩张的速度加快，且西部、东北、中部、东部城市的扩张速度呈现依次递增的规律，城市总体呈现分散化扩张，城市空间的紧凑度有所下降；城市分维数增加，城市空间破碎度增强；形状指数总体呈现增加趋势，城市形状更加复杂化。⑥ 城市空间形态是城市空间不断扩张的体现，经济、人口、环境等多种力量共同推动了城市空间的结构变动。

本课题认为我国城镇化快速发展是推动城市不断向外扩张的重要因素，也是影响城市空间结构演变的重要因素。

（三）中国城市空间扩张的结构特征

城镇化最先是从土地城镇化即空间城镇化开始的。大批农用土地不断地转化为城镇建设用地。随着城市人口的增长，城市内部空间也在不断地进行调整。一些城市通过征地拆迁、新建工业园区等方式进行大规模的圈地，扩张城市空间，从而引起城市空间结构的变动。城市空间的演变可以通过城市职能或功能的类型与变化得到体现。如有学者将城市分成工业城

---

① 张庭伟：《1990 年代中国城市空间结构的变化及其动力机制》，《城市规划》2001 年第 7 期。

② 石崧：《城市空间结构演变的动力机制分析》，《城市规划汇刊》2003 年第 1 期。

③ 黄孝艳、陈阿林、胡晓明等：《重庆市城市空间扩展研究及驱动力分析》，《重庆师范大学学报》2012 年第 4 期。

④ 周欢辉、闫晓天、王景琪：《基于 SPSS19.0 的南昌市城市空间格局演变驱动力分析》，《江西科学》2017 年第 6 期。

⑤ 叶昌东、周春山：《中国特大城市空间形态演变研究》，《地理与地理信息科学》2013 年第 3 期。

⑥ 郭煜琛、田国行、赵芮等：《2000 ~ 2013 年中国主要城市空间形态变化研究》，《西南大学学报》2019 年第 5 期。

市、交通运输城市、商业城市等，一共分了九类[①]；也有学者将城市的职能划分为区域综合性城市、第二产业城市、交通城市、文化旅游城市、地方中心城市五类[②]；还有学者将城市类型划分为资源型、工业主导型、区域综合型、其他类型四类[③]。在城市职能划分的基础上，学者们开始对不同类型城市的土地利用结构进行探索，发现不同类型城市的建设用地利用结构是不同的，其城市空间结构也存在差异。而有研究表明，这种城市建设用地情况与城市化水平存在一定关系。如有研究表明，城市建设用地专业化程度与城市化水平之间呈现倒“U”形关系，也有学者认为这种关系表现为城市空间初期蔓延、加速扩张、急速膨胀三个阶段[④]。随着城市化的发展，我国城市数量和城市规模都得到了巨大的发展。城镇化率由1978年的10.64%增长到2018年的59.58%。

我国城市建设用地和城市建成区面积在不断扩张。根据《2017年我国城乡建设统计年鉴》的数据，我国城市建成区面积1981年为7438平方公里，到2017年已扩张为56225.4平方公里，城市建设用地也由1981年的6720平方公里扩张到了2017年的55155.5平方公里。

归纳起来，城市空间的扩张主要通过对老城区的提质改造与新城区的开发建设来实现，经历了生产型工业用地的扩张阶段，以工业用地为主进行城市空间的扩张。对老城区进行再开发与改造可以提升居民生活质量、增加生活空间。对新城区的开发与建设，可以将工业整体迁移出生活城市。

1. 提质改造老城区

城市空间规划在新中国成立后到改革开放前主要是扩张工业用地，城市空间规划的模式也主要是以工业布局为主的“区域式”规划模式。由于主要城市空间的主要内容是以工业用地扩张为主，片面地注重生产，忽视了对非生产性的投入，导致城市功能结构和空间结构在演变过程中出现了

---

① 张文奎、刘继生、王力：《论中国城市的职能分类》，《人文地理》1990年第3期。

② 鲁春阳、高成全、杨庆媛等：《不同职能城市土地利用结构影响因素分析》，《地域研究与开发》2012年第1期。

③ 聂雷、郭忠兴：《不同类型城市的建设用地利用结构特征分析》，《经济问题探索》2019年第4期。

④ 陈永林、谢炳庚、李晓青等：《2003～2013年长沙市土地利用变化与城市化的关系》，《经济地理》2015年第1期。

无序状态。

这一阶段城市空间的规划与发展主要采用“圈层式城镇群体”模式，重点是对城市内部特别是老城区内没有开发的用地进行规划。1978 年党的十一届三中全会确立了改革开放政策，社会经济得到快速恢复与发展，社会主义市场经济体制得以确定，在市场经济的推动下，一些老城区的产业结构和经济结构也发生变化，城市工业向城市外围迁移，老城区第三产业得到发展，城市进入了快速发展时期，建设用地规模快速增长。为适应城市经济发展与转型升级、提升居民生活质量与城市品质、更新城市文化、发挥城市对生活风尚的引领作用，政府开始改变“重生产、轻生活”的城市建设思路，由生产型城市向消费型城市转变。许多城市对传统的城市空间进行了新的规划与改造，对传统的城市空间进行升级与功能的调整，如将许多老旧厂房转变为文化建设项目，把城市老旧厂房拓展打造成文化空间。如北京市 2019 年已将总占地面积 2500 万平方米的 240 余个老旧厂房进行了腾退，并将其中的一些老旧厂房进行转型，改造成了文化创意产业园区。① 同时，加强了对城市居民居住空间的改造与提升，如将老城区内的一些污染企业整体搬离，控制老城区人口数量，缓解人口压力，完善城市基础设施建设，改善老城区环境状况和基础设施质量。最后通过老城更新和二次开发，提高土地利用效率。非生产性建设用地的比例开始上升，如南京市这个时期的非生产性建设用地从“大跃进”期间的 13% 上升到 27% 。

2. **开发建设新城区**

随着城市人口的增长，老城区面临着人口压力问题。为了疏散老城区人口、缓解老城区压力，一些城市通过开发区、大学城、工业园区、科技产业园的开发与建设，开始了城市空间的向外扩张。如西安市的城市扩展，1977 ~ 2008 年，其城市空间年平均扩展 9.92 平方公里，城市用地扩展总体格局表现为非紧凑、不稳定性增强、近同心圆扩展与方向分异十分明显的特征。② 南京市自 2002 年开始，以“一个疏散三个集中”和“一城

---

① 杨传张：《城市老旧厂房拓展为文化空间的政策障碍及建议》，《中国文化产业评论》2019 年第1 期。

② 封建民、赵敏宁、李晓华：《近 30 年来西安市城市用地扩展时空变化研究》，《水土保持研究》2013 年第 4 期。

三区”为城市新的发展战略，通过开发区建设、大学城建设，城市面积由原来的243平方公里拓展到400平方公里，城市空间得到了极大的拓展，城市格局进一步优化 。

（四）城市空间结构变动的驱动力

随着学者们对城市空间结构研究的不断深入，对城市空间结构演变的动力机制的研究也在不断深入。在城市空间结构变动的驱动力分析上，学者们进行了大量的研究，他们认为是多元力量共同推动了城市空间结构的变动。如有学者从政府、市场、社会三个层面进行了分析，认为这三种力量是城市空间扩展的共同驱动力①；有学者从政府、企业、居民三个层面对城市空间扩展的动力机制进行了分析②；有学者则认为经济、人口、社会因素、政策③、道路与交通、政策与规划等是推动城市空间格局变动的主要驱动力④；还有学者将城市空间扩张的驱动机制分成了两个维度，即一般机制与特殊机制，认为城市经济的发展、城市规划、技术进步和社会人文类型等是推动城市空间结构变动的一般机制，而新区开发、交通区位袭夺、大型工程建设、突发自然灾害等是城市空间结构变动的特殊机制，这些力量共同推动着城市的发展和进步⑤。也有研究对西安市的城市空间格局变动的驱动力进行了分析，认为近代以来西安市城市社会空间结构经历了由“单核”到计划经济时期的“圈层+扇形”再到市场经济转型时期的“圈层+扇形+马赛克式”的演变，这种演变的驱动力主要包括城市发展基础、经济发展和产业更替、社会阶层变迁、要素集聚和扩散以及新型的宏观政策制度、“新经济”模式、开发区建设等新型的驱动力，城市空间结构变动是传统与新型的驱动力共同推动的结果。⑥

总的来说，城市空间拓展与结构的变动是一个复杂的过程，它是各种

---

① 张庭伟：《1990年代中国城市空间结构的变化及其动力机制》，《城市规划》2001年第7期。

② 石崧：《城市空间结构演变的动力机制分析》，《城市规划汇刊》2004年第1期。

③ 黄孝艳、陈阿林、胡晓明等：《重庆市城市空间扩展研究及驱动力分析》，《重庆师范大学学报》2012年第4期。

④ 周欢辉、闫晓天、王景琪：《基于SPSS19.0的南昌市城市空间格局演变驱动力分析》，《江西科学》2017年第6期。

⑤ 王开泳、肖玲：《城市空间结构演变的动力机制分析》，《华南师范大学学报》2005年第1期。

⑥ 王彦君、刘科伟：《近现代以来西安市社会空间结构演变研究》，《城市发展研究》2018年第2期。

力量组成的复合力共同推动的结果。因此，探索城市空间结构的变动原因及推动力量是城市空间结构研究的重要内容与方面。结合已有对城市空间结构变动的驱动力分析及本课题研究成果，城市空间结构变动的驱动力可以从以下几个方面进行分析。

1. 经济发展：城市空间扩展的内驱力

经济发展是城市发展的内生力量，也是城市空间结构变动的根本推动力。党的十一届三中全会确立的改革开放政策，有力地推动了我国生产力的发展，社会经济得到快速恢复与发展的同时，我国城市化也得到了恢复和快速发展，对内开始对老城区进行大规模的提质改造、对外进行圈地拓展，加快了对新城区及城市群的建设。城市的繁荣与发展对农村人口特别是农村劳动力产生了强大的吸引力，他们进城务工寻求发展，聚集在城郊，形成城郊村。城市的辐射作用不断地促进城郊社会经济的发展，加快了城郊城市化，由此，导致了城市边缘地区空间结构的变化与发展。城市经济发展与城市空间结构存在着密切的联系。与城市经济的周期性发展相伴随的是城市空间结构的不断变化与发展。正如有研究指出，伴随着城市经济运行过程中的复苏 、扩张、收缩、萧条等周期性波动，城市空间结构呈现分散 - 集中 - 再分散 - 再集中的螺旋式循环上升运动。[①]

2. 政策诱导：城市空间扩展的外在动力

我国的城市化是在政府指导下进行的城市化，国家宏观政策的指导对城市空间的生产与结构变动产生了重要的直接推动作用。这些政策包括一般政策和特殊政策，一般政策如土地制度、住房制度、户籍制度；特殊政策主要是指针对某些城市的优惠政策，如经济特区的征地拆迁等。这些国家政策直接推动了城市空间结构的变动。在宏观政策方面，随着土地使用制度的改革，我国城市传统的单位住房及福利住房分配体制也随之转变，居民住房开始商品化，房地产业兴起，城市居民的居住空间随着住房的商品化不断产生分异，从而引起城市居民居住空间结构的变动。随着城市化的不断发展，人口流动的加快，户籍制度也在不断改革，大量农村人口实现了在城市购房与落户，城市人口数量不断增长也在一定程度上加速了城市空间结构的变动。

---

① 王开泳、肖玲：《城市空间结构演变的动力机制分析》，《华南师范大学学报》2005 年第 1 期。

除了宏观政策以外，还有一些针对某些城市的特殊政策，改革开放以后，经济特区、开发区的一些优惠政策对城市空间结构的变动起了重要的推动作用，如深圳由一个小渔村发展成为今天的大城市，它的发展离不开国家对经济特区的一些特殊政策与优惠条件，正是这些特殊的政策与优惠条件促使深圳对内进行城市空间结构的调整并加速了对外扩展的步伐，形成了一个高效运作的城市空间结构。

3. 居民选择：城市空间扩展的推动力

经济的发展为科技的进步提供了经济保障，政策的支持为城市的聚集能力提供了优越的外部条件。如城市交通技术的发展使得城市向外扩展成为可能；建筑技术的进步推动了老城区的改造进程，使得城市空间的垂直扩展成为可能，而这些都在一定程度上改变着城市空间结构与形态。经济发展、科技进步给城市带来便捷的同时，也带来了城市交通拥挤、住房紧张、人口密集等所谓的城市病。同样，也给人们带来了更多的选择空间。如交通的便捷及手机、网络等通信技术的普及与发展，实现了人们随时随地的交流、随时随地的办公。人们可以选择远离市区，向郊区迁移，甚至过“田园式”的城市生活。个体对居住空间及工作空间的选择推动了城市空间的向外延伸，城市空间不断地向外扩展。

二　城市人口与就业变动引发理论话语更新

城市化的一个重要特点就是不断地生产差异化的社会空间。下面我们从居民人口结构、就业结构及居民生活质量三个方面阐述其理论话语的更新。

（一）人口结构变迁引发的城乡关系理论话语更新

随着城市化的发展，大量农村人口不断地涌向城镇，从历次人口普查的数据来看，我国人口转移现象非常明显，如2010年全国第六次人口普查数据显示，居住在城镇的人口占49.68%，居住在乡村的人口占50.32%。与2000年全国第五次全国人口普查相比，城镇人口增加了约2.07亿人，城镇人口比重增长了13.46个百分点；居住地与户口登记地所在的乡镇街道不一致且离开户口登记地半年以上的人口增加了11700万人，增长81.03%。2018年的数据显示，我国城镇常住人口为83137万人，比2017年末增加

1790 万人；乡村常住人口为 56401 万人，比 2017 年减少 1260 万人；城镇人口占总人口比重（城镇化率）为 59.58%，比 2017 年末提高 1.06 个百分点。而流动人口数量在减少，全国人户分离人口（居住地和户口登记地不在同一个乡镇街道且离开户口登记地半年以上的人口）为 2.86 亿人，比上年末减少 450 万人，其中流动人口 2.41 亿人，比上年末减少 378 万人。

1. 改革开放前：城镇人口增长缓慢

1949 年新中国成立时，全国总人口数量是 54167 万人，其中城镇人口总数是 5765 万人，占 10.64%；农村人口总数为 48402 万人，占 89.36%，这个时期我国人口主要集中在农村。1949～1958 年，由于户籍迁移相对自由，农村人口可以自由向城市迁移，因此，在此期间，城市人口增长较快，城镇人口从 1949 年的 5765 万人增长到 1960 年的 13073 万人，占全国总人口的 19.75%。之后，为了解决城市人口增长及劳动力过剩的问题，我国开始对农业户籍人口迁入城市、集镇进行限制，控制城市人口增长，加上“文化大革命”的影响，我国城镇化缓慢发展，甚至处于停滞阶段。1965～1978 年，我国城镇人口增长速度缓慢，城镇人口比例在 17% 左右。

表 7-1　1949～1978 年全国城镇人口数量变化

单位：万人，%

年份	全国总人口	城镇人口	占比
1949	54167	5765	10.64
1950	55196	6169	11.18
1951	56300	6632	11.78
1955	61465	8285	13.48
1960	66207	13073	19.75
1965	72538	13045	17.98
1970	82992	14424	17.38
1971	85229	14711	17.26
1972	87177	14935	17.13
1973	89211	15345	17.2
1974	90859	15595	17.16
1975	92420	16030	17.34
1976	93717	16341	17.44
1977	94974	16669	17.55
1978	96259	17245	17.92

资料来源：根据《中国人口和就业统计年鉴（2018）》数据资料整理。

2. 改革开放后：城镇人口增长迅速

1978 年党的十一届三中全会召开后，我国国民经济得到逐步恢复与发展，改革开放政策的实行、市场经济体制的建立，加快了我国城市化发展的步伐，产生了大量的流动人口，我国的户籍制度也得到发展。1978 ~ 1984 年，我国出台了一系列的农转非政策，如《关于解决部分专业技术干部的农村家属迁往城镇由国家供应粮食问题规定》，打破了以往限制农业户籍向城市迁移的严户籍控制，一些科技骨干、煤矿井下职工、三线艰苦地区职工、部分边防军官的农村家属等可以在原籍转为城镇户口，农转非指标数也有所提高，由不超过当地非农业人口的 1.5‰，提高到不超过当地非农业人口的 2‰①。1984 年 10 月 13 日，《国务院关于农民进入集镇落户问题的通知》中规定，有经营能力、技术专长的农民可以进入集镇经营工商业，并准予落户，这样进城务工农民及家属可以由农业户籍转为城市户籍，城乡二元结构初步调整，人口城镇化速度加快。

随着改革开放的深入与经济的发展，城镇化进程快速推进，大量农村劳动力涌入城市，流动人口逐年增多。从 1984 年开始，户籍制度进入深入改革阶段。1985 年 7 月 13 日，《公安部关于城镇暂住人口管理的暂行规定》明确了暂住证和寄住证的办理，户籍制度开始向城乡融合发展。1997 年，《小城镇户籍管理制度改革试点方案》和《关于完善农村户籍管理制度的意见》相继发布，规定符合一定条件的农村人口可以在小城镇办理常住户口，这些政策刺激了农民进城务工，推动了人口城镇化的进一步发展。1998 年，凡是在城市有合法固定的住房、合法稳定的职业或是生活来源的农村人口，予以在城市落户，将落户政策与产业结合起来。2000 年中共中央、国务院颁布的《关于促进小城镇健康发展的若干意见》中指出，在县级地区有稳定工作及固定住处的农民，可以自愿进行农转非。

在小城镇户籍改革取得突破性发展的同时，大城市的户籍制度也开始了改革。2011 年 2 月，《国务院办公厅关于积极稳妥推进户籍管理制度改革的通知》的颁布，有力地引导了非农产业和农村人口有序向中小城市和建制镇转移。2013 年 11 月，《中共中央关于全面深化改革若干重大问题的决定》对建制镇和小城市落户的限制全面放开，对中等城市落户的限制有

① 殷志静、郁奇虹：《中国户籍制度改革》，中国政法大学出版社，1996，第 120 页。

序放开，并制定了大城市落户的条件。2014 年 7 月，《国务院关于进一步推进户籍制度改革的意见》取消了农业户口与非农业户口性质区分，在一些大城市建立完善积分落户制度。

从人口数量结构来看，随着 1978 年党的十一届三中全会的召开，我国社会经济不断恢复与发展，城镇化步伐加快，农村人口流向城市，户籍制度不断改革，农村人口不断向小城镇及城市迁移，城市人口数量持续增加。1978 年全国人口为 96259 万人，其中城镇人口 17245 万人，占全国总人口的 17.92%，到 2018 年全国人口总量为 139538 万人，其中城镇人口 83137 万人，占比 59.58%，比上年末增加 1790 万人。改革开放以后，我国人口总量平稳增长，城镇化率持续提高。

表 7-2　改革开放以后全国城镇人口数量变化

单位：万人，%

年份	全国总人口	城镇人口	占比
1979	97542	18495	18.96
1985	105851	25094	23.71
1990	114333	30195	26.41
1995	121121	35174	29.04
2000	126743	45906	36.22
2005	130756	56212	42.99
2010	134091	66978	49.95
2014	136782	74916	54.77
2015	137462	77116	56.10
2016	138271	79298	57.35
2017	139008	81347	58.52
2018	139538	83137	59.58

资料来源：根据历年国家统计局公布的数据整理而成。

随着城镇化的不断推进，城市的聚集能力不断加强，人口迁移与流动也在不断进行，出现了一批人口密集的城市。2014 年 11 月，在国务院印发的《关于调整城市规模划分标准的通知》中对城市进行了划分，指出“城区常住人口 500 万以上、1000 万以下的城市为特大城市。城区常住人口 1000 万以上的城市为超大城市”[①]。依照这个标准，北京、上海等城市为特大城市。2017 年统计数据显示，北京、上海等城市城镇人口占比为 80% 以上，如北京城市人口占 86.50%、上海城市人口占 87.70%。其次是沿海开放省份的一些城市，如广东、浙江、江苏、福建等省，2017 年广东省城市人口占比 69.85%、江苏省城市人口占比 68.76%、浙江省城市人口占比 68.00%、福建省城市人口占比 64.80%。

随着城镇化的发展及户籍制度的不断改革，人口的区域分布结构也不断发生变化，主要有以下几个特点。第一，城镇化推动过程中，土地城镇化的速度往往快于人口城镇化的速度。第二，由于区域经济非均衡发展，人口城镇化在空间上呈现非均衡性特点，时间上呈现稳步递增性，经济发达地区或城市对资源与人口具有更强大的吸引力，城镇化率比较高，人口密度也比较大。第三，随着城镇化的进一步发展，人口开始出现由大城市或中心城市向中小城市或郊区流动的趋势，人口结构在不断地调整与优化之中。

（二）就业结构变迁引发城乡关系理论话语更新

城镇化会带来就业结构的改变，这是一个经典的理论议题。中国正步入快速城市化时期，2018 年，我国城镇常住人口达到 83137 万人，占全国总人口的 59.58%。由此引发的理论话语更新自然是一个可预料的现象。列文斯坦通过对劳动力迁移的研究，提出了城市化进程中人口迁移的主要方向（乡村迁往城市）和大城市对人口迁入的吸纳力度与吸引力大等人口迁移的八大规律。[②] 赫伯尔通过“推－拉”理论，从劳动力的供需视角对人口迁移和城镇化做了解释[③]，而马卜贡杰等认为人口迁移的原因在于整个社会经济文化系统的影响[④]。刘易斯指出，城乡人口会通过劳动力平衡机制实现从工业部门到现代部门的迁移，进而促进经济发展，提高城镇化

---

① 《关于调整城市规模划分标准的通知》，http://news.xinhuanet.com/2014－11/20/c_1113330964.htm，2014 年 11 月 20 日。

② Ravenstein, E. G., “The Laws of Migration,” *Journal of the Statistical Society of London* 48 (1885): 167－235.

③ Heberle, R., “The Causes of Rural-Urban Migration a Survey of German Theories,” *The American Journal of Sociology* 43 (1938): 932－950.

④ 周皓：《我国人口迁移研究的回顾、总结与讨论》，《人口与经济》2002 年第 1 期。

水平。[1] 拉尼斯和费景汉则强调工业资本的增加、技术的进步和农村人口的增长对转移农村剩余劳动力起决定性作用。[2]哈里斯和托达罗认为农村人口城镇化会使得农村的劳动力大量流失。[3]

按照不同的分类方法，就业结构可分为（1）产业结构、职业结构、地区结构、知识结构等[4]；（2）宏观就业结构、中观就业结构和微观就业结构。学术界与政策界通常考察就业的所有制结构、就业的产业结构、就业的地区结构、就业的职业结构、就业的年龄结构、就业的性别结构等[5]。随着城市化的深入，就业结构有一个从低级到高级的发展过程。

1. 产业结构话语：就业结构的演变与发展

如果从产业结构来分析，我们会发现中国的产业结构大体上经历了从“一二三产业结构”到“一三二产业结构”再向“三二一产业结构”转变的历史轨迹。

（1）“一二三产业结构”：改革开放初期（1978～1991 年）的产业结构。这一时期，我国城镇化开始启动，而产业结构则呈现以农业产业为主、非农产业为辅的格局。我国第一产业从业人员比重从 1978 年开始持续下降，由 70.5% 下降到 1991 年的 59.7%，与此同时，第二产业人业人员比重由 1978 年的 17.3% 上升到 1991 年的 21.4%，第三产业人业人员比重由 1978 年的 12.2% 上升到了 1991 年的 18.9%。就业结构仍然保持一大二中三小的“一二三产业结构”模式。

表 7－3　改革开放初期中国就业结构演变

单位:%

年份	第一产业从业人员比重	第二产业从业人员比重	第三产业从业人员比重
1978	70.5	17.3	12.2

① Lewis, W., “Economic Development with Unlimted Supplies of Labour,” *Manchester School of Economic & Social Studies* 12 (1954): 139－191.

② Ranis, G., John, C. H. F., “A Theory of Economic Development,” *The American Economic Review* 51 (1961): 533－565.

③ Harris, J. R., Todaro, M. P., “Migration Unemployment and Development: A Two-Sector Analysis,” *The American Economic Review* 60 (1970): 126－142.

④ 吴晓、王慧等：《我国大城市流动人口就业空间解析：面向农民工的实证研究》，东南大学出版社，2015。

⑤ 袁霓：《中国就业结构现状及其调整》，《改革与战略》2011 年第 12 期。

续表

年份	第一产业从业人员比重	第二产业从业人员比重	第三产业从业人员比重
1981	68.1	18.3	13.6
1984	64	19.9	16.1
1987	60	22.2	17.8
1989	60.1	21.6	18.3
1991	59.7	21.4	18.9

资料来源：根据《中国人口和就业统计年鉴（2018）》数据资料整理。

（2）“三分天下”：就业结构快速调整的1992~2012年

这一时期，我国第一产业从业人员比重迅速下降，由1992年的58.5%下降到2012年的33.6%；第二产业从业人员比重逐渐上升，由1992年的21.7%上升到2012年的30.3%；第三产业从业人员比重增加迅速，由1992年的19.8%上升到2012年的36.1%。到2012年，我国第一、二、三产业从业人员比重分别为33.6%、30.3%、36.1%。三次产业从业人员结构“三分天下”的格局初步形成。

表7-4　改革开放中期中国就业结构演变

单位：%

年份	第一产业从业人员比重	第二产业从业人员比重	第三产业从业人员比重
1992	58.5	21.7	19.8
1995	52.2	23.0	24.8
1998	49.8	23.5	26.7
2001	50.0	22.3	27.7
2004	46.9	22.5	30.6
2006	42.6	25.2	32.2
2007	40.8	26.8	32.4
2009	38.1	27.8	34.1
2011	34.8	29.5	35.7
2012	33.6	30.3	36.1

资料来源：根据《中国人口和就业统计年鉴（2018）》数据资料整理。

（3）具有后工业社会特征的就业结构：服务业从业人员接近或超过50%

丹尼尔·贝尔在其所著的《后工业社会的来临：对社会预测的一项探

索》中指出，后工业社会的就业结构特征大致是社会服务业就业规模超过总就业规模的 50%。[①] 2013 年以后，中国第三产业从业人员规模持续扩大，到 2017 年已经抵近 50%，大致进入后工业社会时代，三大产业就业结构已经完成向“三二一产业结构”转换。城镇化水平与三次产业就业比重存在有机联系。城镇化综合水平提高，第一产业就业比重就会逐渐降低，而第二和第三产业就业比重逐渐上升，最终第三产业就业规模占绝对优势。[②]

表 7－5　全面深化改革后中国就业结构演变

单位：%

年份	第一产业从业人员比重	第二产业从业人员比重	第三产业从业人员比重
2013	31.4	30.1	38.5
2014	29.5	29.9	40.6
2015	28.3	29.3	42.4
2016	27.7	28.8	43.5
2017	27	28.1	44.9

资料来源：根据《中国人口和就业统计年鉴（2018）》数据资料整理。

2. 城乡关系话语：城乡就业结构的演变与发展

中国在很长一段时间内农村就业人口比例远远大于城镇就业人口比例。从城乡分布来看，1952 年我国 88.0% 的就业人口在农村。改革开放以后，我国就业人口不断向城市转移，1978 年全国城镇就业人口占 23.7%，2014 年我国城乡就业结构发生了根本性的改变，城镇就业人口数量首次超过农村就业人口，比重占到 50.9%。

（1）农村劳动力向城市转移（1978～1991 年）

农民工这一概念在这一时期逐步拓展到中国社会的广大领域。从数量上看，城镇就业人口所占比重逐年上升，农村就业人口比重下降，但城乡差距依然巨大。

① 丹尼尔·贝尔：《后工业社会的来临：对社会预测的一项探索》，高铦、王宏周、魏章玲译，商务印书馆，1984。

② 刘艺容、田晓玉：《中国城镇化对就业结构影响的实证分析》，《石家庄经济学院学报》2016 年第 6 期。

表7-6 改革开放初期我国城乡就业情况

单位：万人，%

年份	全国就业人口	城镇就业人口	城镇就业人口比重	农村就业人口	农村就业人口比重
1978	40152	9514	23.7	30638	76.3
1980	42361	10525	24.8	31836	75.2
1982	45295	11428	25.2	33867	74.8
1984	48197	12229	25.4	35968	74.6
1986	51282	13292	25.9	37990	74.1
1988	54334	14267	26.3	40067	73.7
1990	64749	17041	26.3	47708	73.7
1991	65491	17465	26.7	48026	73.3

资料来源：根据《中国人口和就业统计年鉴（2018）》数据资料整理。

（2）非农就业：国家与个人的理性选择（1992～2012年）

农业就业往往与低收入、低发展性相关联，非农就业成为个人与国家的理性选择。这一时期国家出台了相关政策鼓励农村劳动力外出打工、获取相对更多的收入。这一时期城镇就业人口数量及比重进一步上升，农村就业人口数量及比重持续下降，农村出现“留守”“空心”现象。

表7-7 改革开放中期我国城乡就业情况

单位：万人，%

年份	全国就业人口	城镇就业人口	城镇就业人口比重	农村就业人口	农村就业人口比重
1992	66152	17861	27.0	48291	73.0
1995	68065	19040	28.0	49025	72.0
1998	70637	21616	30.6	49021	69.4
2001	72797	24123	33.1	48674	66.9
2004	74264	27293	36.8	46971	63.2
2007	75321	30953	41.1	44368	58.9
2010	76105	34687	45.6	41418	54.4
2012	76704	37102	48.4	39602	51.6

资料来源：根据《中国人口和就业统计年鉴（2018）》数据资料整理。

（3）就业复杂化：全面深化改革时期（2013～2017年）

进入新时期以后，城乡就业趋向复杂化。农村居民中单纯以务农为业的农民已经特别少，大多是"务农＋N"。2014年以后国家推动的精准扶贫战略，更新了农村基础设施，激活了众多相关非农职业。这时所谓的农村就业已不是单纯的农村就业，就业表现出多样性、复杂化。从统计数据上看，城镇就业人口比重仍然逐渐上升，农村就业人口比重持续下降。到2014年，城镇就业人口绝对数量超过农村就业人口绝对数量。

表7－8　全面深化改革时期我国城乡就业情况

单位：万人，%

年份	全国就业人口	城镇就业人口	城镇就业人口比重	农村就业人口	农村就业人口比重
2013	76977	38240	49.7	38737	50.3
2014	77253	39310	50.9	37943	49.1
2015	77451	40410	52.2	37041	47.8
2016	77603	41428	53.4	36175	46.6
2017	77640	42462	54.7	35178	45.3

资料来源：根据《中国人口和就业统计年鉴（2018）》数据资料整理。

3. 城镇就业结构变迁引发复杂性话语

城乡关系良性发展不要求城市停下来等待农村整体赶上，而是构建一个有机体系。这个有机体系由三大体系构成：首先是城乡之间的有机体系，即城市带领、协助农村的发展，保证农村与城市隶属于当代社会整体视域；其次，城市自身构成的体系，即城市内部众多职业，依据国际社会地位经济指数（SESI），构成一个有机的职业地位序列；最后，农村内部也存在一个国际社会地位经济指数构成的体系。最为重要的是农村与城市之间能够实现较为方便的转换。由于城市集中了最优秀的从业者，城市自然承担着职业的更新换代责任，需要引领农村的职业更新与发展。

截至2018年，我国城市总数为661个，包括北京、天津、上海、重庆4个直辖市，副省级市15个，地级市279个，县级市363个。2017年末，城镇就业人员达42462万人。通过历时性分析发现，全国就业结构存在一些明显的特征：城镇集体单位、股份合作单位、国有单位、联营单位的城镇就业人员出现下降趋势；而有限责任公司、股份有限公司、私营企业、港澳台商投资单位及个体就业人员大体上是持续上升。

表7-9 2000~2017年城镇就业人员基本情况

单位：万人

	2000年	2011年	2012年	2013年	2014年	2015年	2016年	2017年
城镇就业人员	34687	35914	37102	38240	39310	40410	41428	42462
国有单位	6516	6704	6839	6365	6312	6208	6170	6064
城镇集体单位	597	603	589	566	537	481	453	406
股份合作单位	156	149	149	108	103	92	86	77
联营单位	36	37	39	25	22	20	18	13
有限责任公司	2613	3269	3787	6069	6315	6389	6381	6367
股份有限公司	1024	1183	1243	1721	1751	1798	1824	1846
私营企业	6071	6912	7557	8242	9857	11180	12083	13327
港澳台商投资单位	770	932	969	1397	1393	1344	1305	1290
外商投资单位	1053	1217	1246	1566	1562	1446	1361	1291
个体就业	4467	5227	5643	6142	7009	7800	8627	9348

资料来源：《中国人口与就业统计年鉴（2018）》。

三 城市居民生活质量提升引发理论话语更新

国外关于生活质量的研究大致有两种范式，一种是以主观的需求满足程度或幸福感来测量生活质量，另一种是以客观的生活条件来测量生活质量。通常来说，生活质量评价体系包括经济学、社会学和心理学三个层面的评价指标，如人均国民收入、人均可支配收入、人均消费支出、人均住房面积等经济学指标，教育、健康、文化休闲方面等社会学指标，还有对社会进步与经济发展的主观感受、收入满意度、教育满意度等心理学指标。[①] 有学者认为生活质量主要应该包括物质、精神生活状态，价值实现和幸福感，生活条件和环境质量三个方面[②]；也有学者认为生活质量包括

① 尹继佐：《2003年上海社会发展蓝皮书：提高城市的生活质量》，上海社会科学院出版社，2002，第20~24页。

② 叶南客：《当代城市居民生活质量的现状和评估》，《社会》1991年第7期。

物质生活水平、居住条件等客观方面和生活满意度、主观幸福感等主观方面[①]。也有学者将生活质量界定为个体的躯体健康、心理健康、社会功能和物质生活四个维度。[②] 因此，无论是将生活质量分为多少个维度，生活质量都不是以单纯的经济收入、物质水平来衡量的，除了物质等客观方面以外，还应该包括人的主观感受，即一个人经济收入高，并不代表其生活质量就高，还应该考虑其对生活的主观感受。

随着我国经济的发展、人民生活水平的提高，以及社会和人的全面发展，人们对生活质量的关注也越来越多。有学者通过收入满意度、消费满意度和教育满意度等心理学指标来反映人们对经济发展和社会进步的主观感受，主要是对情感层面的生活质量进行评价。[③] 另有学者以此为基础，从收入、消费、教育、居住、健康、生活设施、文化休闲、社会治安、社会保障和生态环境 10 个领域遴选了 64 个评价指标（包括 49 个客观评价指标和 15 个主观评价指标），构成了中国城市居民生活质量的第一轮评价体系。[④] 也有学者将生活质量划分为职业生活质量和社会生活质量，其中职业方面的生活质量主要是指和同事的关系、和领导的关系、劳动方式强度、工作环境条件、工作福利待遇、职业声望、技术难度、职权范围、晋级机会、本单位改革情况 10 个项目，而社会生活质量主要是指物质、文化生活各方面的项目。[⑤] 尽管学术界有不同的观点，但是总体上，我国城镇居民生活质量主要表现在以下几个方面。

（一）城镇居民人均可支配收入提升引发城乡关系新议题

2011 年以来，我国城镇居民收入稳步增长，生活质量得到明显改善。2011～2018 年我国城镇居民人均可支配收入分别为 21810 元、24565 元、26955 元、28844 元、31995 元、33616 元、36396 元和 39251 元，各年分别比上年实际增长 8.4%、9.6%、7.0%、6.8%、6.6%、5.6%、6.5% 和

① 孙伶俐：《城市居民生活质量研究的几个问题》，《党史文苑》2013 年第 8 期。

② 汪向东等编《心理卫生评定量表手册》（增订版），中国心理卫生杂志社，1999，第 88～100 页。

③ 尹继佐：《2003 年上海社会发展蓝皮书：提高城市的生活质量》，上海社会科学院出版社，2002，第 20～24 页。

④ 范柏乃：《我国城市居民生活质量评价体系的构建与实际测度》，《浙江大学学报》2006 年第 4 期。

⑤ 叶南客：《当代城市居民生活质量的现状和评估》，《社会》1991 年第 7 期。

5.6%，年均实际增长 7.2%。2018 年的城镇居民人均可支配收入比 2011 年增加了 17441 元，但是不同地域城市之间及城市居民不同阶层之间差距依然很大。如国家统计局公布的数据显示，2011 年，我国城镇居民人均可支配收入为 21810 元，比上年实际增长 8.4%；上海城镇居民人均可支配收入为 36230 元，北京城镇居民人均可支配收入为 32903 元，浙江城镇居民人均可支配收入为 30971 元，三省市的人均可支配收入均突破了 30000 元，排名前三。青海、新疆、甘肃等西部省区的城镇居民人均可支配收入相对较低，分别为 15603 元、15514 元、14989 元。从增幅来看，海南、安徽、贵州、陕西、山西、四川、辽宁、重庆、吉林、内蒙古、江苏、宁夏、福建、湖北、山东 15 省（区、市）的 2011 年人均可支配收入增幅超过了全国增幅 14.1%。其中，海南增幅最高，为 17.9%。

表 7－10　2013～2017 年城镇居民按地区分组人均可支配收入

单位：元

地区分组	2013 年	2014 年	2015 年	2016 年	2017 年
东部地区	31152.4	33905.4	36691.3	39651	42989.8
中部地区	22664.7	24733.3	26809.6	28879.3	31293.8
西部地区	22362.8	24390.6	26473.1	28609.7	30986.9
东北地区	23507.2	25578.9	27399.6	29045.1	30959.5

资料来源：《中国统计年鉴（2018）》。

另外，如果按家庭不同收入分组，居民的人均可支配收入之间的差异就更大。城镇居民人均可支配收入按五等份分组情况见表 7－11。

表 7－11　2013～2017 年城镇居民人均可支配收入按五等份分组

单位：元

五等份分组	2013 年	2014 年	2015 年	2016 年	2017 年
低收入户（20%）	9895.9	11219.3	12230.9	13004.1	13723.1
中等偏下户（20%）	17628.1	19650.5	21446.2	23054.9	24455.1
中等收入户（20%）	24172.9	26650.6	29105.2	31521.8	33781.3
中等偏上户（20%）	32613.8	35631.2	38572.4	41805.6	45163.4
高收入户（20%）	57762.1	61615.0	65082.2	70347.8	77097.2

资料来源：《中国统计年鉴（2018）》。

（二）城镇居民住房利益变迁引发城乡关系新议题

李斌研究发现，“中国城市 40 年的住房改革较好地实现了效率目标，解决了城市住房的短缺问题，让住房资源步入富足状态；住房制度改革实践在多个方面实现了中国社会理论的创新，印证了‘渐进性改革’在效率上的合适性。不过，由于40 年住房改革过度强调住房的商品化与产权，政府对土地出让金的追求、银行货币政策变动以及‘渐进性改革’本身的缺陷，住房改革过程累积了分化”①。

以湘潭市高新区为例，我们调查发现，81.7% 的受访者自己拥有住房，只有 6.1% 的受访者目前承租他人的房产，11.2% 的受访者承租政府房产。18.5% 的受访者拥有两处及以上房产，不过没有房产的家庭占比也达到了 13.7% 。

城市住房已经成为城市排斥外来者的一个重要工具，对于一线城市而言，是否拥有房产甚至是社会阶层分类的核心变量。它目前已经成为城乡关系协调发展的巨大障碍，由此引发的理论话题已经跨越了城乡关系界限。

（三）城镇居民消费能力提升引发城乡关系新议题

城镇居民消费能力提升会引发理论性的话题。近年来，城镇居民的消费支出不断提升。2008 ~2018 年城镇居民人均消费支出逐年提升，分别是 11243 元、12265 元、13472 元、15160 元、16674 元、18488 元、19968 元、21392 元、23079 元、24445 元和 26112 元。这样的涨幅远远超过农村居民的人均消费支出。城镇居民家庭消费种类可分为八大类，分别是食品、衣着、家庭设备用品及维修服务、医疗保健、交通通信、文娱教育及服务、居住、其他商品和服务。② 随着城镇居民消费支出的增长，城镇居民消费结构也发生了变化。在居民消费支出的如食品、衣着、居住、交通通信、文娱教育及服务等中，满足居民基本生存需要的食品、衣着等的消费支出比重下降，而满足发展性需要或享受需要的居住、文娱教育及服务、交通通信等消费支出比重则快速上升。

我国 1978 年城镇居民人均消费支出为 311 元，恩格尔系数为 57.5%，

---

① 李斌：《分化与效率：中国城市住房改革 40 年》，《学术前沿》2018 年第 11 期。

② 中华人民共和国国家统计局编《中国统计年鉴（2012）》，中国统计出版社，2013。

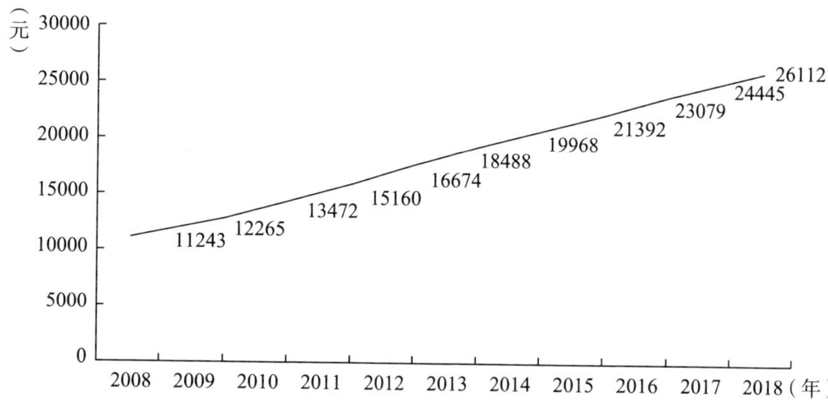

图 7－1　2008～2018 年城镇居民人均消费支出

到2018 年，恩格尔系数下降到了27.7%。我国城镇居民的恩格尔系数，1978～1995 年在50%～59%波动，1995～1999 年在40%～50%波动，2000～2014 年在30%～40%波动，从 2015 年开始，城镇居民的恩格尔系数首次降到30%以下。从城乡居民恩格尔系数变迁来看，我国 2000～2018 年城乡居民的恩格尔系数在逐渐接近，从 2000 年相差 9.7 个百分点，下降到 2018 年的相差 2.4 个百分点。这说明城乡关系已经变成一种融合的关系。

表 7－12　2000～2018 年城乡居民恩格尔系数

单位：%

年份	城镇居民恩格尔系数	农村居民恩格尔系数
2000	39.4	49.1
2002	37.7	46.2
2004	37.7	47.2
2006	35.8	43
2008	37.9	43.7
2010	35.7	41.1
2012	36.2	39.3
2014	30	33.5
2016	29.3	32.2
2017	28.6	31.2
2018	27.7	30.1

资料来源：根据 2000～2018 年《中国统计年鉴》整理。

（四）城市社区行动引发城乡关系新议题

社区公共空间的充足程度会影响居民的生活满意度，如果社区公共空间充足，则有利于提高居民对社区活动参与的积极性，同时提升其对生活的主观幸福感和生活质量。另一方面，社区基础设施的完善程度以及居民的社区参与意愿与行动在一定程度上是居民生活质量水平的体现。社区参与是一种公众的参与，意味着社区居民对社区责任的分担和成果的共享，它使每一位居民都有机会为谋取社区共同利益而施展和贡献自己的才能。在具体的调查中，涉及了居民的社区参与意愿及社区参与行动两方面，活动具体形式包括社区环境保护活动、社区志愿服务活动、社区科技教育活动、社区公共安全教育活动、社区文化娱乐活动、社区文明风尚评比活动、社区公益活动、社区就业创业活动及社区青少年教育活动九种。结果显示，居民对上述九种社区活动形式的参与意愿都比较强。如非常希望举办活动的比例在 20% ~30%，比较希望举办活动的比例在 40% 左右，不太希望举办这九类活动的比例都在 3% ~4%，很不希望举办的比例均不足 1%。可见，社区居民对社区活动的诉求都是比较强的。其中，受访者对社区文化娱乐活动的诉求又是最高的，非常希望举办社区文化娱乐活动的占比达 30.5%，比较希望举办社区文化娱乐活动的占比达 41.2%，详见图 7 -2。

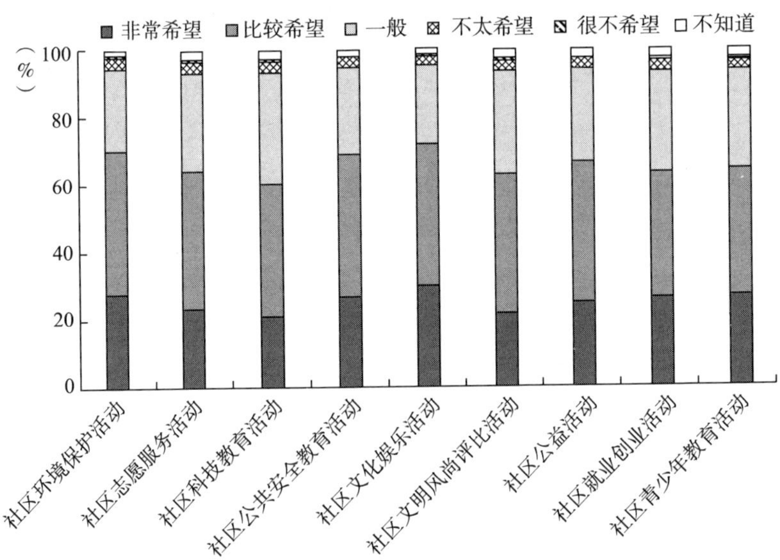

图 7 -2　高新区居民对社区活动举办期待程度统计

在社区参与行动方面，当被问到“是否愿意参加社区举办的活动”时，受访者对这九类问题的回答与前面的回答稍有差异，非常愿意参加这九类活动的比例比非常希望举办的比例均要低 4 个百分点左右，比较愿意参加的比例比比较希望举办的比例低 1 ~ 2 个百分点。相反，比较不愿意参加的比例比不太希望举办的比例高3 ~ 4个百分点，非常不愿意参加的比例比很不希望举办的比例高 1 个百分点左右。由此可见，虽然居民对社区活动举办的诉求比较强，但囿于各种主客观因素，可能不太会参与到活动中来。

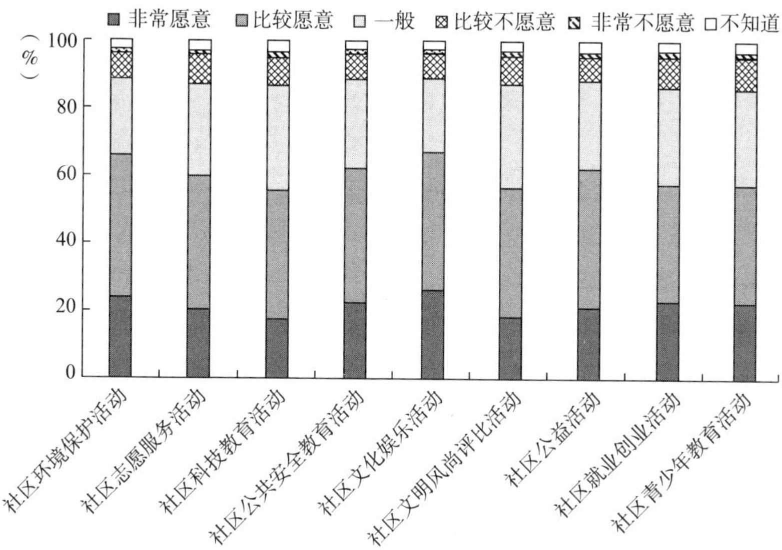

图 7-3 高新区居民参与社区活动积极程度统计

因此，提升居民物质生活水平、改善社区基础设施有利于提升居民的社区参与行动。因为只有最基本的生存需要获得满足，才能追求更高的精神需要。

社区基础设施是社区发展的物质基础，是持续地保障社区可持续发展的一个关键性设施。在本地基础设施需求中，受访者对供水、供电、供气的满足程度是最高的，93.1% 的受访者认为供电能够满足需求，84.9% 的受访者认为供水能够满足需求，90.8% 的受访者认为供气能够满足需求。而受访者对社区的体育锻炼、文娱场所、医务室等需求满足程度则相对较低，52.1% 的受访者认为体育锻炼设施需要改善，55.5% 的受访者认为文娱场所设施需要改善，54.1% 的受访者认为医务室设施需要改善。因而在社区今后的基础设施建设过程中，应当注意加强这些方面设施的建设和改进，以满足更多社区居民的生活需要，提升居民生活质量。

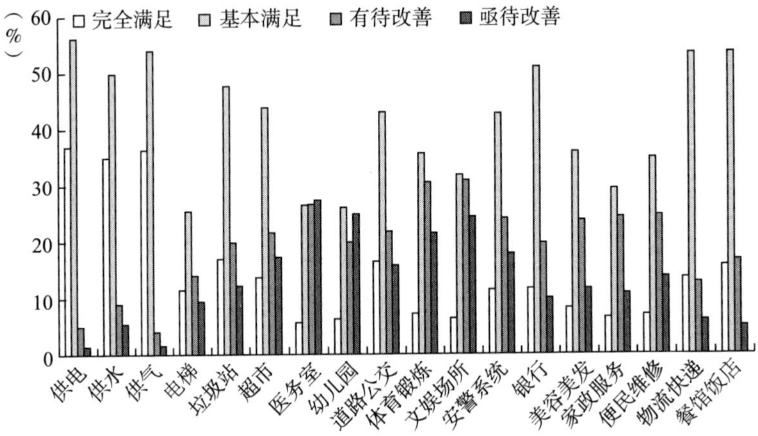

图 7－4　高新区居民对社区基础设施满足程度统计

四　小结与讨论

城镇化作为一种社会历史现象，既是物质文明进步的体现，也是精神文明前进的动力。城镇化作为一种历史过程，不仅是一个城镇数量增加与规模扩大的过程，同时也是一个城镇结构和功能转变的过程。伴随着城镇化进程，我国城镇人口数量快速增长，就业结构完成了从农业到非农产业的转变，居民生活质量大幅度提高，整体上达到某些发达国家水平。不可否认，在城镇化与城市空间生产的过程中，由于我国区域经济发展的不平衡、不充分，城乡之间、城市与城市之间，甚至城市内部群体之间在人口结构、就业结构及生活质量等方面均存在差距及不公平的现象。因此，新型城镇化背景下的城市空间生产应该超越旧有的城市空间生产逻辑，从我国国情出发，认清我国社会主要矛盾，坚持空间正义原则、坚持城市创新性引领城市发展，以面向人们美好幸福生活为逻辑，走向包容、正义的城市空间。

（一）城市空间生产要面向人民美好幸福生活

城市空间是人们生活与工作的重要场所，从现有的城市空间来看，空间城镇化与人口城镇化的不协调发展，城市与城市、城市内部不同群体之间的不协调发展及生活质量还存在一定的差距。党的十九大报告指出，我国社会的主要矛盾已经转化为人民日益增长的美好生活需要和不平衡不充分的发展之间的矛盾。

随着我国经济水平的发展，我国居民的收入结构和消费结构都发生了变迁，由此可知，当人们的衣食住行等物质生活得到满足以后，便开始关注舒适的生态环境、追求精神上的满足。因此，我国新时代美好生活理念是符合人们对生活价值的追求的。因此，新时代新型城镇化背景下的城市空间生产应以美好幸福生活的价值理念来引领，将面向美好幸福生活作为城市空间生产的新逻辑①，打破以权力、资本为导向的城市空间生产逻辑，在关注城市经济总量增长的基础上，要以人为本、尊重每一位公民的各项空间权益，建构公平正义的、人人共享的城市空间，让人民有幸福感和获得感，实现人们对美好幸福生活的理想目标。

（二）城市空间生产要坚持空间的公平正义

现代城市空间的发展应该是平衡协调、公平正义的发展。现代城市空间应该是具有包容性、共建共治共享特征的空间。1981 年党的十一届六中全会将我国社会主要矛盾表述为“人民日益增长的物质文化需要同落后的社会生产之间的矛盾”，这是基于当时社会生产力落后的现实提出来的。随着我国生产力的发展、人民生活水平的提高，我国社会主要矛盾发生了根本性的变化，党的十九大报告提出，我国社会主要矛盾已经转化为人民日益增长的美好生活需要和不平衡不充分的发展之间的矛盾。城镇化过程中城乡发展的不平衡、区域经济发展的不平衡等都是发展不平衡不充分的表现。在我国的城市空间生产中，如何实现城市空间生产的公平正义，是我们在城市空间生产过程中必须重视的问题。列斐伏尔指出：“空间里弥漫着社会关系，它不仅被社会关系支持，也被社会关系所生产。”② 马尔库塞也认为，空间不正义是广义上的社会不正义的衍生物，这种不正义体现在将不情愿受限的群体限制在特定的空间以及进行不平等的资源分配。长期以来，我国城乡二元分割的户籍制度、土地制度、教育制度以及住房、就业造成了我国城乡空间的不平等，而新型城镇化的快速推进是推进城乡

① 谭玉妮：《面向美好生活：城市空间生产的新逻辑》，《天水行政学院学报》2019 年第 1 期。

② 转引自罗岗《再生与毁灭之地——上海的殖民经验与空间生产》，《书城》2003 年第9 期。

融合发展、实现空间平等的重要途径。因此，在城市空间规划与发展过程中，要坚持城乡一体化、区域协同发展、合理规划，改变资本、权力主导的空间生产逻辑，政府在政策设计上要加大对中小城市及弱势群体的帮扶，要引领大城市的资源与人才，要反哺中小城市，满足全体人民群体的空间需求，构建合理的城市空间，融入人的情感与思想，使城市发展更加人性化。政府应建立包容性的城市制度体系，通过培育社会组织，扩大居民参与的平等权，激活社会多种主体力量参与城市建设和规划，城建规划要打破空间隔离，实现资源共享，最终实现城市空间的公平正义。

（三）城市空间生产要坚持城市创新性、引领性

创新是人类进步的不竭动力，它不仅是城市发展的驱动者，更是城市发展的引领者。城市作为人们生活生产的空间，是“现代性”在空间上的呈现。“城市现代性”是对现代城市的现代化发展状态及其后果的一种理论表述，表现了城市由传统向现代变迁的结果，既概括出城市现代化的本质特征，又从思想观念与具体行为方式上把握城市现代化的内在属性，以及描绘出现代城市的“现代人”所应具有的时代意识与精神。[①] 新时代城市空间生产应坚持以创造性引领现代城市发展。首先是制度与观念创新。长期以来的城乡二元制度不利于城市高质量的发展，应打破制度壁垒，将我国大城市特别是特大城市集中的优质资源适当地向中小城市或城镇分散，实现区域之间、城市内部资源的均衡协调分配，这些离不开制度与观念的创新。其次是产业创新。城市的产业创新是城市活力增长的决定性因素，也是城市经济的支柱，在城市空间生产过程中应该继续加大对传统产业结构的调整与优化，加大对新兴产业的培育力度，淘汰夕阳产业，加快集群产业的形成。最后是文化创新。在城市发展过程中，文化是赋予城市独特魅力与创造力的关键所在，是引领城市发展方向的关键所在，是城市发展的内生力和外向力的关键所在。[②] 新时代城市空间的生产应该坚持城市文化创新性，引领城市发展方向，通过各方面的创新建构创新型城市，推动城市可持续发展。

---

① 潘泽泉、刘丽娟：《空间生产与重构：城市现代性与中国城市转型发展》，《学术研究》2019 年第 2 期。

② 刘凌宏：《城市文化的创新与引领》，《建筑与文化》2016 年第 6 期。

第八章　社区治理：城乡关系的公共话语

一　核心概念与理论基础：城乡关系的公共话语

“社区”是一个极富争议的概念，自斐迪南·滕尼斯首次提出这一概念到1981年，华人社会学家杨庆堃已检索出140多种社区定义。[①] 自20世纪20年代美国芝加哥学派成立以来，社会学家开始关注城市及城市社区的研究。此时有关城市及社区的研究主要集中于社区居民之间的关系和社区权力资源分配两个方面。关于社区，最早对其做出释义的是斐迪南·滕尼斯。他认为社区是以共同的情感因素为纽带，或基于相似的价值观念，或基于传统的血缘关系。社区内部并不会刻意地强调约束性、法制性等具有规范性的条款。社区发展的基础是宗法礼俗，社区是基于情感联结的共同体，社区成员对社区具有强烈的身份认同感与归属感。涂尔干认为，社区的形成依赖于成员的共同精神，集体意识将分散的个体凝聚到一起，在集体意识的感召下，个体归属感得以强化。地缘、乡缘、亲缘等是促进社区建构的主要因素。早期学者对社区的释义融入了传统社会的定义。与此同时，不同的学者从自身的学科出发延伸和拓展了社区的概念。桑德斯和伯纳德以系统性学派的视角明晰了社区的构成要素，主要包括人口、社会系统与自治机构。系统性学派的观点认为，人口、社会系统和自治机构作为构成社区的主要因素，其不是相互制约的联合体，相反各个要素之间相互独立，各自发挥其功能。

---

① 徐永祥：《社区发展论》，华东理工大学出版社，2000，第31页。

20 世纪 90 年代，经济学、管理学等学科开始将“治理”一词运用到学科研究领域中。全球治理委员会于 1995 年发表的《我们的全球伙伴关系》明确定义了治理的概念，并对其内涵及外延做出解析。治理是各种公共的或私人的个人或机构管理其共同事务的诸多方式的总和。因此，治理往往被阐释为“没有政府统治的治理”、多中心治理、合作治理等。治理一词的提出与运用，是以现当代社会发展的现状为着力点，结合了政治学、社会学、管理学等相关学科的理论内涵，代表了社会管理与改革的目标与路径。治理并不是单一的群体性行为，其倡导社会各阶层的同策同力，强调社区成员及管理组织的相互配合、共同处理社区生活事务，从而不断提高社区治理效用程度。随着城市的不断发展，管理机构及城市居民对社区治理的内涵及思路的认识不断深化，现行的社区治理路径区别于过去管理机构粗放式的国家至上的思维模式，其将社区治理与社会发展、理论创新、实践经验等现实因素相结合，并把社区差异性、成员主动性、路径多样性等纳入城市社区的治理模式中。城市社区治理的思路代表着现当代社会管理的全新理念，城市社区治理的成效明显突出。创新城市社区治理是城市转型与现代化建设的题中之义，更为社会群体共享发展成果拓展了空间。

全球治理委员会认为治理的基本特征主要有：治理是一个动态变化的过程，并不是单纯的规则化的行为；治理强调协调合作而不是控制；治理的范围不仅包括公共领域也涉及私人领域；治理是一种持续的互动，而非正式的制度安排。社区治理则是治理理念在社区层面的应用，或者说是对社区范围内的公共事务进行治理的过程。社区治理是在社会利益多元化时代社区公共管理的新理念。治理最为基础和最为重要的空间就是社区，社区是整个社会治理体系的基石。① 社区治理是社会管理的组成部分，良好的城市社区治理为现代社会管理与发展奠定了坚实的基础。城市社区治理的实践为创新管理体制提供了实地经验与数据参照，检验着社会组织机构在社区发展过程中的服务水平，同时城市社区成员的公民意识及参与精神不断深化。社区治理有两个方面的含义：一是静态的治理结构，强调宏观层面的治理和作为制度安排的治理，在治理的过程中，政府发挥主要力

---

① 郎友兴、葛俊良：《让基层治理有效地运行起来：基于社区的治理》，《浙江社会科学》2014 年第 7 期。

量，地方扮演制度和政策的执行角色；二是动态的治理过程，在这个过程中，政府、企业、公民团体和公益机构等社会组织共同配合，各个团体之间具有严格的等级关系，多元主体通过协商合作、参与对话等形式实现利益诉求。

全球化与治理理论的兴起为社区治理的模式演进提供了新的实践视角。治理理论的研究成果逐渐被运用到社会管理实践中，国家与社会角色的转变要求社区治理调整管理模式、适应现代城市发展水平、满足社区成员的现实需求。在社会生活的各个领域中，非政府组织、社会公民团体、网络空间组织等非正式社会力量影响着社区治理的进程。在某种程度上，非正式的公民组织推动了社区治理权力的分化，打破了权力中心化的治理模式。多元主体主动参与社区治理体系，并扮演着重要的管理角色。社区治理由单一力量的刚性管理向多中心放权式的柔性互动转变，此种转变肯定了非正式力量在社区治理过程中的作用，社区治理被视为寻求经济问题社会性解决的方案，从而使社区治理的模式及路径得以拓展，并呈现多样化特征，这对社区管理具有一定的促进作用。

社区治理就是通过一系列合理合法的方式方法对所在区域内事务实施有效性管理，而管理者可以是政府，也可以是非政府组织抑或是居民社区。现代社区治理在社区理论发展进程中，已经摆脱了传统社区治理模式。其发展以现代国家与社会为基础，并将公民精神予以深化。公民参与政府管理并形成良性的互动关系，两者通过发挥各自的力量，将社区治理不断引向更加合理、更加有效的道路，为了共同的利益团结协作、一起努力，最终加快民主化进程。

1986 年，民政部首次将“社区”的概念运用到城市发展与治理的进程中，将社区工作以社会服务的形式在社区中开展。1989 年，社区服务的概念被第一次纳入法律条款。2000 年 12 月，中共中央办公厅和国务院办公厅转发了民政部《关于在全国推进城市社区建设的意见》，标志着中国城市基层社会体制改革的全面启动。

此时社区建设和社区服务工作的重点主要是把以前覆盖的公共空间“让予”给社会，使“社区”成为一个独立的社会主体。我国城市社区演进有其自身发展的逻辑，社区自治日益成为社区建设的目标取向，随着社区不断发育成熟，社区治理的模式也正在逐步形成。

城市社会学认为，社区的规模与居民对社区认同感的程度呈负相关关系。美国社会学家格林鲍姆在研究中认为，社区居民在居住与认识交往上存在着“距离衰减”的规律。根据社区规模与居民认同程度，社会学家亨特和沙特斯将社区的类型分为四个层次，即面对面的街区、受保护的邻里关系、有限责任的社区和有限责任的扩大社区。日本社区的规模和社会组织建设也是遵照利于社会交往的原则。这种距离的观点对于我国社区建设规划和管理有着极大的指导作用。

党的十八届三中全会提出“推进国家治理体系和治理能力现代化”。习近平总书记强调：“国家治理体系和治理能力是一个国家制度和制度执行能力的集中体现，两者相辅相成。”① 党的十八届五中全会强调，要“加强和创新社会治理，推进社会治理精细化，构建全民共建共享的社会治理格局”。党的十九大报告更是对国家治理体系和治理能力现代化的时间点与路线做出了规划。②

2017 年 6 月，中共中央、国务院正式出台《关于加强和完善城乡社区治理的意见》，强调“城乡社区是国家治理的基本单元”“要积极推进城乡社区治理理论创新、实践创新、制度创新”。党的十九大报告提出要“打造共建共治共享的社会治理格局”的同时，也强调“加强社区治理体系建设、推动社会治理重心向基层下移，发挥社会组织作用，实现政府治理和社会调节、居民自治良性互动”。一系列的政策所体现的是国家推进社区治理进而推进落实国家治理的战略规划，社区治理是国家现代治理体系的重要组成部分。

在社区治理的进程中，不同的社区主体围绕社区居民共同关注的问题，发挥主体优势，共同处理社区公共事务，促进社区管理与社区发展的良性互动。目前，我国在城市社区建设发展进程中取得了长足的进步，但社区的良好治理也面临着诸多困境，如权力组织的定位不清晰、治理的外部条件不足、文化核心价值解构等问题。

---

① 习近平：《完善和发展中国特色社会主义制度，推进国家治理体系和治理能力现代化》，http://cpc.people.com.cn/n/2014/0218/c64094-24387048.html，2014 年 2 月 18 日。

② 刘鹏：《十九大报告：大力推进国家治理现代化的宣言书》，http://theory.gmw.cn/2017-10/18/content_26543106.htm，2017 年 10 月 18 日。

二 社区治理逻辑：城乡协调的理论选择与争执

中国基层社区治理的理念与探索基于早期非正式与非制度性的村规民约、族规家训等，此类制度的形成与其作用的发挥奠定了我国社区治理的实践基础。2000 年俞可平教授的著作《治理与善治》的出版，推动了中国基层社区的民主治理进程，社会治理自此成为社会治理研究的新视角。治理单元细化与下沉，反映着社区治理的格局转变。社区治理过程的转变实际上调动着社区治理主体与多元利益主体之间的公共权力与资源的配置与协调。它所要创造的社会结构和秩序不能由外部强加，而是要依靠多种相互发生影响的行为者的互动来发生作用。① 社区治理理念要求多元主体与政府之间保持合作、协商、沟通等更加民主、公平的关系，促进社区公共事务的处理进程。多元主体社区治理模式的形成平衡了政府单一主体在社区治理重心上的失衡，在一定程度上优化着顶层制度设计。社区治理路径的分化体现了社区治理发展的思路。现有的社区管理模式是基于治理理论、公民社会理论、新公共服务理论、多元主义理论等理论框架与实践，各个社区管理模式强调以理论为基础，并在实践的空间中不断调整策略，以更好地发挥社区治理理论的指导作用。

传统政治学的自治理论主要强调行为主体的“自主权”，学术界将这种理论引入社区自治研究中，推导出这样一个结论：社区自治就是社区居民通过选举产生的自治组织来管理社区公共事务。② 自治理论的核心观点是在法律与政策允许的边界范围内，充分发挥社区居民、社会机构等其他第三方主体的参与能动性，将社区纳入自我管理、自我建设、自我发展的路径中。自治理论将政府的管理权力予以分散，社区自治组织成为单独的力量团体。社区管理权力的下沉与扩散、社区自治主体的扩展，在一定程度上增强了社区治理的力量，构建了行政管理权力与公民自治权力的合作空间。但这种理论的弊端在于权力的分化与权力均衡、权力监管之间的冲

---

① Kooiman, Vliet, *Modern Governance*: *Management Society Interractious* (London: Sage Publisher Co., 1995).

② 吴法、邹静琴：《农村社区管理体制创新的理论资源与实践模式探讨》，《山东科技大学学报》2007 年第 4 期。

突，缺乏监管和引导的自治致使社区自治陷入权力滥用和多元主体无权可用的情形。

新公共管理理论认为，在社区管理方面，政府起着引导作用，充分授权给基层社区，社区具有公共利益和公共责任的性质，采用民主参与方式来自我管理社区。[①] 在我国基层社区治理和社区服务体系改革的背景下，新公共管理理论强调了政府的行政力量在社区治理进程中的中心作用，要求政府重新定位公共服务角色，通过确定政府职责范围、明确权责等方式，实现社区治理工作的有效开展。新公共管理理论的建构强化了社区治理以政府权力为核心的制度体系。在新公共管理理论的指导下，政府职能得以有效落实，行政权力在公共资源的配置及公共服务方面发挥着强有力的协调作用。但新公共管理理论强调行政权力及政府职能的核心地位，社区主体并未参与社区治理行为，政策执行与社区公民之间的鸿沟逐渐扩大，治理政策及管理制度并不能予以充分实施，此时社区治理的实践极易落后于治理政策。公民自主意识的力量无法形成有效的现实自治行为，致使社区主体被动地参与社区管理。社区主体自治意识的弱化影响着社区治理的效果。

20 世纪 90 年代，治理理论在全球化发展实践体系中迎合了时代发展潮流，逐渐成为社会管理的主要理论之一，为社区管理提供了新的理论范式。1995 年《我们的全球伙伴关系》研究报告诠释了治理的核心内容，治理的领域并不局限于公共领域，私有化的管理机构依然具有治理的意义。治理是管理社会事务的方式总和，是使相互冲突的或不同的利益得以调和并且采取联合行动的持续的过程，既包括有权迫使冲突的或不同的利益得以调和并且采取联合行动的持续的过程，也包括有权迫使人们服从正式制度和规则，也包括各种人们同意或以为符合其利益的非正式的制度安排。[②] 与传统事务社区治理不同，现代治理注重多元主体的力量，认为治理是多元主体互相配合管理公共事务或协调不同利益主体的社会诉求。主体的多元化促使管理机制的多样化，单一行政管理的体系融合了多元主体的参与力量，自上而下与自下而上的权利与义务的互相流动，打破了社区治理的

---

① 戴维·奥斯本等：《改革政府：企业家精神如何改革公共部门》，周敦仁译，译文出版社，2006，第 6 ~ 8 页。

② 罗中枢、王卓：《公民社会与农村社区治理》，社会科学文献出版社，2010，第 182 页。

局限性。多元主体的参与、政府行政中心的解构、民主自治意识的强化引导着社区治理的新模式选择。公共部门、私营部门、盈利部门和非盈利部门之间逐渐形成了一种更加高效的沟通方式，部分职能的替代与分化，促使政府与市场、公民在社区治理的实践中能够协调效率与资源之间的互动关系。

（一）善治理论：城乡社区良好关系的话语源泉

治理理论奠定了国家与市场之间互动的基础，但是在某种程度上却无法实现行政性力量的权威性，无法对市场资源进行有效配置，由此，治理理论的局限性充分显现了出来。20 世纪 80 年代在治理理论的局限性中，善治理论逐渐发展完善，并走向追求公共利益最大化的道路。

玛丽－克劳德·斯莫茨（Marie-Claude Smouts）认为，所谓善治应具备四个方面的条件：基于法治社会的管理体系，国家和公民之间保持着相互促进的权责关系；公共管理机构扮演着守门人的角色，公共事务的管理是高效而透明的；行政管理最重要的目的是使公民的权利和义务得以充分实现和履行；公民对公共管理信息的知悉程度，亦即是政治的透明性。[①]善治理论不仅要求国家权力让渡部分行政权力，赋予社会成员更多的参与管理公共事务的可能性，而且将行政管理部门及国家机构与社会成员放置于更加平衡的关系模式中，并不断重构两者之间的关系。随着善治理论的发展与运用，西方发达国家在公共管理体系中形成了社区非营利性组织、社区志愿组织、社区公益服务机构等多重管理架构。

善治理论在我国的发展始于俞可平教授，他认为善治的基础是国家和公民在处理公共事务时，双方秉持的态度是积极而平等的，善治理论体现了国家与公民的合作是相互促进的关系。“善治的本质特征就在于它是政府与公民对公共生活的合作管理，是政治国家与公民社会的一种新颖关系，是两者的最佳状态。”[②] 善治理论的核心内容在于其重新定义了国家和社区公民之间的关系。国家在发挥行政力量促进社区发展的同时，需要社区公民秉持着合作的态度实现双方的合作。善治的基本要素有合法性、透明性、法治性、参与性和公正性等，这些基本要素以显性或隐性的方式影

① 曾峻：《公共管理新论——体系、价值与工具》，人民出版社，2006，第 126 页。

② 俞可平：《治理与善治》，社会科学文献出版社，2000，第 8 页。

响着社区发展的整体进程。社区作为国家基层建设最基础的组成部分，承载着孕育公民自治意识、构建公民社会的重要任务。

善治理论不仅把实现社区的发展作为核心诉求，其最终要实现的是社区公民与国家行政权力之间的和谐共生。当前我国基层社区发展呈现“强行政 + 弱自治”的形态，这种社区发展模式在一定时期内能够有效缩减社区发展的时间跨度，但是从长远来看，社区发展的核心动力仍来自社区居民的内在驱动力，而内在驱动力来自基层群众对社区发展的认知、社区居民对自我价值的认知、公民意识的构建。善治理论注重社区自治要达成的核心目标，旨在实现社区成员自身利益的表达和决策，最终在社区治理的路径中实现“社会协同、公众参与”的管理格局。

（二）参与式管理理论：城乡社区发展动力源泉

参与是指个体对有关事件的介入，并在这个过程中与他人产生互动，同他人平等地对话、交流、处理问题。[①] 参与式管理的核心思想是将社区公民纳入管理体系中，并充分参考管理目的和受管理者特点，按照参与式方法的要求和途径，以受管理者易于参与、接受的方式来实施管理的过程，即通过受管理者的亲身参与、亲自实施而实现管理目标的一种管理方法。在参与式管理理论指导下，社区公民成为社区政策制定、社区政策实施、社区管理评估等公共事务的主要推动者。在这种理论的指导下，社区公民拥有更多的自主权，社区治理的基层力量得以发掘和运用，基层群众成为社区发展、社区管理的主要的、主体的推动力，而行政管理的力量则主要扮演辅助的角色。以人为本的治理理念呈现了社区发展新思路，并区别于以往大政府、小居民的社区发展形态，社区居民的自主能动性得到充分发挥。

纵向的权力下沉营造出自主、双赢、共生的治理氛围，基层群众话语权得以充分彰显，基层群众在社区事务的管理过程中，其态度由被动式的参与向自主选择转变，社区公民对社区治理的认知程度不断提高，公民社区的形态逐渐形成。参与式管理理论与社区治理的结合，开辟了社区发展的新模式，基层社区居民掌握着社区发展的方向，行政管理和指导则处于次中心的位置。基层公民形成了社区自治组织，在自治的路径中，管理者

---

① 邱中慧、吴桂华：《参与式理念在农村社区管理中的应用》，《中共贵州省委党校学报》2010 年第 2 期。

根据社区现实状况，制定相应的配套措施。行政管理力量的分化与社区自治理念的强化，打破了社区居民与行政力量之间的信息不对称的局面，基层居民成为社区发展的主要推动力量。二元分工的管理理念正是以人为本的哲学思想的体现，赋予了基层群众话语权，而行政力量主要发挥辅助作用，二元对立的固有认知形态得以颠覆，弱化了管理者与受管理者的层级划分。

社区成员的积极、主动参与，实现了社区的可持续发展，社区成员能够共享发展的成果。应重视发挥乡土文化、传统组织形式的作用，追求在现有的规则、制度安排以及创新之间巧妙地保持平衡。[①]

（三）社区自组织理论：城乡社区组织化源泉

德国哲学家康德提出了“自组织”的概念，他认为自组织系统的形成依托于整体与部分要素之间的互动，各个要素之间相互独立、相互作用，彼此之间为整体而存在。各要素在互动的过程中形成了循环的因果关系，它们之间因存在完整的逻辑体系而形成稳固的整体存在。

布鲁塞尔学派代表人普利高津（I. Prigogine）创立的耗散结构理论认为，当事物脱离平衡的运行状态时，事物的运行需要与外界事物产生活动或能量的交换，在能量交换的过程中，各个要素之间彼此产生影响。普利高津认为“非平衡是有序之源”，物质在平衡时是“盲目的”，而在远离平衡时才开始“看见”。[②] 事物在非线性的运动中，各要素之间通过自主选择形成有机的结构和功能。“如果一个体系在获得空间的、时间的或功能的结构过程中，没有外界的特定干涉，我们便说该体系是自组织的。”[③]“自组织治理”是“在既定时空范围内，不需要外部力量强制性干预，各种利益相关者通过民主协商，相互增进信任，整合资源，共同治理公共事务的过程，并逐步使共同体进入‘自我维系’状态”[④]。

社区自组织理论在社区治理过程中的运用，首先要求社区体系处于开放的状态，社区事务的管理与决策要完全征求社区居民的意见和建议，此

---

① 邱中慧、吴桂华：《参与式理念在农村社区管理中的应用》，《中共贵州省委党校学报》2010 年第 2 期。

② 普利高津：《确定性的终结：时间、混沌与新自然法则》，湛敏译，上海科技教育出版社，1998，第 50 ~ 51 页。

③ 吴彤：《自组织方法论论纲》，《系统辩证学学报》2001 年第 2 期。

④ 陈伟东：《社区自治：自组织网络与制度设置》，中国社会科学出版社，2004。

时社区管理的主要诉求是维护社区居民的利益，不断满足社区居民的生活需求，兼顾不同生活层次的居民的利益及需求。自组织自治结构的形成需要多个力量中心的协作，多元利益群体的自主性逐渐增强，其积极参与社区自治性管理的公民意识得以强化，社区居民的公民意识、积极投身于社区参与的理念推动着民主自治的实现。自治组织的形成一方面依赖于政府培养的公民民主意识，另一方面仍需行政力量予以监管与规范，提升社区管理者的现代社会精神，弱化强制力量在自治过程中的作用，真正发挥自治理念的能动作用。社区自治模式的实现需要管理者开展类型多样的文化活动、社区体育赛事、社区公益活动等来增强社区内部的沟通与交流。同时从另一方面来讲，社区自治组织若是超越了管理权限范围，当社区利益与市场利益发生冲突时，社区不能仅顾一方利益，而违背市场管理机制干预正常经济活动。

（四）社会资本理论：城乡社区关系源泉

社会资本理论来源于社会网络理论，社会网络理论认为社会是由关系网组成的系统，社会成员之间的互动形成了社会结构和系统，不同的社会阶层所占据的社会资源是相异的。1973 年斯坦福大学社会学教授格兰诺维特（Mark Granovetter）提出了“弱连带优势理论”，他认为强关系背后所依附的环境信息几乎是共享的、重复的，而弱关系往往不是处于同一网络，信息往往是分散的、非重复的。因此，弱关系往往比强关系更具优势。[①] 20 世纪 80 年代法国社会学家布尔迪厄（Pierre Bourdieu）在《社会科学研究》中，首次提出了社会资本的概念，他认为资本是关系网络和资源的集合体，根据资本的呈现特点以及其所代表的资源类型，资本可以被分为经济资本、文化资本和社会资本。这些资本资源同大家共同熟悉或认可的制度化关系的持久网络的占有联系在一起，这一网络是大家共同熟悉且得到大家公认的，并且是一种体制化的关系网络。[②]

社区作为社会管理最基层的载体，其是培养和孕育社会资本最适宜的公共范围。在相对稳固的社区交往中，基层社区成员之间存在十分密切的生活共同体，他们相互信任和支持，社会资本在日常的互动中得以形成。

① Granovetter, Mark, “The Strength of Weak Ties,” *American Journal of Sociology* 78 (1973): 1360 - 1380.

② 黄锐：《社会资本理论综述》，《首都经济贸易大学学报》2007 年第 6 期。

对于社区这种共同体而言，社会资本的主要作用是维持共同体的稳定和行动的相对一致性，增强共同体的认同感，从而提高共同体内部个人或制度的行动效率。[①] 在社区生活交往中，社会资本的形成是自发的，并在不同的社会结构中得以积累，同质的社区生活文化促进了社会资本的创造。社会资本通过社区关系网络、管理制度、现代组织、普遍的信任等纽带，进一步影响着社区信任的培育和公民精神的构建。在社区治理的过程中，管理者可以充分利用积极的社会资本，强化社区居民之间的联系，维护社区秩序和缓解社区冲突。

社会资本的形成依赖于稳定的社区生活结构，而社会的转型和现代化发展会破坏原有的社会资本，却不能同步地自然生成新的社会资本。中国社会目前面临的困境，一是原始性的社会资本已经遭受极大破坏，二是法律等制度性的社会资本尚未普遍建立起来。[②] 随着社会转型的发展，传统社区中原有的血缘、亲缘、地缘、业缘等社会资本关系纽带被割裂，社会交往的准则是以利益为中心的，新的社会交往关系逐渐演化为利益原则和技术理性原则，社会资本开始向浅薄化、利益化方向发展。社区成员之间的原有的社会资本被破坏，但是新型的社会关系资本并未形成稳固的系统，因此由社会资本转型而来的社区矛盾逐渐增多。社区作为基层社会管理载体，社会资本的重构也由此而始。“现代化社会需要以社区的形式维护人类的感情和情操”。[③] 因此，社区建设已成为一种世界范围的运动，实际上是对现代化的一种补救，以重建被侵蚀了的社会资本。[④]

三　社区治理政策：城乡社区优化发展的护航器

政策工具是实现政策目标的载体，它包含了政策的现实部分和隐性的文化形态，是联结政策目标和政策行动的机制，任何一种政策工具都指向明确的目标核心。加拿大公共政策学者霍利特和拉梅什根据政府权力介入

① 赫彦辉、刘威：《社会转型时期的城市基层社区建设——以社会资本为视角》，《南京航空航天大学学报》2006 年第 3 期。

② 奂平清：《社会资本视野中的乡村社区发展》，《社会工作人大复印资料》2009 年第 5 期。

③ 杨团：《推进社区公共服务的经验研究——导入新制度因素的两种方式》，《管理世界》2001 年第 4 期。

④ 奂平清：《社会资本视野中的乡村社区发展》，《社会工作人大复印资料》2009 年第 5 期。

程度的高低，依次将政策工具划分为强制型、混合型和志愿型三种类型。[①]社区治理政策作为社区管理的行政工具，其制定与实施均为实现社区治理与社区发展、为社区居民提供公共产品和服务的手段和方式。政策工具的制定和实施依赖于对政策环境的考察，政策工具选择的最终结果是政策网络中利益相关者之间互动、反复博弈和平衡的结果。[②] 社区治理政策是行政机构为了实现与社区组织、社区居民共同管理社区公共事务，为社区居民提供公共产品和服务的手段与方式。

城市社区是城市社会治理的基本单元。推进国家治理体系和治理能力现代化，关键是要推进基层治理体系和治理能力现代化，城市社区治理现代化是其中的重要内容。社区建设与社区治理政策是国家治理政策在微观层面的现实反映，社区建设与社区治理政策在不同的时代环境下具有不同的选择路径。推进社区建设与社区发展的重点是补齐城市发展短板，推进城市社区发展融合。

社区治理现代化、一体化是实现国家治理现代化的重要体现。我国城乡二元结构的现实要求体现在政策内容上，是要充分体现不同层次社区的现实情况，充分考虑城乡在基层政权组织、社区成员素质水平等方面的差异性。我国社区政策的演进经历了居委会制 - 社区制 - 城乡社区共建三个主要时期。

表 8-1　三个时期出台的文件及其主要特征

时期	主要文件	主要特征
社区管理（1949～1990 年）	《城市街道办事处组织条例》《城市居民委员会组织条例》《城市居民委员会组织法》	居委会制
社区建设（1991～2011 年）	《关于在全国推进城市社区建设的意见》《关于加强和改进社区服务工作的意见》《关于加强和改进城市社区居民委员会建设工作的意见》	社区制
社区治理（2012 年至今）	《关于加强和完善城乡社区治理的意见》《城乡社区服务体系建设规划（2016—2020 年）》	城乡社区共建

我国第一个街道居民委员会的建立开启了我国基层民主制度化建设的

① Howlett, M., Ramesh, M., "Studying Public Policy: Policy Cycles and Policy Subsystems," *American Political Science Association* 91 (2009): 548 - 580.

② 严强：《公共政策学》，社会科学文献出版社，2008。

新探索。1954 年 12 月，全国人民代表大会常务委员会通过《城市居民委员会组织条例》，居委会的性质、地位和作用首次被以法律条文的形式确定。1982 年的《中华人民共和国宪法》明确规定了居民委员会的法律地位，并明晰了居委会在基层社区管理中的地位、性质、作用，指出居民委员会是基层民众自治性组织，服务于基层地区的公共事务，协助维护社区治安，并且向人民政府反映群众的意见、要求和提出建议。1989 年 12 月的《城市居民委员会组织法》确定了城市居民委员会的性质、地位、任务、选举、经费来源等，并第一次把“开展便民利民的社区服务活动”规定为居民委员会的一项主要职责。《城市居民委员会组织法》为城市居民委员会发展提供了法律基础和制度保障。

1948 年末，我国城市共有 58 个。随着解放战争的胜利，大批县城改设为城市。1949 年末，全国城市共有 132 个，其中，地级以上城市 65 个，县级市 67 个；建制镇 2000 个左右。到 2018 年末，我国城市个数达到 672 个，其中，地级以上城市 297 个，县级市 375 个；建制镇 21297 个。《中国城乡建设统计年鉴（2018）》显示，2017 年底全国 31 个省、自治区、直辖市共有 661 个设市城市、1526 个县（含自治县、旗、自治旗、林区、特区）、21116 个建制镇、10529 个乡（含民族乡、苏木、民族苏木）、56 万个行政村。国家统计局发布的《城镇化水平不断提升　城市发展阔步前进——新中国成立 70 周年经济社会发展成就系列报告之十七》显示，新中国成立 70 年来，我国经历了世界历史上规模最大、速度最快的城镇化进程。2018 年末，我国常住人口城镇化率达到 59.58%，较 1949 年末提高 48.94 个百分点，年均提高 0.71 个百分点。户籍人口城镇化率也达到 43.37%，较 2015 年提高 3.47 个百分点，年均提高 1.16 个百分点。

我国社区建设与发展主要表现在城镇化进程的加快、城市社区数量的增加。由于“合乡并村”不断推进，社区的规模布局和公共服务内容出现巨大变化，城市社区过度负载和农村社区建设不足的现象比较突出。我国社区的发展程度与社区政策相辅相成。1991 年，民政部明确提出“社区建设”的概念。此后，我国又相继在天津市河北区、杭州市下城区开展全国社区建设的试点，推进社区建设实践。1998 年，民政部专门设置基层政权和社区建设司，社区建设在全国得以强力推进。而社区建设真正得到制度化推进，则是《民政部关于在全国推进城市社区建设的意见》的出台。

为推进湖南城乡社区治理体系和治理能力现代化，根据党中央、国务院发布的《关于加强和完善城乡社区治理的意见》、湖南省委省政府发布的《关于加强和完善城乡社区治理的实施意见》，2019 年 4 月，省民政厅印发《关于做好 2019 年全国和全省社区治理和服务创新实验区申报创建工作的通知》，决定开展新一轮全省社区治理和服务创新实验区申报创建工作。湖南省民政厅、省委组织部、省司法厅、省财政厅、省农业委、省文明办共同参与制定的《湖南省乡村治理三年行动实施方案（2018—2020）》（以下简称《实施方案》）印发，这是继 2017 年底省委省政府发布《关于加强和完善城乡社区治理的实施意见》、省“两办”《关于加强乡镇政府服务能力建设的实施意见》出台之后，湖南加强和创新基层政权建设和社区治理工作的又一重大举措。《实施方案》明确，全省乡村治理三年行动的总体目标是力争到 2020 年，基本形成基层党组织领导、基层政府主导的多方参与、共同治理的乡村治理体制，基层党组织领导更加有力，村民自治机制更加健全，村级公共服务更加优质，乡风民风更加文明，基层政权更加巩固，和谐有序、绿色文明、创新包容、开放共享的农村“幸福社区”不断涌现，全省乡村治理和服务能力全面提升。

四　治理难题：城乡社区协调发展“痛点”

社区治理是一项系统工程，涉及社区历史与现状、社区治理组织设置与功能定位等层面。社区治理推动了新型社区的发展，并在有关领域取得了实质性进展，然而社区治理的过程并非一帆风顺，也存在着诸多障碍，如社区身份认同障碍、管理服务水平滞后等，这些问题严重制约着新型社区建设的进一步发展。

现阶段我国已经处于中等收入国家行列，人口的城镇化水平已经达到 50%，城镇化建设促进了农村的发展，一定程度上促进了乡镇经济的繁荣，城乡社区结构得以进一步完善。但是在城市带动农村振兴的路径中，城乡之间的隔阂正在产生、居民的身份认同正在失衡。与此同时，城市尤其是大城市普遍出现了人口拥挤、交通拥堵、环境污染、房价高涨等“城市病”。

（一）资金投入不足、来源单一

社区建设与治理所要涵盖的范围不仅仅是单一的省市县，而是包含了所有能够进行社区建构与社区治理的区域。任何项目的实施均需要资金的有力支持，社区治理战略和规划的完成同样需要大量资金作为后备力量。城市与农村在二元体制结构的影响下，社区建设的投资力度以及投资建设方向存在非常大的差距。大多数农村社区的资金数额相对较少，社区治理与社区建设的规划未能够予以充分实施。同时城乡社区治理的资金主要来源于地方政府的财政支持和土地补偿金，从某种角度来看，农村社区资金基本大量空白。尽管不同的省市采用了不同的方法应对资金的问题，但本质上，若是无法实现社区资金的“造血功能”，政府资金的流入只能暂时解决所要面对的问题。在此基础上的社区治理与建设难以达到预期的成效。

（二）农民就业保障与身份认同存在障碍

长期以来，在以征地转居为主要方式的传统城市模式中，农民常处于被动地位。农民在社区治理与城镇化进程中的主体地位被忽视，取而代之的是各级政府，农民成为城镇化被拆迁、被上楼、被转居的配角。城镇化的主体无法下沉，农民面临着就业与失业的双重压力，原有的村庄或社区被拆除和迁移，这就意味着社区居民脱离了原有的土地或生产资料的限制，转而向城镇或城乡接合部转移。因农民土地流失而带来就业保障和生活安置的问题愈显突出。在农村社区中，不健全的社区治理体系致使农民无法依靠农业生活。同时农村劳动力实现城市转移后，农民和市民两种身份的转变使得身份的认同危机程度增加。政府为城镇农民身份的转变与认同制定的相应的政策失灵，无法从根本上拔除农民身份转变的深层次病根。

（三）针对农业转移人口的管理与服务滞后

农村社区和城市社区都会面临管理与服务滞后的问题。新型农村社区的管理和服务水平限制也会制约农村社区的构建与发展。农村村落在社区治理的过程中，面临着失去乡村传统的文化特色和生活组织形态的风险，并且传统农村社区委员会的管理理念已经无法满足当下社区治理实践的需要。许多社区城镇配套政策总体不优、保障不足，失地农民在进城后往往缺乏住房、医疗、养老、就业、教育等涉及切身利益的保障体系。农民生活得不到全面保障，违法圈地、征地现象频繁发生，失地农民不断增加，相当一部分成为无地、无业、无社会保障的“三无”农民。一些地方农民征地补偿和居民拆迁补偿过低，加之截留、挪用征地补偿现象严重，群众利益严重受损。此外，农村社区工作者福利待遇水平低下，不足以吸引综合型人才从事农村社区的治理工作。这就违背了社区治理与发展的现实要求。

当前我国经济社会发展存在的主要矛盾就是城乡二元结构的问题，这个矛盾影响和决定着其他层面的发展。诸如区域发展矛盾，中西部与东部的差距主要聚焦于农村社区。全国城乡居民收入之比为2.7∶1，浙江省为1.7∶1。

（四）社区协商与自治能力不强

城市化进程和流动人口增加冲淡了社区与居民的联系。社区成员之间的沟通与信息交换的频率降低，社区成员之间的疏离感增强。伴随城镇化而来的人口流动，使社区成员处于松散而流动的状态，居民对社区的认同感、归属感不强。城市社区公共事务的管理实践的参与者主要是老年人，中青年人对公共事务的管理积极性不高。大多社区成员只关注自身利益，社区成员诉求难以整合与满足。另一方面社区管理主体之间的合作并不充分，社区居委会、业主委员会和物业机构的矛盾逐渐增多，三者之间互动与沟通较少，致使社区治理策略与规划无法达成一致，社区管理水平明显滞后于社区战略发展的程度。社区文化体系建设相对匮乏，成员无法在社区生活中得到情感的支持。同时社区组织并未真正地进行社区治理实践，在大部分情况下，社会组织在社区治理体系中处于边缘化的地位。社区自治精神的匮乏，加剧了社区管理主体力量不足的局面。近年来社会组织的发展类型主要是文化娱乐类，这一类型的社会组织的专业事务管理与协调能力均有待提高。除此之外，社区协商的机制并未得以有效地执行，社区存在形式主义的风气，为了协商而协商，并且对于协商的最终目标缺乏动态管理的意识，事后持续跟踪、评估和问责机制均未发挥应有的作用。

五 湖南省推进城乡一体化的实践与探索

农村经济学家迈克尔·利普顿提出了“城市偏向理论”。他指出，当今世界穷国的最主要矛盾，既不是资本与劳动的矛盾，也不是外国利益与本国利益的矛盾，而是农村居民与城市居民之间的矛盾。古希腊哲学家亚里士多德说过：“人们来到城市，是为了生活。人们居住在城市，是为了生活得更好。”城乡一体化的实践是顺应世界发展潮流的共同趋势。西方发达国家通过推进经济结构的优化与可持续发展，建立城乡一体化社会结构形态。中国紧跟时代发展潮流，党中央在十六大、十七大以及十八大都对统筹城乡发展做出了重大战略决策。城乡一体化建设的实践逐渐由提出城乡一体化发展战略到健全城乡发展一体化机制，城乡一体化建设的战略更加深入。

湖南作为农业大省，其推进城乡一体化建设显得尤为重要。城乡一体化发展路径的探索成为政府部门工作的中心。湖南省委省政府高度重视城乡一体化工作，提出“四化两型”建设。湖南省依托县域，建立了一批城乡一体化示范县试点，同时全省实施发展县域特色经济强县“五个三”工程，发布了《关于分类指导加快推进全面建成小康社会的意见》，探索出一条以县域经济为节点的城乡发展道路。但是由于城乡发展的二元结构具有深刻的历史缘由，彻底打破城乡发展的二元化形式并不能一朝完成。湖南省城乡一体化建设仍在探索中前进，当前还面临着城乡一体化区域差距较大、城乡资源要素配置失衡、城乡二元经济结构突出、公共服务资源配置上的城乡差距明显、城乡发展面临的环境形势仍然严峻等问题，需要进一步审时度势、因地制宜，按照省委省政府加快推进全面建成小康社会的要求和部署，以促进城乡产业融合、构建现代市场体系、优化公共服务投入结构、完善体制机制为主要抓手，加快推进湖南城乡经济、社会、文化、生态的协调互动与融合发展。

表 8-2 湖南省城乡发展一体化实现程度

单位：%

项目	2010 年	2011 年	2012 年	2013 年	2014 年	2015 年	2016 年	2016 年全国
总指数	9.41	21.29	26.95	33.35	38.41	43.81	49.65	63.77

续表

项目	2010 年	2011 年	2012 年	2013 年	2014 年	2015 年	2016 年	2016 年全国
经济发展一体化	-2.96	8.55	14.61	19.35	24.21	28.21	31.78	60.03
经济发展	-7.83	2.56	11.89	20.27	28.8	38.23	48.65	71.27
产业协调	1.37	12.51	13.75	13.28	14.58	16.40	17.84	57.45
要素配置	-2.42	10.59	18.18	24.50	29.25	30.00	28.83	51.36
社会发展一体化	22.28	41.41	45.41	48.43	49.85	55.69	60.96	53.13
教育均衡发展	55.66	64.08	67.86	67.66	73.52	74.95	79.57	41.94
卫生均衡发展	-15.08	6.94	9.51	13.44	4.73	16.84	19.38	23.44
文化均衡发展	14.79	38.98	43.91	50.73	53.46	58.45	70.31	73.23
社会保障均衡发展	33.74	55.64	60.33	61.89	67.68	72.51	74.59	73.92
生活水平一体化	10.80	17.16	20.86	31.68	39.25	43.57	46.30	66.07
收入消费水平	36.53	45.14	50.83	65.42	77.00	80.34	82.44	72.96
居住卫生条件	-14.94	-10.82	-9.10	-2.07	1.49	6.79	10.17	59.19
生态环境一体化	7.53	18.02	26.93	33.95	40.33	47.76	59.57	75.86
水资源利用	-16.24	-12.82	-9.40	-2.56	3.42	11.11	18.8	50.43
污染物排放	27.17	46.22	58.86	66.73	74.13	80.64	100.00	100.00
环境卫生治理	11.67	20.65	31.34	37.67	43.44	51.54	59.9	77.17

《国家新型城镇化规划（2014—2020）》把城市群建设提到了战略高度，并明确提出要以城市群为主体形态，推动大中小城市和小城镇协调发展；要统筹制定实施城市群规划，建立城市群发展协调机制，加快推进城市一体化进程。这为我们构建区域性城市群、推进区域城市群整合发展指明了方向。湖南省委省政府始终高度重视推进城乡一体化建设。新的发展形势下传统的农村城市化模式已经面临土地指标、相关政策、利益平衡等多方面因素的制约，推动湖南省城乡一体化建设，需要改变传统的政府主导、市场为主力的发展路径，要探索出一条适合本省实际的建设道路。为此，需要在以下路径策略上下功夫。

（一）提升空间内部融合及空间外部融合

坚持分类推进、分步实施的策略。基于湖南省绝大部分国土在县域、人口以县域分布为主，与之相依赖的经济基础根植于县级区域，在不同的地域环境的作用下，不同地区的县域形态呈现层次多样的风貌。因此在推进城乡一体化的进程中，要规划性地推进，切不可一套方案运用于全部县域建设。在各个县域自有的自然禀赋和资源基础上，全省城乡一体化建设要以县域为主战场，积极推进县域城乡一体化，强化嘉禾、湘潭、汉寿、资兴等一批城乡一体化试点示范县市建设，形成示范效应。现阶段促进县域的空间融合，提高县域之间交通、文化、工农业等基础设施资源的互通与流动。同时要将城镇带一体化建设作为带动县域经济发展的重点发展对象。

（二）创新型小城镇的发展

费孝通先生认为，小城镇发展战略是把小城镇发展作为连接城市和农村的有效途径。小城镇有利于实现农村地区农民主体地位，实现以工代农、农村向城市转变和人的城市化。小城镇发展的内生动力来自村镇企业的建立，来自自然状态下农村人口向城市的聚集，而不是失地农民被迫四处打工、权益得不到保护的被动城市化。特色小镇的发展经验应学习借鉴浙江特色小镇的做法，坚持在产业特征层面“特而新”、功能层面“联动强”、形式层面“精而美”、机制层面“优而活”。在特色小镇建设的实践中，余杭梦想小镇、西湖龙坞茶镇、临安云制造小镇、宁波梅山海洋金融小镇、台州仙居神仙氧吧小镇、嘉兴嘉善巧克力甜蜜小镇、绍兴越城黄酒小镇等都可以成为湖南省特色小镇建设可借鉴的经验。特色小镇的建设要遵循“政府规划、市场联动”的行动逻辑，增强招商引资的能力，引导农民返乡创业，将传统产业和手工艺传承融入城镇产业发展的进程。

（三）一核两带三组团，打造泛旅游产业集群

城镇群的培育与建设实际上是把最具有潜力的开放优势、最有能量的经济增长优势、最具魅力的资源优势叠加。全省构建新型城镇化要发挥一核两带三组团的城镇带优势，把长株潭城市群着力打造为国家级城市群。岳阳、长沙、株洲、湘潭、衡阳等城市在地理区位方面的优势显著，可以依托岳郴客运输通道完备的基础设施条件，将密集人口、农业产品等优势条件在东部聚集带充分利用。新型城镇化发展带主要分布在张家界、湘西土家族苗族自治州、怀化以及邵阳、娄底等西部地区。要将山水自然资源的利用与城镇化建设相结合，就地开展城镇化的实践，打造绿色、宜居、文化氛围浓厚的城镇社区；借力长江经济带大湘西城市圈，缓解洞庭湖城镇圈与湘南城市圈开发后劲不足的问题，构建城市生态屏障。

从推进城乡一体化的全局角度来看，长株潭地区城乡一体化水平明显

高于湖南其他地区，城乡接合部的人口、资源与环境问题也相对突出。推动城镇化的下一步工作应是紧紧围绕城乡接合部与城镇带展开和部署的，集中政策、资金和人力物力优势，集中解决该类地区的人口密集、环境脏乱、产业低端的问题。推进大衡山“南岳－开云－新塘”城镇带一体化，是新形势下对国家新型城镇化战略的有益探索。有效利用南岳衡山的文化资源的带动效应，打造湖南新的经济增长点，对推进区域全面协调发展具有深远的现实意义。在具体打造泛旅游产业集群的路径中，同时也要注重解决区域沟通不畅、工业化产能不足、可利用土地分布不均等凸显的发展障碍。在市场化的资源配置中，要建设复合型旅游目的地，将每个特色化的城镇发展成有地域符号的旅游综合体，进而优化区域环境，建立全方位合作机制。

（四）探索工业园区产业共性技术共享机制

城乡一体化路径的规划要深化权利置换制度改革，这是城乡一体化建设面临的主要问题。权利置换制度的革新和地域化，能够为探索工业园区产业共性技术共享机制的构建提供制度基础，推动劳动力与其他生产要素的重新组合，将农村剩余劳动力就地转化，提高特色工业产业对农村劳动力的吸附和支持作用。

资兴市城乡一体化道路的建设将工作的焦点聚集在“十镇百村”的示范建设上，资兴市集中力量发展基层组织团体及蔬菜专业合作社。在多种优先政策的鼓励下，资兴市全力推进城乡规划建设，并推出了涉及多个层面的“六个一体化”建设，将产业发展、生态环境改造、公共服务、创业就业、社会服务等优化方案全方位地有效推进。资兴市“三大改革”为农村产权制度、城乡户籍制度、生态资源权利置换提供了创新的改革思路。资兴市城乡一体化总体数据证明了其发展的良好态势，资兴市推进城乡一体化注重空间、社会、自然环境等的融合与呼应，使城乡一体化建设的实践措施在执行层面更具有完整性的特点，从而达到了城乡一体化的实践意图，并成为湖南省唯一跻身全国 62 个新型城镇化综合试点的县域单位。

（五）走“城乡一体的生态农业”道路

未来发展应探索“1 个小城镇＋n 个中心镇＋m 个小村镇＋丘陵山地散居”的城镇化道路。在实际操作层面，城乡一体化程度不一的区域，应分层次推进。“城乡一体的生态农业”道路规划，其重点是在“新型”两字上做文章，坚持布局合理、节约土地、以大带小的原则，促进城乡农业在资源要素、基本公共服务等方面实现高速流通。“城乡一体的生态农业”需要与之相配套的乡村治理机制和人才队伍的建设，这是突出“两型县示范、城乡一体发展”的必经之路。在未来的村落发展路径中，要厘清群众利益诉求、政府政策导向、企业盈利情况等，分析尚未启动“城乡一体的生态农业”建设的城镇和村落，依靠资源循环利用，建设绿色有机农业发展园区，依托休闲农业和观光农业双重提升思路，为“城乡一体的生态农业”的成长提供“党支部＋城镇协会＋种植专业户”的模式，把专业化的技术支持和政策性的引导放置于种植户的农业实践活动中。

（六）争取农村集体经营性用地入市改革试点

农村土地集体所有制如何同市场经济相融合，是城乡一体化建设必须解决的重大课题。国务院印发的《关于深入推进新型城镇化建设的若干意见》提出了“全面实行城市建设用地增加和农村建设用地减少相挂钩的政策”。此政策响应了党的十八届三中全会有关农村土地制度改革的精神。发达国家城镇化建设的实践说明，在城市化过程中，农业耕地的数量是同步增加的。争取农村集体经营性用地入市，促使农村因人口流失而闲置的建设用地及时进入流转的通道，用以平衡城市新增人口对购房的需求，弥补租房缺口，农村闲置性宅基地在人口流动以及城市住房需求的引导下实现空间和价值的转移，农民在不动产的流转中获得了财产性收入，为农村不动产的利用与流转提供了新的思路，提高了建设用地资源的均衡配置；进城农民拥有在农村闲置的宅基地及其房产，就能从市场交易中获得财产性收入，从而为建设用地的节约利用和优化配置建立起一个有效的市场机制。

汉寿县在城乡一体化的实践中通过“工业强县、城镇兴县、旅游活县、幸福汉寿”的战略规划，在城乡经济发展、交通基础设施建设、信息化建设、医疗民生保障等方面都有实质性的突破。但是汉寿县在农村集体经营性用地入市的探索中存在诸多问题。根据现有的实践经验来看，我们认为汉寿县的城乡一体化建设的路径选择应该将焦点集中于金融支持，构建城乡商品市场流通体系，同时推进城乡交通网建设，促进社会保障一体化发展，实现城乡劳动力市场的一体化。城市资本过剩与农村资本匮乏之间的弥合，将有利于民间资本和市场资本在城乡一体化的实践中得以融会，那么也将带动农民增加更多的财产性收入，不仅能为我国 2020 年全面建成小康社会提供保障，而且有助于我国避免落入中等收入陷阱，实现到 2022 年进入高收入国家行列的目标。

第九章　业主、邻里与物业：城市社区日常话语

改革开放以来的住房商品化改革极大地改变了中国的居住格局。单位制时代的住房，属于一种重要的集体福利，获得单位分配的住房甚至成为一种身份和地位的象征。市场化改革之后，单位住房的比例逐年降低，时至今日，中国已经完全进入了商品房时代。商品房是一种与单位房拥有完全不同性质的住房，商品房的兴起极大地推动了中国的社会转型，商品房业主以及商品房小区已经成为现代社会的重要组成部分，也成为学者们思考的热点领域。

应该如何认识中国商品房时代的到来呢？社会学者的关注焦点在于商品房小区的群体阶层化、空间隔离化、绅士化，以及建立在异质性基础上的没落的邻里资本问题，重建生活共同体成了社会学者最为深刻的社会呼吁。政治学者看到了业主维权运动的兴起所带来的国家－社会关系的变革，认为住房作为一种日常生活领域的存在，成为联结私人生活和公共生活的重要纽带，商品房小区已经成为国家、市场、社会三方力量的互动和博弈的场域，业主维权运动蕴含着改变结构的力量。经济学者们看到了商品房小区背后的城市经济结构与运行逻辑，包括微观层面的消费者行为和宏观层面的城市经济运行机制，尤其是产权制度对于现代经济学的重要意义。法学家看到了物业产权在日常法治实践中存在的体制机制制约。由此可见，不同的学科的研究视角不同，看待商品房小区的方式和观点也存在很大差异。

本研究希望在进行广泛社会调查的基础上，进一步准确把握现代商品房小区的运行动态，尤其是现代城市社区的居民结构、邻里关系、物业服

务、业主委员会运行情况等。本研究的分析对象严格限定于现代城市社区这一城市空间内。现代城市社区是指以住房私人产权为核心，以共有产权和公共事务为纽带发展而成的地域性利益共同体与生活共同体。现代居住小区的核心特征是：（1）建筑物和空间区分为私有部分和共有部分；（2）有清晰的物理边界和空间范围；（3）有明确的成员资格和排他性享用的配套设施，且成员之间有比较接近的经济社会地位；（4）业主通过集体消费的方式获得市场化的物业服务，并对物业公共事务进行集体决策和管理；（5）业主从彼此陌生的原子化初始状态开始相互交往，在此基础上逐渐形成一定的认同感和归属感。

在分类上，本研究根据各小区在 2018 年 3 月的房价均价来确定等级，房价均价采用了“房天下”网站给出的参考房价作为判断标准，总共确定了五个等级：第一等级（高级现代城市社区），每平方米住房的均价在2 万元以上；第二等级（中高级现代城市社区），每平方米住房的均价在 1.5 万 ~2 万元；第三等级（中级现代城市社区），每平方米住房的均价在 1 万 ~1.5 万元；第四等级（中低等现代城市社区），每平方米住房的均价在 0.8 万 ~1 万元；第五等级（低等现代城市社区），每平方米住房的均价在 0.8 万元以下。

此次调查项目的时间是 2018 年 3 月 21 日到 4 月 16 日。此次调查总共涉及 26 个现代城市社区，包括岳麓区、芙蓉区、雨花区、开福区、天心区、望城区、长沙县（星沙）七个城区。采用集中式问卷调查和分散式网络调查相结合的形式，前者涉及 26 个小区，回收有效问卷 1063 份，后者涉及 130 多个小区，回收有效问卷 180 份，总计回收 1243 份有效问卷。调查对象包含相应小区中居住的城乡居民。

一　现代城市社区的业主群体结构

（一）住房商品化改革与业主群体的诞生

中国政府从 20 世纪 50 年代起，就致力于为中国城市居民提供近似免费的住宅。而到了 70 年代，由于城市人口绝对数增加，加之政府缺乏科学的城市发展规划以及对城市住宅投资不足，中国出现了前所未有的住房危机。针对日益加重的住房危机，中国政府进行了一系列改革，其中心就是

“市场化”，并将中国城镇住房改革的目标定位为：减缓短缺，将公房私有化和商品化，住房资源的市场配置最终取代住房资源的行政配置。[①]

中国城市住房改革从1978年开始，1980年深圳东湖丽苑以补偿贸易的形式进行土地批租，建成了中国大陆的第一个商品房小区[②]，1998年国务院下发《关于进一步深化城镇住房改革加快住房建设的通知》，停止住房实物分配，标志着福利分房时代的终结和住房商品化时代的到来。2004年以前，城市中的单位和个人还可以购买土地建房，此时的商品房形态多样。2004年修正后的《土地管理法》规定，“任何单位和个人不得侵占、买卖或者以其他形式非法转让土地”，区别于传统城市邻里街区或单位型社区的现代意义上的商品房居住小区数量迅速增长。肖林将这种以住房私人产权为核心，以共有产权和公共事务为纽带发展而成的地域性利益共同体与生活共同体称为“业主社区”。

（二）业主群体的阶层变迁

中国住房改革在前20年中进展缓慢，逐渐形成四种不同类型的住房（根据住房获得途径划分）：商品房、单位福利房、公房（政府房管部门掌握的住房）以及安置房。不同于后三种住房类型依据行政规则起作用，商品房总体上是市场规则在起作用，“商品房的特点是价格高，而且价格上升快。商品房的买主主要是那些没有城市户口的高收入者以及有该城市户口的特别富裕者。普通百姓很难购买这种住房。因此，在私营和外资部门多的城市，商品房个人购买的份额较大”[③]。这一时期商品房小区的业主多是社会中的精英阶层。

进入21世纪，在商品房住宅小区大量涌现、住宅建筑设计及服务持续优化、住房公积金制度日渐完善、住房获得途径日益单一化等因素的共同作用下，我国商品房销售面积从2007年的77355万平方米增加到2016年的157349万平方米[④]，越来越多的人居住到“业主社区”。伴随着住房私

---

① Chen, Aimin, “China's Urban Housing Market Development: Problems and Prospects,” *Journal of Contemporary China* 7 (1998): 43-60.

② 朱文策：《中国商品房编年史第一批商品房业主从深圳走出》，《南方都市报》2005年7月18日。

③ 李斌：《住房利益分化与社会分层机制变迁》，中南大学出版社，2004。

④ 《2017年居民收入和消费支出情况》，www.gov.cn/xinwen/2018-01/18. Content_5257974.htm，2018年1月18日。

人产权而出现的一种新的社会身份和社会群体——业主也日渐为学术界所关注。既往学术界关于“阶层”的研究聚焦于消费和文化、品味和格调等，随着住房成为个人和家庭重大的消费选择和重要财产，业主逐渐成为一个可以与某些特定“阶层”相互替换的概念。①

在中国现代住宅小区的消费群体经历着与“阶层”相关的转变之时，先于中国开始现代化进程的西方世界的现代居住小区又是一番怎样的景象呢？马休尼斯和帕里罗指出，社会的分化涉及工作、收入、教育以及其他资源的差异，这些资源差异反过来又影响人们选择在哪里生活和如何生活，由此在西方世界分化出上层阶层社区、中产阶层社区、工人阶层社区、混合收入社区、低收入社区和无家可归者。② 若以国内学者的现代居住小区标准来看，已经实现市场化、工业化、现代化的美国、加拿大等国家的上述五种类型的社区都属于现代居住小区。然而，这些小区的形态和居住于其中的群体却有着极大的差别：上层阶层往往有多处房产，一年四季可以根据时间选择不同的地方居住，而他们在城市中的住宅则往往是城市中心的奢侈公寓或顶层公寓。中产阶层在19世纪晚期乡村住房建设的出现和20世纪汽车发明的推动下，大批撤离城市中心，大多数生活在城市郊区，修建独门独户的住宅，而在城市中的中产阶级则往往在社区改造升级和中产化过程中因无法承受生活成本而不得不从社区中搬离出去；工人阶层的居住选择受到房价和房租、交通和位置、种族和族群等因素的极大影响，既有工人阶层郊区社区，也有工人阶层城市社区，不同区域的工人阶层社区的共同特点是社区中的成员共享价值观和亲近性，有强烈的归属感和邻里支持网络；低收入者则多居住在城市最老旧的区域中，其中很多社区曾经是中产阶层甚至是上层阶层的所在地，随着基础设施老化、住房水平低于标准、人口密度变大等，中产阶层家庭大批离去，遂成为低收入群体的聚集地。

综观中国与西方、改革开放初期和深化改革时期现代居住小区中的业主群体，可以发现这一群体从来都不是固定在某一个社会阶层的，而是随

---

① 马丹丹：《中产阶层社区的涌现——从中国住房改革的角度梳理》，《社会科学论坛》2015年第6期。

② 约翰·J·马休尼斯、文森特·N·帕里罗：《城市社会学：城市与城市生活》，中国人民大学出版社，2016。

着社会政策、现代技术和消费文化等的演变而处于持续的变迁过程中。那么，现阶段中国商品房小区中的业主群体又存在怎样的阶层特征、处于怎样的居住状态呢？

（三）长沙市现代居住小区的业主结构

1. 业主的特征

本调查依据一般指标选用受教育程度、职业身份、个人年收入、家庭年收入和是否拥有私家车五个指标来衡量现代居住小区居民的特征。

从受教育程度来看，初中及以下有 113 人（9.09%）、高中 195 人（15.69%）、大专 269 人（21.64%）、本科 517 人（41.59%）、研究生及以上 149 人（11.99%）。其中，青年组（20～49 岁）受教育程度的众值为本科，本科及以上占比超过 60%，表明现代居住小区中的居民受教育程度较高。中年组（50～60 岁）受教育程度的众值为高中，均值为大专。老年组（60 岁以上）受教育程度出现分化，两个高峰分别为初中及以下和本科，由此推测，在现代居住小区中的老年人一部分是进城与子女同住（带娃）的老年人，另一部分是单位退休老职工。

对职业身份的测量依据《中华人民共和国职业分类大典》，将职业分为八大类，其中国家机关、党群组织、企业、事业单位负责人占 12.71%，专业技术人员占 11.91%，国家机关、党群组织、企业、事业单位办事人员占 12.39%，商业、服务业人员占 22.61%、农、林、牧、渔、水利业生产人员占 1.29%，生产、运输设备操作人员及有关人员占 1.69%，军人占 0.40%，不便分类的其他从业人员占 37.01%。

从个人年收入来看，3 万元以下的占 17.11%，3 万～5 万元的占 13.84%，5 万～10 万元的占 28.61%，10 万～20 万元的占 25.59%，20 万～40 万元的占 9.73%，40 万～70 万元的占 2.10%，70 万～100 万元的占 0.84%，100 万元以上的占 2.18%；从家庭年收入来看，3 万元以下的占 4.75%，3 万～5 万元的占 5.23%，5 万～10 万元的占 14.40%，10 万～20 万元的占 27.43%，20 万～40 万元的占 29.53%，40 万～70 万元的占 10.46%，70 万～100 万元的占 4.26%，100 万元以上的占 3.94%。数据显示，个人年收入众值为 5 万～10 万元，家庭年收入众值为 20 万～40 万元。结合国家统计局公布的数据，2017 年长沙市城镇居民人均可支配收入为 41131 元，可以看出，现代居住小区居民的人均可支配收入远高于长沙市城镇居民的人均可支配收入。

从是否拥有私家车来看，在受访者中，拥有私家车的为 980 人，占 78.84%；没有的为 263 人，占 21.16%。现代居住小区中的家庭私家车拥有占比接近 80%，相关分析结果显示，是否拥有私家车与受访者的受教育程度（相关系数 0.124，相关性水平 0.0000）、婚姻状态（相关系数 0.207，相关性水平 0.0000）、个人年收入（相关系数 0.218，相关性水平 0.0000）、家庭年收入（相关系数 0.303，相关性水平 0.0000）等因素显著相关，但与年龄、职业等不存在显著相关性。

2. 业主的居住状态

从居住时长来看，居住时间少于 1 年的为 232 人（18.66%），1～3 年的为 444 人（35.72%），3～5 年的为 280 人（22.53%），5～10 年的为 226 人（18.18%），10～15 年的为 44 人（3.54%），15 年以上的为 17 人（1.37%）。数据显示，现代居住小区的居民新入驻率高，超过 75% 的居民在其目前所居住的小区中的居住时间不超过 5 年，居住时间超过 15 年的仅仅占 1.37%。

从居住人数来看，每套住宅的常住人口为 2～8 人。其中，两口之家的有 398 人（32.02%），三口之家的有 494 人（39.74%），四口之家的有 318 人（25.58%），五口之家的有 31 人（2.49%），六口之家的有 1 人（0.08%），八口之家的有 1 人（0.08%）。居住人口不超过 4 人的占比为 97.34%，表明现代居住小区居住结构明显区别于传统居住结构，每户住宅的人口规模较小。

相关分析结果显示，居住时长与居住人数显著相关（相关系数 0.099，相关性水平 0.001）。居住时间在 2 年以内的两口之家的占比较居住时间在 2 年以上的占比高出 27.41 个百分点。从我国婚姻习俗来看，大多数年轻人会在婚前购买房产作为婚房，在刚结婚时通常仅新婚夫妇居住。一段时间后，这个家庭将迎来新生儿，伴随而来的可能还有帮助年轻夫妇照看小孩的长辈、其他亲属和非亲属（保姆、月嫂等），同住人口开始增加。

从居住类型来看，按配偶、子辈（含儿子、女儿、儿媳妇、女婿）、父辈（含父亲、母亲、公公、婆婆、岳父、岳母、祖父、祖母、外祖父、外祖母）、其他亲属、其他非亲属五大类划分，在受访的 1243 个人中存在 30 种居住类型。其中，两代同堂的为 636 人，占比 44.69%；三代同堂的为 357 人，占比 25.09%；四代同堂的为 3 人，占比 2.11%。

表 9－1　小区业主的居住类型分布情况

排序	类型	频数	排序	类型	频数
1	受访者＋配偶＋子辈	392	16	受访者＋配偶＋子辈＋其他非亲属	5
2	受访者＋配偶＋子辈＋父辈	253	17	受访者＋父辈＋其他非亲属	4
3	受访者＋父辈	130	18	受访者＋配偶＋子辈＋父辈＋其他亲属	3
4	受访者＋配偶	115	19	受访者＋其他亲属＋其他非亲属	2
5	受访者＋其他非亲属	87	20	受访者＋父辈＋其他亲属＋其他非亲属	2
6	受访者＋配偶＋子辈＋孙辈	51	21	受访者＋父辈＋孙辈	2
7	受访者＋子辈	42	22	受访者＋配偶＋子辈＋父辈＋孙辈	2
8	受访者＋其他亲属	41	23	受访者＋配偶＋父辈＋其他亲属	2
9	受访者＋子辈＋孙辈	29	24	受访者＋子辈＋其他亲属	1
10	受访者＋配偶＋父辈	21	25	受访者＋子辈＋孙辈＋其他亲属	1
11	受访者＋父辈＋其他亲属	17	26	受访者＋子辈＋孙辈＋其他非亲属	1
12	受访者＋子辈＋父辈	16	27	受访者＋配偶＋其他亲属	1
13	受访者＋孙辈	9	28	受访者＋配偶＋其他非亲属	1
14	受访者＋配偶＋孙辈	6	29	受访者＋配偶＋子辈＋父辈＋孙辈＋其他亲属	1
15	受访者＋配偶＋子辈＋其他亲属	5	30	受访者＋配偶＋父辈＋孙辈	1

在 30 种居住类型中，排名前五的居住类型占比接近 80%，表明存在主流居住类型，分别为受访者＋配偶＋子辈（31.54%）、受访者＋配偶＋子辈＋父辈（20.35%）、受访者＋父辈（10.46%）、受访者＋配偶（9.25%）、受访者＋其他非亲属（7.00%）。值得注意的是，人们印象中出现在农村的留守老人与留守儿童的“双留守”组合，在现代居住小区中也存在，占比为 1.21%（15 人）。

居住人数、居住时长与私家车拥有情况显著相关（相关系数 0.142，相关性水平 0.0000）。在 1243 位受访者中，拥有私家车的为 980 人，占 78.84%；没有的为 263 人，占 21.16%。随着同住人数的增加，拥有私家车的比例越来越高，2 人居住的家庭有 36.43% 没有私家车，而当人口增加到 3 人时，这一比例下降到 15.38%，家庭常住人口在 6 人及以上的家庭

100% 拥有私家车。此外，随着居住时间的增加，居民拥有私家车的比例持续上升，居住时间少于 1 年者没有私家车的比例为 36.21%；当居住时间超过 1 年，这一比例迅速下降到 20.27%。在商品房小区居住时间超过 15 年的居民拥有私家车的比例高达 94.12%。

综上，从现代居住小区居民的社会阶层来看，现代居住小区中的居民的受教育程度较高，青年群体中本科及以上学历群体的占比超过 60%；职业分布广泛，其中国家机关、党群组织、企业、事业单位负责人占比高达 12.71%；个人年收入的众值为 5 万 ~ 10 万元，家庭年收入的众值为 20 万 ~ 40 万元，远高于当地人均收入水平。我国现阶段居住在现代商品房小区的群体依然符合“中产阶层”的身份判断，且其中不乏具有位置优势、市场优势和技术优势的精英。

从现代居住小区居民的居住状态来看，由于现阶段我国现代商品房小区新增速度极快，超过 70% 的居民在本小区中的居住时间不超过 5 年，居住时间超过 15 年者仅占 1.37%。同时，现代居住小区中的家庭人口结构呈现小型化特点，97.34% 的住宅中居住者不超过 4 口人，居住时长少于 1 年时多为 2 口人同住，随着时间的增加，同住人口出现小幅增长。尽管家庭人口规模较小，但家庭居住类型却多样，存在配偶、子辈、父辈、其他亲属和其他非亲属共计 30 种不同类型，且出现主流居住类型。

二 现代居住小区中的邻里关系及其影响因素

（一）从居住共同体到脱域性社会

1887 年，德国社会学家滕尼斯对人类群体生活的结合类型进行了理性类型划分，提出了“共同体”与“社会”的二分法。在滕尼斯看来，“共同体”是建立在人的本能、习惯和记忆等基础上的以统一和团结为特征的社会结合方式，如氏族、村落等。与之相对应的“社会”则是建立在个体各自目的上的经过思考、计算、计划、协调而实现的社会组织方式，如公司、协会等。基于血缘、地缘、情感、文化、信仰等浑然一体的“共同体”，其成员温情脉脉、相亲相爱，有强烈的安全感和归属感；而“社会”中的人们虽然也以和平的方式共同地生活和居住在一起，“但基本上不是结合在一起，而是基本上分离的”，大家不需要彼此认识、相互了解，只需按照一套完整的秩序各自扮演好自己的角色即可。相较于以一种天然状态的人的意志结合的“共同体”，“社会应该被理解为一种机械的聚合和人工制品”[①]。然而，有些人提出，由于“共同体”的相对封闭、相对静止，在市场化、城市化过程中不可避免会被人为设计的“社会”逐渐取代。在这一过程中，由政府规划、开发商设计建造的商品房小区正是观察“共同体”向“社会”转变的棱镜。

计划经济时期，中国城市中的居民以“单位”为单位居住，关系亲密、守望相助、富有人情味；改革开放以来，商品房小区日渐成为城市中占主导地位的居住形式，城市居民以“小区”为单位居住。那么，这种新的居住形式是“共同体”还是“互不关心的邻里”呢？桂勇、黄荣贵的实证研究表明，城市社区中邻里关系的重要性日渐下降，居民的邻里互动减少，社区参与水平低下，并最终做出“城市社区不再是传统意义上的共同体。并且，随着商品房社区的增加，城市社区的共同体色彩可能会进一步淡化”[②] 的判断。对此，有学者进一步指出，邻里关系的重要性日渐下降的原因在于居民的社会支持网络逐渐从社区内转移到社区外，而这导致了居民的社区认同降低和社区参与减弱。[③] 在现代社会由“机械团结”向“有机团结”转变的过程中，居民的社会关系网络并没有消失，而是发生了改变。城市居民的社会关系网络由基于地缘、血缘的邻里网络向基于业缘、趣缘的社会网络演进。在这一过程中，商品房小区中的业主成为由陌生人构成的群体，表现出“碎片化”、“冷漠化”与“个体化”的特征，成为城市社区治理的困境。[④]

一方面，现代居住小区中邻里关系的重要性日益下降，而邻里关系重要性下降又造成城市社区治理困境；另一方面，有研究指出“邻里交往较为浅层化但居民具有较高的交往意愿”[⑤]。那么，到底哪些因素在影响现代

---

① 滕尼斯：《共同体与社会》，林荣远译，商务印书馆，1999。

② 桂勇、黄荣贵：《城市社区：共同体还是“互不相关的邻里”》，《华中师范大学学报》2006 年第 6 期。

③ 黎熙元、陈福平：《社区论辩：转型期中国城市社区的形态转变》，《社会学研究》2008 年第 2 期。

④ 杨君、徐永祥、徐选国：《社区治理共同体的建设何以可能？——迈向经验解释的城市社区治理模式》，《福建论坛》2014 年第 10 期。

⑤ 冯健、吴芳芳、周佩玲：《郊区大型居住区邻里关系与社会空间再生——以北京回龙观为例》，《地理科学进展》2017 年第 3 期。

居住小区中的邻里关系呢？蔡禾、贺霞旭基于社区内异质性对邻里关系影响的研究指出，在社区间异质性程度低的城市，社区内居民的职业差异是影响居民邻里关系的主要因素；在社区间异质性程度高的城市，社区内居民的阶层差异是影响居民邻里关系的主要因素。① 冯健等基于邻里关系再生产的研究指出，邻里关系与居民受教育程度、入住小区时间长度及邻里间有无互助经历等因素相关，而要实现邻里关系的再生产则需要实体物理空间和虚拟空间提供的平台，即需要小区活动和网络平台提供支持。② 对此，本调查在既有研究基础上试图回答：现代城市社区中的居民特征（如职业、受教育程度、居住时长等）对邻里关系产生怎样的影响？现代居住小区中的居民寄希望于何种平台来营造更和谐的邻里关系？这些被学者和居民寄予厚望的邻里关系在现代居住小区中又处于怎样的发展阶段和具有怎样的特征？

（二）长沙市现代居住小区邻里关系现状与影响因素

1. 邻里关系现状

本调查通过“邻里熟悉程度”“邻里关系网络”“邻里互动频率”“邻里互助情况”“邻里关系满意度”五个维度对现代居住小区的邻里关系进行综合测量。

调查组采用“您对您邻居的情况熟悉吗？1. 非常熟悉；2. 比较熟悉；3. 有点熟悉；4. 不太熟悉；5. 完全不熟悉”对邻里熟悉程度进行测量。数据显示，邻里熟悉程度呈现正偏态分布，众值为“不太熟悉”。在 1243 位受访者中，对邻居情况“非常熟悉”的仅有 76 位（6. 11%），“比较熟悉”的有 285 位（22. 93%），“有点熟悉”的有 344 位（27. 67%），“不太熟悉”的有 439 位（35. 32%），“完全不熟悉”的有 99 位（7. 96%）。

调查组采用“您在这个小区有多少户玩得比较好的邻居？1. 一户也没有；2. 1 ~3 户；3. 4 ~5 户；4. 6 户及以上”对邻里关系网络进行测量。数据显示，邻里关系网络出现两个峰值，分别为“1 ~3 户”“6 户及以上”，众值为“1 ~3 户”。在小区内玩得比较好的邻居“一户也没有”的有 222

① 蔡禾、贺霞旭：《城市社区异质性与社区凝聚力——以社区邻里关系为研究对象》，《中山大学学报》2014 年第 2 期。

② 冯健、吴芳芳、周佩玲：《郊区大型居住区邻里关系与社会空间再生——以北京回龙观为例》，《地理科学进展》2017 年第 3 期。

位（17.86%），“1～3户”的有549位（44.17%），“4～5户”的有210位（16.89），“6户及以上”的有262位（21.08%）。

调查组采用“您与邻居进行社交娱乐活动（如相互串门，一起看电视、吃饭、打牌等）的频繁程度是？1. 非常少；2. 比较少；3. 一般；4. 比较多；5. 非常多”对邻里互动频率进行测量。剔除222个在小区内没有玩得比较好的邻居的样本后，发现在社区内有玩得比较好的邻居的居民实际上与邻居的互动并不频繁，互动“比较多”和“非常多”的不超过20%，分别为153位（14.99%）、36位（3.53%）。邻里互动频率依次为“比较少”（327位，32.03%）、“一般”（298位，29.19%）和“非常少”（207位，20.27%）。

调查组采用“您与邻居之间是否相互帮助？1. 得到过邻居的帮助；2. 为邻居提供过帮助；3. 我们互帮互助；4. 都没有”对邻里互助情况进行测量。数据显示，“得到过邻居的帮助”的有181位（14.56%），“为邻居提供过帮助”的有137位（11.02%），“我们互帮互助”的有710位（57.12%），“都没有”的有215位（17.30%）。数据表明，尽管邻里熟悉程度、邻里关系网络、邻里互动频率并不理想，但邻里间的互助普遍存在。

调查组采用“整体而言，您对本小区邻里关系的满意程度如何？1. 非常满意；2. 比较满意；3. 一般；4. 不太满意；5. 非常不满意”对邻里关系满意度进行测量。数据显示，对邻里关系“非常满意”的有91人（7.32%），“比较满意”的有623人（50.21%），“一般”的有475人（38.21%），“不太满意”的有42人（3.38%），“非常不满意”的有12人（0.97%）。邻里关系满意度数据呈现正偏态分布，众值为“比较满意”。此外，对邻里关系满意度为“一般”的占比较大，接近40%，表明现代居住小区的居民的邻里关系满意度处于中等偏上水平但邻里关系改善存在较大空间。

对邻里关系的测量表明：（1）尽管80%以上的居民在小区中有一户及以上关系较好的邻居，但整体上对邻居情况的熟悉程度不高，“不太熟悉”和“完全不熟悉”的比例超过40%；（2）现代居住小区中的邻里关系网络出现分化，一方面，大约1/5的居民在小区中没有相互交往的邻居，另一方面，1/5的居民在小区中有5户及以上相互交往的邻居；3. 超过80%

的居民在小区中与邻居存在互动，但是互动频率非常低，互动频率为“一般”“比较少”“非常少”的居民超过80%；4. 尽管邻里间的互动频率低，但邻里之间的互助行为较为普遍，超过80%；5. 邻里关系的满意度整体情况良好，但高质量的邻里关系（对邻里关系感到非常满意）占比较低(7.32%)，邻里关系满意度提升空间大。

2. 邻里关系的影响因素

对邻里关系数据的统计描述表明，现代居住小区中居民间的邻里关系存在差异，那么，哪些因素影响着现代居住小区中的邻里关系呢？相关分析表明，从个体层面来看，个人年收入、受教育程度、职业身份、婚姻状态、居住时长等居民特征对邻里关系产生影响；从小区层面来看，小区新媒体网络平台、小区活动参与等形塑着居民间的邻里关系。

表9-2　现代居住小区居民邻里关系的相关性统计

影响因素		邻里熟悉程度	邻里关系网络	邻里互动频率	邻里互助情况	邻里关系满意度
个人年收入	Pearson 相关性	-0.055	0.086**	-0.029	-0.082**	0.001
	显著性（双侧）	0.0510	0.0020	0.3600	0.0040	0.9670
	N	1243	1243	1021	1243	1243
受教育程度	Pearson 相关性	0.032	-0.125**	-0.155**	-0.045	0.100**
	显著性（双侧）	0.2550	0.0000	0.0000	0.1090	0.0000
	N	1243	1243	1021	1243	1243
职业身份	Pearson 相关性	0.089**	-0.002	0.051	0.082**	-0.023
	显著性（双侧）	0.0020	0.9460	0.1010	0.0040	0.4220
	N	1243	1243	1021	1243	1243
婚姻状态	Pearson 相关性	-0.067*	0.208**	0.083**	-0.017	-0.021
	显著性（双侧）	0.0180	0.0000	0.0080	0.5420	0.4560
	N	1243	1243	1021	1243	1243
居住时长	Pearson 相关性	-0.195**	0.178**	0.051	-0.049	-0.018
	显著性（双侧）	0.0000	0.0000	0.1020	0.0850	0.5290
	N	1236	1236	1014	1236	1236
小区新媒体网络平台	Pearson 相关性	0.215**	-0.282**	-0.058	0.159**	0.167**
	显著性（双侧）	0.0000	0.0000	0.0650	0.0000	0.0000
	N	1243	1243	1021	1243	1243

续表

影响因素		邻里熟悉程度	邻里关系网络	邻里互动频率	邻里互助情况	邻里关系满意度
小区活动参与	Pearson 相关性	0.340**	-0.339**	-0.279**	0.170**	0.313**
	显著性（双侧）	0.0000	0.0000	0.0000	0.0000	0.0000
	N	1243	1243	1021	1243	1243

注：** 表示在置信度（双侧）为 0.01 时，相关性是显著的；* 表示在置信度（双侧）为 0.05 时，相关性是显著的。

（三）改善邻里关系的方式

社区特征如小区新媒体网络平台、小区活动参与等对邻里熟悉程度、邻里关系网络、邻里互动频率、邻里互助情况、邻里关系满意度五个维度均产生显著影响，成为改善现代居住小区邻里关系的重要突破口。然而，对小区新媒体网络平台、小区活动参与的测量却表明，二者目前尚处于成长阶段，其营造和谐邻里关系的功能受到限制。

从小区新媒体网络平台来看，在 1243 位受访者中，有 351 位（占比 28.23%）尚未参与到小区新媒体网络平台中，加大小区新媒体网络平台宣传和推广，将更多居民通过小区新媒体网络平台联系起来，成为这一平台功能发挥的前提。除此之外，从网络平台运行的现状来看，参与其中的居民对网络平台的关注度（68.27）与参与率（53.92%）也有待提升；网络平台上各种信息鱼龙混杂、有待规范，网络平台的资讯发布和信息推送的影响力有待提升。使用最广泛的微信群借助网络平台的互动及时性、开放性，对“增加邻里互动”“维护业主权益”“改善小区建设”等发挥了积极作用，但由于居民的虚拟活动与现实生活的互动并没有有机联系起来，且在互动过程中尚未出现影响力中心，使得小区居民的组织能力和自我服务能力大大下降。如何实现虚拟互动与现实互动的有机结合、有效实现小区居民的自组织成为现代居住小区的重要议题。

从小区活动参与来看，在 1243 位受访者中，有 360 位（28.96%）不知道自己所在的小区开展了小区活动，小区开展活动的宣传存在“死角”。同时，不到 45% 的小区活动参与率，表明小区活动作为提高邻里熟悉程度、增加邻里互动频率、拓展邻里关系网络等的平台功能并未充分发挥。由于小区新媒体网络平台（37.09%）已经成为主要的活动宣传方式之一，而老年人对新媒体网络平台的使用率并不高（31.91%），老年群体获取小区活动信息受到阻碍。如何帮助老年人跨越“数字鸿沟”，成为城镇化、老龄化时代背景下现代居住小区邻里关系改善的重要议题。

对于怎样营造更和谐的邻里关系氛围，受访居民表示，举办社区娱乐活动、拓展小区公共空间、组建邻里兴趣小组/支援小组、完善网络交流平台、成立楼栋组织等能够起到较好的促进作用。

表 9－3　现代居住小区居民对新媒体网络平台的评价情况

单位：人，%

排序	改善建议	频数	百分比
1	举办社区娱乐活动	787	63.31
2	拓展小区公共空间	576	46.34
3	组建邻里兴趣小组/支援小组	483	38.86
4	完善网络交流平台	452	36.36
5	成立楼栋组织	289	23.25
6	其他	67	5.39

综上，目前我国现代居住小区中的邻里关系具有下述三个特点：（1）邻里熟识度不高且熟识面不广；（2）包括相互帮助在内的邻里互动普遍存在但互动频率较低；（3）居民对邻里关系的整体满意度处于中等偏上水平。而现代居住小区的邻里关系又受到居民自身特点的影响，呈现邻里网络规模随个人年收入增加而增大、有技能优势的职业相较于有权力优势的职业为邻居提供帮助的可能性大于获得邻居帮助的可能性、邻里熟识度随居住时间的增加持续上升并在 10～15 年后发生显著逆向变化、丧偶群体拥有大规模邻里网络的概率远大于其他婚姻类型、学历对邻里关系满意度产生分化等特点。

相较于居民人口结构对邻里关系的影响，小区中是否拥有新媒体网络平台和是否举办了小区活动在更多维度上对邻里关系产生影响。就新媒体网络平台而言，小区存在新媒体网络平台成为一种普遍现象，并且类型多样。尽管如此，却有超过 90% 的居民仅关注其中两种及以下，并且数据表明新媒体网络平台的影响力和居民参与度有待提升。居民对新媒体网络平台在“增加邻里互动”“维护业主权益”“改善小区建设”方面的影响持高度肯定的态度，但也有一定比例的居民认为新媒体网络平台存在“激化小区矛盾”“商业目的明显”“传播垃圾资讯”的消极影响。在众多新媒体网络平台中，微信群、QQ 群和微信公众号在现代居住小区中的普及率位列前三，其中使用率最高的微信群到目前为止尚未出现真正的影响力中心，且在新媒体网络平台上互动的邻居在现实生活中可能并不能辨认出来。小区开展活动的宣传存在“死角”，再加上现代居住小区居民的时间价值较高、娱乐活动选择较多等，使得居民的活动参与面不广和活动参与率不高。一方面，活动宣传不到位，另一方面又还没出现精准度极高的宣传渠道，因此，在现代居住小区的信息传播过程中，有必要在多种类型的信息平台上下功夫，以期实现广泛宣传和动员。

三　现代城市社区的物业管理服务满意度

（一）现代化物业管理的基本特征

现代化的物业管理于 19 世纪末至 20 世纪 30 年代在美国形成并发展成熟。随着城市化的发展，物业管理不仅涉及个人人居环境和消费问题，而且对社会问题和城市发展具有深远影响。研究指出，现代化的物业管理方式具有六个基本特征，包括：

第一，统一性，即物业公司对居住小区或公寓大厦的物业进行集中性或统一性管理；

第二，专业性，即物业管理业务是由专业性物业管理公司统一管理，物业管理公司需要通过综合条件考核后才能获得营业执照，并按专业划分的管理职能部门从事相应的管理业务；

第三，统合性，即物业管理的服务范围除了包括传统的维修、绿化、保洁等业务外，还增加了家政、购物、电子通信、养老等多方面的服务内容；

第四，社会性，一方面物业公司可以将专项管理任务交给社会上的专业性经营服务公司；另一方面物业公司通过提供良好的物业服务和人居环境，促成居民更好地融入社会、建立良好的人际互动；

第五，科技性，即物业管理活动通过运用科技成果（如信息技术）改善住宅建设和居住生活方式；

第六，契约化，是指通过具有法律效用的经济合同的运作方式，明确物业服务双方的权利和义务。

（二）中国的物业管理发展史

与国外的经验相比，中国的物业管理的形成和发展相对较晚。改革开放以来，随着中国住房制度改革的推进，物业管理逐渐成为商品房小区治理的重要内容。1981 年，中国第一家物业服务企业在深圳成立。1994 年，建设部颁布《城市新建住宅小区管理办法》，规定“住宅小区应当逐步推行社会化、专业化的管理模式。由物业公司统一实施专业化管理”。2003 年，国务院颁布《物业管理条例》，从国家法律层面为物业管理活动提供了明晰的规范和指引，标志着物业管理行业进入新的发展阶段。根据《物业管理条例》的规定，中国的物业管理是指“业主通过选聘物业服务企业，由业主和物业服务企业按照物业服务合同约定，对房屋及配套的设施设备和相关场地进行维修、养护、管理，维护物业管理区域内的环境卫生和相关秩序的活动”。

截至 2014 年底，中国约有 10.5 万家物业服务公司，从业人员约为 711.2 万人，年度经营总收入约为 3500 亿元。随着物业管理覆盖面的快速扩大，物业管理公司已经成为城市商品房小区的基本组织之一。例如，2014 年北京市和上海市的物业管理覆盖率分别达到 80% 和 96.74%。2015 年长沙市物业管理的覆盖率达到 75%，共有 1089 家物业服务公司。在此背景下，了解业主对物业管理服务的满意度，有利于推动物业服务公司有针对性地改善服务，改善小区的居住环境和业主的生活品质。

（三）现代城市社区的物业服务满意度

本课题组对长沙 26 个小区的 1243 名居民的小区物业管理服务满意情况进行了调查，调查结果详见表 9 - 4。

表 9 - 4　现代居住小区居民对物业服务公司提供的各类服务的满意程度

单位：%

物业服务公司提供的各类服务	非常满意	满意	一般	不满意	非常不满意
1. 保安服务和安全管理	18.9	44.4	32.0	5.6	1.0
2. 环境卫生和保洁管理	16.0	45.5	30.7	6.4	1.4
3. 公共设施（如小区绿化/消防设施）	16.2	43.0	32.1	6.8	1.9
4. 设施设备维护和维修	12.5	37.7	37.7	10.2	2.5
5. 物业费的额度	8.3	28.3	48.4	11.9	3.1
6. 物业费开支的公开性	8.7	19.1	45.5	19.6	7.2

续表

物业服务公司提供的各类服务	非常满意	满意	一般	不满意	非常不满意
7. 物业服务公司的管理理念	8.8	30.1	46.8	11.0	3.2
8. 物业员的服务态度和素质	12.7	39.9	38.5	7.0	1.9
9. 业主投诉或反映问题的处理	9.5	33.1	42.2	11.4	3.9
10. 对物业服务公司的整体满意度	8.8	38.5	43.1	7.3	2.3

可以看出，现代居住小区居民对物业管理服务的满意度情况如下。

1. 在现代居住小区居民对物业管理服务的整体满意度情况中，47.3%的被调查者表示“非常满意”和“满意”。数据显示，8.8%的被调查者（110人）表示对物业公司服务的整体情况感到“非常满意”，38.5%（478人）表示“满意”，43.1%（536人）表示“一般”，7.3%（91人）表示“不满意”，2.3%（28人）表示“非常不满意”。因此，47.3%的现代小区居民对物业管理服务的整体水平感到“非常满意”和“满意”。

2. 现代居住小区居民最为满意的物业管理服务。在物业服务公司提供的各类服务中，现代居住小区居民感到最为满意的四项服务为：（1）保安服务和安全管理，“非常满意”和“满意”的百分比合计为63.5%；（2）环境卫生和保洁管理，“非常满意”和“满意”的百分比合计为61.5%；（3）公共设施（如小区绿化/消防设施），“非常满意”和“满意”的百分比合计为59.2%；（4）物业员的服务态度和素质，“非常满意”和“满意”的百分比合计为52.6%。

3. 现代居住小区居民最为不满的物业管理服务。现代小区居民感到最为不满的四项物业管理服务包括：（1）物业费开支的公开性，“不满意”和“非常不满意”的百分比合计为26.8%；（2）业主投诉或反映问题的处理，“不满意”和“非常不满意”的百分比合计为15.3%；（3）物业服务公司的管理理念，“不满意”和“非常不满意”的百分比合计为14.2%；（4）设施设备维护和维修，“不满意”和“非常不满意”的百分比合计为12.7%。

总体而言，47.3%的现代小区居民对物业管理服务的整体水平感到“非常满意”和“满意”，仍然有较大的提高空间。在具体的物业管理服务中，居民感到最为满意的服务为保安服务和安全管理、环境卫生和保洁管理、公共设施（如小区绿化消防设施）、物业管理员的服务态度和素质；

居民感到最为不满的服务为物业费开支的公开性、业主投诉或反映问题的处理、物业服务公司的管理理念、设施设备维护和维修。

（四）现代城市社区物业管理服务发展建议

针对上述调查结果，我们认为物业服务公司可以从以下四个方面提高物业管理水平。

第一，针对物业费开支的公开性问题，我们建议物业服务公司的收支明细应该根据合同内容进行定期公开，使业主及时了解到物业费的收取情况和支出明细，减少业主对物业公司的不满。

第二，当业主投诉或反映问题时，物业服务公司应严格履行物业服务合同的约定，建立与小区居民的沟通渠道，积极回应业主的诉求，高效解决业主提出的问题。

第三，随着现代居住小区居民生活水平和消费品位的提高，他们对物业服务公司的管理文化也有了更高的要求。如果物业服务公司的管理理念滞后，可能导致小区的管理缺乏目标和方向。因此，物业服务公司需要与时俱进地改善管理理念，为小区居民提供优质的物业管理服务。

第四，针对设施设备维护和维修的问题，物业服务公司应定时对小区各项设施进行检查。当业主提出公共设施维修的要求时，需及时安排相关人员进行处理，保质保量地对公共设施进行维修。

四　现代城市社区的业主委员会

（一）中西方业主委员会的发展史

在西方国家，居民小区一般都设有业主委员会，该组织是社区居民表达诉求、参与社区物业管理的重要平台。研究显示，运行良好的业主委员会可以在物业管理和社区公共事务中发挥积极的作用。业主委员会可以推动业主间的相互合作、维护共同利益，也可以促进业主参与社区政治，推动社区民主和社区自治。

中国的业主委员会诞生于20世纪90年代的深圳。随着城市住房私有化改革和房地产市场的发展，业主委员会作为一种代表并维护业主物权利益的社会组织逐渐兴起和发展，并在社区治理中扮演日益重要的角色。2003年国务院颁布的《物业管理条例》和2009年住建部颁布的《业主大会和业主委员会指导规则》在法律层面保障了业主在物业管理方面的权利，同时明确规定了业主可以通过组织业主委员会维护共同利益、参与社区物业管理。根据《物业管理条例》的规定，业主委员会是在物业管理区域内代表全体业主对物业实施自治管理的组织。同时，《业主大会和业主委员会指导规则》规定，业主委员会应由业主大会会议选举产生，并作为业主大会的常设代议机构行使职责，包括代表业主选聘物业服务公司、签订物业管理合同、监督物业服务公司的管理服务工作、召开业主大会等。

（二）中国业主委员会的运作困境

研究显示，中国的业主委员会存在成立难、运作难的问题。数据显示，2006 年，在北京、上海、广州、深圳、郑州等 11 个大城市中业主委员会成立的平均比例仅为 32.29%。近年来，尽管商品房社区和物业管理行业经历了快速发展，但业主委员会的成立比例仍然维持在较低水平。例如，2016 年深圳市物业服务公司管理的住宅项目超过 4200 个，但已成立业主大会、选举产生业主委员会的住宅小区比例仅有约 30%；根据长沙市住房和城乡建设委员会统计，长沙超过 72% 的住宅小区没有成立业主委员会。除了成立困难的问题外，业主委员会在实际工作中常常处于“形同虚设”的困境，难以发挥参与社区管理、维护业主权益的职能。例如，据深圳市住房和建设局估计，2016 年深圳已成立的业主委员会仅有 30% 运作良好。

研究指出，业主委员会的成立和运作与行政力量的支持、物业服务公司的策略、业主自身组织化的努力密切相关。

第一，缺乏行政力量的支持会导致业主委员会成立困难。根据《物业管理条例》的规定，业主应当在房地产行政主管部门或者街道办事处、乡镇人民政府的指导下成立业主大会并选举产生业主委员会，业主委员会选举产生后应当向主管部门和街道或乡镇备案。在实际操作中，业主委员会的成立常常必须由居委会、街道办事处、区县行政主管部门层层审批。如果地方政府对业主委员会的成立持消极态度，会严重阻碍业主委员会的成立。同时，现有的国家制度对业主委员会的赋权不足，业主委员会不具备社团法人的资格，也不是独立法人，所以无法享有民事诉讼法中独立诉讼主体资格，从而限制了业主委员会维权功能的发挥。

第二，业主委员会与物业服务公司常常存在利益冲突，业主委员会的监督和管理功能可以阻止后者懈怠职责；当物业服务公司侵害业主权益时，业主委员会也可以通过法律赋予的组织权力与物业服务公司进行博弈。因此物业服务公司常常会阻挠业主委员会的成立和发展。研究发现，物业服务公司通常与地方政府部门和开发商具有连带关系，具有较强的经济与政治资源，在社区权力结构中处于强势地位。物业服务公司会通过贿赂业主委员会成员、干涉业主委员会选举等方法削弱业主委员会的运作，导致业主委员会难以维护业主权益、甚至侵占业主权益。

第三，业主委员会的成立和运作很大程度上取决于业主参与社区公共事务管理的积极性，以及精英业主和普通业主之间的团结程度。有学者指出，业主缺乏参与及监督业主委员会运作的内在动力会影响业主委员会的运作。当业主意识到彼此间的利益共同性，特别是遇到需要共同维权的事件时，业主组建和参与业主委员会的动力会更加强烈。此外，研究认为业主精英和领导者在业主委员会中具有重要作用，当业主委员会出现寡头化统治和准派系政治时，业主委员会的运作容易陷入困境。因此，化解业主内部分歧、促进精英业主与普通业主之间的团结是构建能实际运作的业主委员会的重要因素。

（三）现代居住小区的业主委员会运行状况

为了解长沙现代居住小区业主委员会的情况，中南大学社会学系对长沙市 1243 名现代居住小区居民进行了调查。接下来，我们将从三个方面介绍长沙市现代居住小区业主委员会的情况，包括业主委员会的成立和选举情况，业主委员会的活动、作用及业主的参与情况，业主对业主委员会的满意度。

1. 业主委员会的成立和选举情况

（1）业主委员会的成立情况：仅 21.1% 的居民表示小区成立了业主委员会。

数据显示，51.8% 的（644 人）被调查者表示不知道居住的小区是否已成立业主委员会；只有 21.1%（262 人）的被调查者表示所在的小区已经成立业主委员会；还有 27.1%（337 人）的被调查者表示所在的小区没有成立业主委员会。

仅有约二成的被调查者知道所在小区已经成立了业主委员会；而如果约 80% 的现代居住小区居民认为小区没有业主委员会，或不清楚是否有业主委员会，又如何能向业主委员会反映自己的诉求呢？这一情况说明在大部分的小区中，业主委员会难以承担表达社区居民诉求、维护业主权益的职能。

（2）业主委员会的选举情况：在表示所在小区已成立业主委员会的被调查者中，50.0%的居民表示业主委员会是业主选举产生的。

根据《业主大会和业主委员会指导规则》的规定，业主委员会应由业主大会会议选举产生。但是调查数据显示，在262名表示所在小区已成立业主委员会的被调查者中，41.2%（108人）表示不清楚业主委员会产生的方式；50.0%（131人）表示业主委员会是选举产生的；还有8.8%（23人）的被调查者表示业主委员会不是选举产生的。

上述数据说明小区业主委员会的选举方式仍然需要进一步规范，应按照相应规定保障业主选举业主委员会的权力。

（3）没有成立业主委员会的原因

调查显示，小区没有成立业主委员会的主要原因包括：（1）33.9%（148人）的被调查者表示是因为没有积极业主做牵头人和组织者；（2）24.0%（105人）的被调查者表示是因为开发商/物业/居委会等设置障碍；（3）21.3%（93人）的被调查者认为是缺乏政府有关部门的支持；（4）18.1%（79人）的被调查者认为是业主不了解业主委员会的程序。

因此，与已有的研究发现类似，缺乏积极业主、开发商/物业/居委会设置障碍、缺乏政府部门的支持、不了解业主委员会的成立程序是导致业主委员会难以成立的主要原因。

2. 业主委员会的活动、作用及业主的参与情况

（1）居民对业主委员会服务内容的了解程度

数据显示，在262名表示所在小区已成立业主委员会的被调查者中，44.2%（116人）的被调查者表示不清楚业主委员会的服务内容，43.1%（113人）表示一般了解，6.1%（16人）表示无所谓、不关心，只有6.5%（17人）的被调查者表示很清楚业主委员会的服务内容。这些数据说明有约一半的小区居民不了解业主委员会的服务内容，现代居住小区居民对业主委员会服务内容的了解程度较低。

（2）居民参与业主委员会活动的积极性：仅23.3%的居民表示周围业主会积极参加业主委员会的活动。

在262名表示所在小区已成立业主委员会的被调查者中，55.7%（146

人）的被调查者表示不清楚周边的业主是否会积极参加业主委员会的活动；23.3%（61人）的被调查者表示周边的业主会积极参加业主委员会的活动；13.6%（35人）的被调查者表示周边的业主不会积极参加业主委员会的活动；还有7.6%（20人）的被调查者表示业主委员会没有举办过任何活动。因此，现代居住小区居民参与业主委员会活动的积极性普遍不高。

（3）业主委员会发挥的作用

262名表示所在小区已成立业主委员会的被调查者认为业主委员会主要发挥了以下四个方面的作用：45.1%（118人）的被调查者认为业主委员会可以监督和协助物业服务公司履行合同；46.9%（123人）的被调查者表示提高了业主对小区的管理能力；39.3%（103人）的被调查者表示调解了业主间因物业使用、维护和管理产生的纠纷；39.6%（104人）的被调查者表示推动了业主关系、邻里关系的融洽。这些数据说明，现代居住小区居民已经意识到业主委员会在社区管理方面的积极作用，认为业主委员会可以在处理与物业服务公司的关系、邻里关系中发挥积极作用。

3. 居民对业主委员会的满意度情况

（1）居民对业主委员会的满意度

在262名表示所在小区已成立业主委员会的被调查者中，8.0%的被调查者对业主委员会感到非常满意，32.4%表示满意，51.5%表示一般，6.5%表示不满意，1.5%表示非常不满意。

因此，居民对业主委员会感到非常满意和满意的比例为40.4%，略低于对物业服务公司的满意度（47.3%）。

（2）居民认为业主委员会存在的主要问题

在262名表示所在小区已成立业主委员会的被调查者中，认为业主委员会的运作和工作最主要的六个问题包括：34.7%的被调查者表示业主委员会组成人员的代表性不强；32.1%的被调查者表示业主委员会对物业服务公司的监管力度不够；31.7%的被调查者表示业主委员会组成人员的责任意识不强；27.5%的被调查者表示业主委员会维护业主合法权益的力度不够；27.1%的被调查者表示业主委员会对物业资金的管理不透明；24.4%的被调查者表示业主委员会对业主与物业服务公司的矛盾协调不够。

因此，被调查者认为业主委员会的主要问题是业主委员会组成人员的代表性不强、对物业服务公司的监管力度不够、业主委员会组成人员的责任意识不强、维护业主合法权益的力度不够、对物业资金的管理不透明、对业主与物业服务公司的矛盾协调不够。

总体而言，业主委员会在长沙市现代居住小区的治理结构中处于边缘地位，难以发挥表达业主诉求、维护业主权益的功能。

第一，从业主委员会的成立情况来看，近80%的居民认为小区没有业主委员会，或不清楚是否有业主委员会；在表示所在小区已成立业主委员会的被调查者中，50.0%的居民认为业主委员会不是选举产生的或不清楚业主委员会的选举方式；居民认为，没有成立业主委员会的主要原因是缺乏积极业主、开发商/物业/居委会设置障碍、缺乏政府部门的支持、不了解业主委员会的成立程序。因此，长沙市现代居住小区的业主委员会存在成立难、缺乏选举民主的问题。

第二，从居民参与业主委员会活动的情况来看，在表示所在小区已成立业主委员会的被调查者中，50.3%的被调查者表示不清楚业主委员会的服务内容或对业主委员会的服务无所谓、不关心；仅有23.3%的被调查者表示周边的业主会积极参加业主委员会的活动。因此，居民对业主委员会的活动缺乏了解，参与热情和积极性较低。但值得注意的是，居民认为业主委员会可以在处理与物业服务公司的关系、邻里关系中发挥积极作用，说明居民对业主委员会的作用仍持一定的肯定态度。

第三，从居民对业主委员会的满意度来看，居民对业主委员会感到非常满意和满意的比例为40.4%，略低于对物业服务公司的满意度（47.3%）。此外，居民认为业主委员会的主要问题是业主委员会组成人员的代表性不强、对物业服务公司的监管力度不够、业主委员会组成人员的责任意识不强、维护业主合法权益的力度不够、对物业资金的管理不透明、对业主与物业服务公司的矛盾协调不够。

（四）现代城市社区业主委员会的发展建议

在调研的基础上，我们认为可以从以下四个方面增强业主委员会参与社区治理的能力。

首先，加大对业主委员会的宣传力度，让业主了解业主委员会的功能和重要性。业主的支持和参与是业主委员会运作的基础。因此，业主委员会需要加大在社区中的相关宣传力度，让业主真正地了解业主委员会的作用、参与业主委员会的活动，从而激发业主委员会的活力。

其次，规范业主委员会的选举程序，完善社区基层民主制度。应该落实《业主大会和业主委员会指导规则》的规定，在充分宣传的基础上，通过召开业主大会的形式民主选举业主委员会。

再次，强化业主对业主委员会的监督，形成对业主委员会成员的制约。针对业主委员会成员可能形成寡头统治和派系政治的问题，我们认为可以加强业主与业主委员会间的沟通机制和监督机制，防止业主委员会脱离业主。

最后，健全业主委员会和物业服务公司间的协商机制。我们认为，业主委员会和物业服务公司间应建立定期沟通会议机制，就业主反映的问题进行沟通。在签订物业服务合同时，需要召开业主大会或业主代表大会进行讨论，使业主委员会成为业主和物业服务公司进行协商和博弈的平台。

（五）对后续研究的建议

本次调研主要分析了现代居住小区中的物业组织和业主委员会组织，没有分析其他类型的社区组织，特别是社区居民志愿者组织和社区社会工作组织。有研究指出，运作良好的社区居民志愿者组织可以促成居民间的合作与信任关系，是积累社区社会资本、增强社区凝聚力和集体归属感、营造社区关系的重要途径，也是推动社区居民参与社区治理的重要平台。社区社会工作组织则可以将社区居民组织起来，推动居民间的团结合作，整合社区内外的资源，从而推动社区共同体的建设和发展。因此，我们认为在后续的现代居住小区调查中，除了要调查物业服务公司和业主委员会外，也可以加入对社区居民志愿者组织和社区社会工作组织的调查和研究，并在此基础上，分析现代居住小区中各类社会组织的运作情况和社会影响。

第十章　发现、讨论与建议

新型城镇化与城乡关系变动是相互联系而又有所差别的，是当今人类社会正在经历的两个特别重要的战略领域。新型城镇化以变动既有的传统社会中“不合时宜”的要素、注入“现代元素”为己任，强调效率优先原则。自然而然，城乡关系就会随之被改变。习近平新时代中国特色社会主义需要确保中国新型城镇化背景下的城乡关系变动，能够给中国农村居民、中国城市居民均带来福利，它是一种促进中国人口发展、城乡富裕、国家富强的关系变动。

本课题组以“发展”“整合”“提质”“城市融入”“脱贫振兴”为核心开展研究，经过近几年的研究，我们有理由认为，（1）新时代中国特色的城乡关系是以城市为引领、农村为纵深的一体性关系，是一种城市反哺农村、带动农村发展的关系，是一种能够实现结构性有序流动的宽广的有厚度的关系；（2）农村人口向城市流动可以促进城乡关系的良性发展，最终消除城乡二元结构，因此，新型城镇化战略友好实施，可以迅速促进农业转移人口进入城市，并快速实现城市融入，从而带动城乡人口结构变动，纯农业从业人口迅速减少，城乡一体化就会快速实现；（3）城乡空间科学有序、人文、有规划地变动，会促进城乡景观发展，进而在实现中国梦的伟大进程中，实现城乡居民美好生活目标的达成。

然而，我们必须清醒地认识到，当前新型城镇化背景下城乡关系变动的“难点”在于快速人口城镇化；“堵点”在于各地区发展不平衡、不充分；“痛点”在于农村地区较广泛存在“空心”现象，发展乏力；“兴奋点”在于中华民族目前正处于历史上最有实力办大事情的时期，国家在积极推进新型城镇化战略的同时，也在实施乡村振兴战略。

一　理论观点与实践逻辑

（一）新型城镇化

技术革新、工业化是推进新型城镇化进程的核心驱动力。同时，人口转型、生存压力、市场机制、政府角色定位、国家在世界体系中的地位也大致会左右城市化的方向与效率。目前，发展中国家大致有四种城镇化模式：一是以中国、南非、伊朗等国为代表的国家控制型城镇化模式，城镇化进程处于国家力量和制度规范体系的强力管控之下；二是以韩国、战后日本等东亚国家为代表的新型工业化经济体城市化模式，其核心特征是工业化与城市化高效协同推进，相互激发；三是高乡城迁移率与低城市化率并存的城市化模式，其典型代表是印度；四是以拉美国家为典型代表的过度城镇化模式，其核心特征是国家工业化与城镇化严重不匹配，出现大面积“贫民窟”，利益冲突和社会问题频发。

指导中国实施新型城镇化战略的理论有：习近平新时代中国特色社会主义理论，以及具有学科特色的理论，如区位理论、城乡结构转化理论、非均衡发展理论、协调发展理论、城镇化阶段论等。

中国新型城镇化希望通过农村居民向城市转移，进而通过实现市民化的方式，做到从数量上减少农村居民，增加城市人口，变动城乡人口比例结构；从人口质量上提升农村居民的综合能力与综合素质，促进其福利水平的全方位提升。因此，新时代中国所走的新型城镇化道路是一条发展性增长的道路，是一条包容性增长之路，是一条快速实现中国梦的道路。

中国城市体系内部在变动、结构在重组，形成了“复合型的城市化道路”。一些城市的地位正在变得越来越突出，另一些城市则在退化甚至边缘化。城市结构变动诱导、激励农村居民与城市居民向少数大城市、特大城市集中。拥有不同选择行为、不同心理体验以及不同能力素质的流动人口流向不同类别的城市，或流向同一城市中不同性质的岗位，构成所谓的有差别的多样化的城市化、城镇化模式，或者演变为“复合型的城市化道路”。那些拥有积极选择行为的流动人口会容易集中于主要城市并比较快速地融入城市，他们向上层社会流动的特征会很明显；而那些拥有消极选择行为的流动人口则会逐步被筛选并向下流动到较低等级的城市或返回到流出地农村。

（二）城乡关系

城乡关系变动是全世界绝大多数国家都无法逃避的重大结构性议题。国际上城乡关系的变动始于以蒸汽机为动力标志、以现代化工厂和大规模工人阶级的兴起为核心特征的工业化时代；发展于规模型制造业经济，各类人力资源的重新整合以及更大商业市场的形成。

城乡关系包含相当广泛的内容，如城乡发展关系、城乡产业关系、城乡经济关系、城乡文化关系、城乡社会关系、城乡生存关系、城乡运行关系等。相应的理论有非均衡理论、均衡理论、边缘理论、剥削理论、结构理论、重农主义理论、城乡融合理论、城乡一体理论、城乡流动理论、城乡互动理论、城乡结构转变理论、城乡空间变动理论、政府职能转变理论、城乡社区治理理论等。我们需要通过产业一体化提升农村产业现代化水平，通过职能一体化提升农村公共服务均等化水平，通过空间一体化统筹城乡空间规划。目前在实践层面，中国城乡关系呈现三种状态：一是城乡经济发展水平都很高，即较高水平的城乡均衡发展阶段；二是城乡经济发展水平差距大，即城乡非均衡极化发展阶段；三是城乡经济发展水平都很低，即城乡低水平均衡发展阶段。

城市化过程本身就伴随着城乡关系变动。本课题组主张，城乡关系变动应该达成如下目标：城乡居民公平地共享中华民族取得的主流文明成果，从而实现从传统的城乡空间分割下的区域不平等转向基于人的个体发展需要而自主选择的个体性机会平等。从个人层面分析，如果个人不能够实现城乡之间的自由流动，城乡关系必然是紧张的关系；如果能够实现个人之间的自由流动，城乡关系就会趋向和谐。而从整体结构分析，农村人口流动至城市，实现了充分意义上的城市化，农村居民就会避免因“厨师困境”而陷入结构性贫困，进而促进城乡一体化程度的提升，解构城乡二元结构。新型城镇化是促进城乡关系改善、城乡一体化的不可替代的战略性工具与政策选择。

本课题组发表的成果有：

李斌、毛鹏飞：《流动人口城市融入的复杂性逻辑》，《湖南大学学报》2017 年第 4 期；

李斌、毛鹏飞：《走向更具包容性发展的新型城镇化理论》，《湖南师范大学社会科学学报》2016 年第 6 期；

吴晓林、侯雨佳：《新自由主义城市治理理论的批判性反思》，《中国行政管理》2017 年第 9 期；

吴晓林：《结构依然有效：迈向政治社会研究的“结构 – 过程”分析范式》，《政治学研究》2017 年第 2 期；

吴晓林、谢伊云：《在民主与稳定之间：地方政府官员的决策性协商观——基于 814 名政府官员的问卷分析》，《探索》2017 年第 5 期。

二　研究方法探究

如第一章导论所述，本课题组历时 4 年，一共开展或参与了 7 次规模不一的问卷调查与实地考察，力求回应与验证定量研究与个案研究中的一些争论。

定量调查在中外学术界基本没有太多争议。因此，本研究众多阶段性成果积极使用全国性的数据或湖南省相对有规模的数据，以提升项目研究的外在效度。于是，本课题组主要对因互联网兴起而带来的问卷调查设计的新的特色进行探究。董海军教授做了一个专题研究，其成果发表于《晋阳学刊》。同时，项目负责人清楚个案研究的价值，特别邀请北京大学社会学系张静教授莅临中南大学就个案研究的规范性问题做了一个深度的学术报告，另外还要求子课题负责人董海军教授、曾东霞博士就个案研究的一般性问题做专题研究。其成果分别发表在《公共行政评论》与《社会科学辑刊》上。

本课题组发表的成果有：

曾东霞、董海军：《个案研究的代表性类型评析》，《公共行政评论》2018 年第 5 期；

董海军：《个案研究结论的一般化：悦纳困境与检验推广》，《社会科学辑刊》2017 年第 3 期；

董海军、耿宇：《移动互联网 + 问卷的应用特点与发展》，《晋阳学刊》2018 年第 3 期。

三　主要发现

（一）农村发展、乡村振兴方面的发现

40 多年的市场改革尤其是党的十八大以来，中国农村发生了巨大变化，广大农村居民职业日趋多样化、收入增长迅速、阶层感受良好、人际关系和谐、社会态度良好、获得感明显。

1. 脱贫攻坚战略重大成效缩小了城乡差距

国家于 2014 年强力推进脱贫攻坚战略，设定 2020 年为中国贫困县脱贫摘帽的“红线”年。目前全国大致有六成以上的贫困县顺利实现摘帽。

本课题组成员参与了湖南省 5 个县的调查与访谈。我们发现：脱贫攻坚战以来，各相关县县委、县政府经过长期艰苦奋斗脱贫攻坚，相关县生产总值、公共财政收入、农村居民人均可支配收入等主要经济指标增速快，整体面貌发生明显变化。贫困村水、电、路、网等突出短板得以加快补齐，基础设施和公共服务趋于完善，为后续发展和乡村振兴打下了坚实基础。

它们在以下十个方面均有良好表现。（1）产业扶贫。引进和扶持各类龙头加工企业，形成“龙头企业 + 专业合作社 + 基地 + 农户”的产业扶贫模式，支持贫困户自主创业。（2）转移就业扶贫。推行“政府 + 劳务公司 + 劳务经纪人 + 劳动力”的就业扶贫模式，促成贫困劳动力实现转移就业，培训贫困劳动力，发放培训补贴、交通补贴。（3）易地搬迁扶贫。100% 完成易地搬迁扶贫任务，在集中安置点集中建设光伏扶贫电站。搬迁户认为就业务工、经商创业、义务教育、医疗、交通、住房等都变好了。（4）金融扶贫。建立了金融扶贫服务站，实现贫困村全覆盖，发放扶贫小额信贷。（5）健康扶贫。贫困人口医保参保率、先诊疗后付费率和一站式结算到位率均为 100%，县内住院费报销比例、大病救助率超过 90%，慢性病签约服务管理到位率和电子健康档案覆盖率均为 100%。脱贫户现在看病的负担大大减轻。（6）教育扶贫。向建档立卡贫困户学生发放助学补助，投入巨资改造农村中心的中小学校。贫困学生无人辍学，享受了免费营养餐、寄宿补贴、免学杂费与书本费。（7）住房安全保障。完成境内的危房改造，发放危房改造补助资金，目前境内农村不存在农民无房居住

的情况，且住房安全有保障，接受危房改造的脱贫户均得到了补贴，且验收已全部到位。（8）社会保障兜底脱贫。湖南省低保标准从 2014 年的每月 165 元提高到 2018 年的每月 285 元。受访建档立卡贫困户低保资金到位率达 100%，其他社会保障资金也已经发放到位。（9）驻村帮扶。调集组建驻村帮扶工作队，每个村至少有一个工作队开展帮扶工作，选派党员干部（职工）结对帮扶贫困户，实现结对帮扶全覆盖。（10）完善基础设施、提高基本公共服务。投入巨资建设基础设施项目，新建或改扩建村卫生室、村级文化综合服务中心，新建和改造供水工程，新建或扩建农村村级公路，自然村（组）通达率达到 100%，尽量做到 25 户以上的居住聚落有硬化公路，农村自来水普及率抵近 90%，完成所有村的农网改造，建设 4G 基站。受访对象对各项公共基础设施的评价都比较高。

2. 乡村振兴需要农村本土有责任心的能人

2008 年以来，莫干乡村建设以“洋家乐”为标志的新型民宿及其关联性文创产业集聚化发展，2013 年以后又相继开展地方化乡村社区营造实验，既追求山村原有历史文化资源的“活化”，也追求都市农业休闲潮流的引领。

本课题组发表的成果有：

李敢：《社区总体营造视野下乡村活力的维系与提升——基于新旧“莫干乡村改进实践”的案例比较》，《城市规划》2017 年第 12 期。

3. 乡村振兴战略面临青年人缺位困境

市场改革 40 多年以来，农村绝大部分青年都流动到城市或者发达一些的地区打工，逃离了乡村社会，以致乡村发展主体缺失，农村产业很难发展，城乡产业一体化发展面临困境。

本课题组发表的成果有：

李斌、黄改：《产业立体网络平台体系：青年发展与乡村振兴的基础逻辑》，《中国青年研究》2019 年第 9 期。

4. 农村从事脱贫解困日常工作的人员严重不足

近几年，脱贫解困战略高效而密集地安排了大量政府工作人员下农村定点扶贫。在短短四年时间内，脱贫攻坚取得巨大成就。但是针对农村社区困难居民开展日常解困工作的队伍——民政队伍，人员配备严重不足。

应该说，在 40 多年的市场改革中，农村社区发展迅速，特别是有成效的特色小镇已经成为农村发展的亮丽风景。但是从总体来看，大致的问题还有：农村居住空间聚落的数量在迅速减少；村落空间物理形态集中有序的聚落性正在被分散而凌乱的单体型建筑所取代；农村聚落住房空置现象严重，人口空心化问题日益突出。

（二）农业转移人口市民化、城市融入方面的发现

本课题组认为，中国正步入发达国家行列。于是，与发达国家大体一致的人口结构也就成为中国目前积极推动的新型城镇化的基本任务：中国城市人口所占比例需要进一步提升，以抵近并超过 80%。只有到这个程度，中国的城乡关系才会有根本性好转，城乡统筹、城乡一体化才会成为“归纳性事实”。

只有农业转移人口进入城市以后，逐步融入城市社会，并最终能够与城市居民在教育、工作、生活、居住、身份、政治参与、发展等诸多方面实现某种有机、有序的均衡分布，城乡关系才能从人口流动层面实现结构性与个体性融合。因此，探索农业转移人口的迁移预期、城市融入机制、身份认同逻辑、就业促进逻辑、社区参与逻辑、人际关系逻辑、环境行为变迁、发展路径以及工作体验与身份塑造，也就具有非常重要的意义。

农业转移人口的第二代大体上不同于第一代“农民工”职业主要集中于底层的特点，他们的职业相对比较分散，可以期待最终会渗透到城市所有职业领域。他们整体上对自己的就业比较满意，而对其就业获得的收入满意度明显偏低；他们进入城市以后，城市融入的速度比较快，2 年的时间往往能够改变他们的社会交往圈子，增加其交往数量；另外就是住房，只有不到 2% 的农民工能够实现在城市购买住房的梦想，这极大地阻碍了新型城镇化的发展速度。

目前，农业转移人口已经不重视“户口”，他们甚至还更看重农村户口。城乡接合社区的居民（主要是农业转移人口）2018 年人均年收入大致为 4.9 万元，而传统城市社区的居民人均年收入则有 9.1 万元，另外，农业转移人口的家庭总收入以及生活花费也明显低于城市居民。受过高等教育的农业转移人口人数明显比城市居民少。

大致有三成的城乡居民没有购买养老保险，一成的城乡居民没有购买医疗保险，近 80% 的农业转移人口、超过 60% 的城市居民没有购买工伤保险与生育保险；84.7% 的农业转移人口、75.3% 的城市居民没有购买住房

公积金。

目前城乡二元结构格局仍然是普遍存在的。从人口类型的分布来看，即使近年来我国已经对户籍制度进行了改革，但城乡接合社区的农业转移人口以及流动人口所占比例仍然普遍高于普通城市社区。这种二元格局不仅体现在人口类型的差异上，更重要的是，城乡居民在生活水平、受教育程度以及就业水平、社会保障享有情况上都具有极其显著的差异，这是由我国城乡长期发展不平衡所导致的。社区层面的分析结果同样印证了城乡差异，城乡接合社区的社区治理人员专业程度、公共基础设施的覆盖程度、社区生活便利程度以及社区交通便利程度普遍不如普通城市社区，这就导致了城乡接合社区的发展受到限制，农业转移人口无法像普通城市社区居民那样享受较高水平的教育与医疗资源、便利的交通网络。

虽然城乡接合社区的经济水平和生活质量普遍低于城市社区，但是，城乡接合社区居民在社会生活感受上优于城市社区居民，这些感受体现在对社会接纳程度的认知上以及对社会的信任感受上。

从公共设施质量的角度考虑，城乡接合社区仍然不如城市社区，尤其是在教育资源和医疗资源方面，城乡接合社区很难与城市社区齐平，原因可能首先是乡镇、郊区的经济发展水平相对落后，很难对优质的教育资源或医疗资源形成吸引力，其次是城市社区人口更加密集，并且公共基础设施已有多年的发展，各方面发展较为完善。城乡接合社区居民在不断增加，逐渐对各项设施有更高的需求，所以城乡接合社区的公共基础设施在质量上还有很大的提升空间。

1. 目前的积分入户制不利于农业转移人口定居其流入城市，他们的迁移预期的不确定性强

中国农民工已经到第二代、第三代，他们对自身的生活工作地点应该有比较肯定的设计，中国新型城镇化也需要他们进入城市。但是，目前近半数的农民工的迁移预期属于“悬浮型”或“双向型”。个中原因主要是，城市的积分入户制对农民工入城很少有正向激励作用。北上广深津等强调“年龄”“工作年限”“受教育程度”“职业技术等级”四个指标；地级市城市强调“社保”“纳税”“房产”三个指标；县级市保留“社会服务”指标。上述这些指标对目前在相应城市打工的农民工基本没有太多的友好度。

本课题组发表的成果有：

雍昕：《农民工迁移行为预期研究》，《中南大学学报》2017 年第 5 期。

2. 城里人身份的吸引力在降低，在城市的农业转移人口很大部分不认同城里人身份

农业转移人口的身份认同因受结构差异化效应与个体差异化策略影响而表现出差异性分布。第一，农业转移人口身份认同呈“阶梯推进”态势。只有 14.3% 的农业户籍人口、46.3% 的政策性农转非人口、76% 的自致性农转非人口认同城里人身份。第二，对农业转移人口身份认同起作用的结构性因素其“面向”呈某种离散性：有些要素有激励作用，如户口改革政策、村改居政策、征地政策等；有些要素则起阻碍作用，如城市住房保障服务、社会管理服务与公共医疗卫生服务等；有些要素似乎被漠视了，如基础教育服务的获取。第三，在个体建构层面，反映行动本身差异的指标（如有无工作、学历高低、职业能力强弱等）对农业转移人口的城里人身份认同没有统计上的显著性差异，而反映行动结果差异的指标（如城市生活方式的拥有、在城生活年限、是否有房有车等）则对城里人身份认同具有统计上的显著性差异。

本课题组发表的成果有：

李斌、张贵生：《农业转移人口身份认同的分化逻辑》，《社会学研究》2019 年第 3 期。

3. 城市住房市场是阻碍流动人口融入城市的主要障碍，在城市拥有住房产权就会倾向于认同自己是城里人身份

具备如下特征的流动人口相对容易融入城市，这些特征大致是女性、较高的受教育程度、已婚状态、配偶是城里人、对法律规范以及现代城市组织有较多的了解、家庭经济收入高、在城市生活压力少、有正能量以及认同城市主流文化等。农业转移人口在城市住房市场难以获得住房则是其融入城市的最大障碍。

本课题组发表的成果有：

李斌、毛鹏飞：《流动人口城市融入的复杂性逻辑》，《湖南大学学报》2017 年第 4 期；

潘泽泉、何倩：《居住空间、社会交往和主观地位认知：农民工身份认同研究》，《湖南社会科学》2017 年第 1 期；

潘泽泉、邹大宽：《居住空间分异、职业地位获得与农民工市民化意愿——基于农民工“三融入”调查的数据分析》，《湖南师范大学社会科学学报》2016 年第 6 期；

李斌、汤秋芬：《资源、秩序与体验：工作时间与工作满意度研究》，《湖南师范大学社会科学学报》2018 年第 6 期；

邓韵雪：《空间与工人的跨厂人际关系网络：一项基于 G 市汽车行业的研究》，《湖南大学学报》2017 年第 2 期；

彭远春、毛佳宾：《行为控制、环境责任感与城市居民环境行为——基于 2010CGSS 数据的调查分析》，《中南大学学报》2018 第 1 期。

4. 失地农民在土地被征后存在一至三年的迷茫期

因城市扩张而失去土地与原有住房的郊区农民，他们因生活变化过快，而不适应。失地农民就业面临时间与空间上的结构复杂性，就业主体与就业结构的持续互动是其特点。从空间上看，失地农民经历了空间转换、空间重构和空间再生产三大过程；从时间上看，失地农民的就业行为遵循“解构”“嵌入”“分化”的流变轨迹。因此，他们的就业状态会很复杂。面对国家或者相关企业给予的巨额补偿款，一些失地农民迷失了自己，他们整天无所事事，赌钱打牌、高消费、不工作、不计划未来。一些失地农民在拥有巨额财富以后，过分张扬自己的能力，看不起他们能够胜任的工作，好高骛远；一些失地农民缺失新型劳动技能以适应城市劳动力市场；部分失地农民“坐吃山空”，产生心理问题，出现对社会与政府的抵触情绪；有的家庭出现骨干劳动力搁置、家庭经济拮据等问题。

本课题组发表的成果有：

李斌、汤秋芬：《从“迷茫性脱嵌”到“分化性嵌入”：社会工作助推失地农民就业的研究》，《湖南大学学报》2018 年第 6 期；

李斌、曾东霞：《城镇化进程中失地青年“偏离性”发展研究》，《中国青年研究》2017 年第 2 期。

（三）城市居住空间变动方面的发现

1. 城市住房价值变迁引发诸多社会政策、社会理论话题

新型城镇化一方面迅速拓展了城市的绝对空间，同时也复杂地变动了城市内部空间，让城市内部空间特性因新型城镇化战略的推进，在经济、政治、文化、地位等方面发生结构性与零散性兼备的变动，变动及其结果提高了发展效率也累积了不平等。于是，在理论、政策与实践层面引发出特别多的议题。

自然地，新型城镇化背景下城市空间变动最大的是城市住房空间。中国城市40多年的住房改革，在第一阶段通过货币化手段让单位福利公房私有化。第二阶段是商品房市场阶段。住房改革较好地实现了效率目标，解决了城市住房的短缺问题，让住房资源步入富足状态。住房改革实践在多个方面实现了中国社会理论的创新，印证了“渐进性改革”在效率上的合适性。不过，由于住房改革过度强调住房的商品化与产权、政府对土地出让金的追求、银行货币政策变动以及“渐进改革”本身的缺陷，住房改革过程出现了分化，触动并强化了城市社区空间的“悬异性”，进而影响邻里社会资本质量、社区服务的供给与获取。中国城市住房市场化改革催生了城市“增长机器”的形成，从城市社区空间视角分析，很容易发现两类不平等：第一，“时间维度不平等”，即后进入特定城市的居民需要比先进入城市的居民支付更多的成本；第二“空间维度不平等”，即社区空间会因为特定的城市与特定的地理位置，而表现出完全不同的价值利益。于是，居住空间不仅成为社会分层的重要指标，而且还是政治民主、社区参与、社区治理、身份认同、发展信心、身心健康、社会资本、社会服务等的决定性指标。在很大程度上，城市住房已经演变为城市社会不平等的重要尺度。

2. 城市住房产权已经演变为社会分层的决定性变量，它是农业转移人口身份认同的核心标准

现阶段中国城市的社区阶层分割已经显现出一股强大的结构性约束力。个体是否能够拥有中高等级社区的住房主要取决于其所属的整个家庭成员的集体经济地位。

本课题组发表的成果有：

李斌、张贵生：《城市社区阶层分割与城市居民邻里社会资本——一个多水平分析》，《中南大学学报》2019年第3期；

潘泽泉、何倩：《居住空间、社会交往和主观地位认知：农民工身份认同研究》，《湖南社会科学》2017年第1期。

3. 住房状态影响居民的社会资本、社会参与、社会服务

现代城市社区大多属于新建不久的商品房社区，住户的来源分散，其行为个体化和原子化特征强，如此建构出来的邻里社会资本，基本属于一种“链合性的社会资本”，而非“整合性的社会资本”。另外，移民社区的邻里社会资本相对较高。

本课题组发表的成果有：

李斌、张贵生：《居住空间与公共服务差异化：城市居民公共服务获得感研究》，《理论学刊》2018 年第 1 期；

李斌、张贵生：《住房产权与农业转移人口社区治理参与》，《社会治理》2019 年第 1 期；

廖鸿冰、廖彪：《基于居住空间结构变动的城市社区社会服务供给侧研究》，《社会工作与管理》2019 年第 2 期。

（四）城乡社区治理方面的发现

现代社会类似教育、卫生、环境、基础设施、公共服务等的提供往往是以社区空间为地域范围的，因此，考察城乡协调程度或者城乡之间的关系，更多地要考察社会层面的变量。任何城市空间组成部分的调整，既涉及社区居民的“个益”，又涉及社区共同产权的“共益”，还牵扯整个城市甚至国家的“共益”。党的十九大提出了“共建共治共享”的社会治理格局。我们认为，要实现这一伟大目标，社区治理所依赖的组织力量除了政府组织以外，其他各种力量如业主委员会、社会组织、群众性组织等，均需要积极着力培育。

1. 目前社区治理最大的困境就是如何组织居民，缓解原子化倾向

中国新型城镇化加速，城乡居民流动性加快，城乡社区居住空间变动迅速。于是，社区内部居民之间的陌生感增加并且难以化解，居民个体化引发的困境也日益突出。而且，现有的社区组织（如居委会、社会组织、社会工作机构）大多没有认识到以居民之间团结互助为基础的组织化过程的重要性。

本课题组发表的成果有：

李斌、王镒霏：《化解社区治理中个体化困境的有效途径》，《社会工作与管理》2017 年第 2 期。

2. 目前城市社区自理能力不强，城市业主委员会发展仍然先天不足，难当重任

无论是社区业主，还是社区业主委员会，或是社区中的相关组织，目

前基本以个体利益为导向，其次才是社区整体利益，最后才是更大范围的城市公益。而良好的社区治理需要社区居民以公益作为首要原则，如此，以服务他人为目的的社会组织才能够有效地建设起来，志愿者队伍的发展才会积极健康。我们发现之所以城市社区处于目前的状态，主要是因为目前城市社区普遍处于一种无权状况。

另外，商品房社区业主委员会受到内部治理结构欠完善、业主群体公共意识不足、政策制度缺陷以及市场力量很强势“四重阻抑”，业主委员会难以将有限的社区责任转化为对城市的整体责任。业主委员会自一诞生就凸显出个体房权维护的工具性特征，只是在短期内可能与社群主义的组织形式发生耦合，在长期的共同体发育过程中则困难重重，既不利于建构以房权为中心的社群，也不利于构建房权意识外溢到城市治理的正向链接。

本课题组发表的成果有：

吴晓林、张慧敏：《社区赋权引论》，《国外理论动态》2016 年第 9 期；

吴晓林：《两岸城市社区治理的比较研究》，《行政论坛》2017 年第 4 期；

吴晓林、谢伊云：《房权意识何以外溢到城市治理？——中国城市社区业主委员会治理功能的实证分析》，《江汉论坛》2018 年第 1 期。

3. 封闭社区正在孕育某种“私托邦”效应

“后权威主义”的政治驱动、“消费俱乐部”的经济驱动、“寻求安全隔离”的社会驱动构成了现代城市封闭社区“乌托邦理想”的三种主流动力。然而，我们发现，封闭社区似乎正展现出以其“产权内部化”挑战城市基层政治、消费俱乐部无经济外部效应、安全隔离产生了城市隔离等“意外”效果。

本课题组发表的成果有：

吴晓林：《城市封闭社区的改革与治理》，《国家行政学院学报》2018 年第 2 期；

Wu Xiaolin, Li Caige, “Policy Transition from Gated Community to Block System: Situation Study and Reform Approaches,” *China City Planning Review* 25 (2016): 36 - 43.

4. 业主基本不赞成城市封闭小区开放政策

为了让更多居民分享城市社区环境，中央推动开放小区、实施街区制，尽管从大众政治层面分析，这是一个积极的政策。但是，城市已购房的业主最不赞成这项政策。这说明，城市空间调整涉及利益重新分配；个体利益与共同利益交织具有复杂性。个体利益往往在公共政策实施时，被特定群体优先考量，进而导致有良好的动机的公共政策最终无法实施。

本课题组发表的成果有：

吴晓林：《从封闭小区到街区制的政策转型：形势研判与改革进路》，《江汉论坛》2016 年第 5 期。

5. 商品房小区业主冲突具有“个益 > 共益 > 他益”的特点

城市社区的物业纠纷具有普遍性，业主同市场组织的冲突最严重且易激化；业主维权冲突虽然总体温和可控，但是具有从“社区冲突”升级为“街头冲突”的可能。目前商品房社区业主之间存在的冲突主要属于个人利益之间的冲突，凸显“应激性共同体”而非“权利性共同体”的特征，业主以“个人利益链接”的强弱度为中心，参与维权行为的可能性呈现“个益 > 共益 > 他益”的特点，商品房社区业主的“共益”观念渐趋发展，但“公益”意识尚待发育。未来，伴随人口结构老龄化和公民权利意识觉醒等，社区维权冲突升级的可能性会有所增加。

本课题组发表的成果有：

吴晓林、李昊徐：《城市商品房社区的冲突与精细化治理——一个以业主行为为中心的考察》，《内蒙古社会科学》2019 年第 2 期；

吴晓林：《中国城市社区的业主维权冲突及其治理：基于全国 9 大城市的调查研究》，《中国行政管理》2016 年第 10 期；

Nie, S. , Wang, Z. , Pujia, W. et al. , “Big Data Prediction of Durations for Online Collective Actions Based on Peak’s Timing,” *Physica A: Statistical Mechanics and its Applications* 49 (2018): 138 - 154.

（五）城乡社区养老方面的发现

党的十九大报告指出，要“积极应对人口老龄化、构建养老、孝老、敬老的政策体系和社会环境，推进医养结合，加快老龄事业和产业发展”。《“十三五”国家老龄事业发展和养老体系建设规划》于 2017 年 2 月 28 日由国务院全文发布，对积极应对人口老龄化提出明确要求。

每个县应该设置一个养老服务与管理中心，并设置有 500 张左右床位的医养结合的老年服务场所。中心建立并运行市、区、街道（乡镇）、社区四级居家养老信息管理和服务网络平台，建设有“互联网 + 养老”体系。中心负责管理并统筹全县的养老资源与服务资源。

各县、街道（乡镇），首先应设立一个“旗舰店”，即专业的老年服务机构，有 200 ~ 400 张床位，为完全失能老人提供机构服务；其次应以机构的专业力量延伸到基层社区去建立社区中心，为部分失能的老人提供日间照护服务或喘息式服务；最后是从社区中心延伸到居民家庭，为有各种需求的老人做上门的居家服务。

本课题组发表的成果有：

李斌、毛鹏飞：《养老资源的结构与积极型养老模式的建构》，《理论学刊》2016 年第 5 期；

李斌、张贵生：《城市社区阶层分割与城市居民邻里社会资本——一个多水平分析》，《中南大学学报》2019 年第 3 期。

四　对策建议

（一）农村发展方面

1. 脱贫攻坚成果的巩固仍然离不开政府的强力领导

（1）政府尽量多输出劳动力，设置更多公益性岗位，开办更多扶贫车间（扶贫工厂）。对于劳动能力欠缺的贫困户，要安排合适的工作岗位，为贫困户适当增加公益性岗位，充分动员和利用农村闲散劳力，形成自食其力的良好社会风尚。（2）加大对扶贫小额信贷的政策宣传力度，提升实际贷款发生率。（3）建设并完善边远山区农村通信设施，切实满足农村居民的通信需求。（4）立足于各相关县自身优势资源，发掘新的收入增长点，激发脱贫对象的内生动力。调动村支两委的积极性，强化村干部能力建设、农村能人建设，强化“扶智”和“扶志”工程，加强公德教育，提升乡规民约的社会影响力，对好逸恶劳现象形成一定的民间约束力，进一步营造积极向上的就业氛围。

2. 乡村振兴需要构建农村产业网络平台，激发农村青年回乡创业

新时代的乡村振兴战略需要青年群体成为乡村产业主体，这就需要通过网络化产业平台集约农村自然而分散的产业元素。回乡青年农民利用农村自然空间，按照时间的自然属性，种植、培育农产品，获得健康生态价值基础上的超额价值。村、镇和县分别将所在区域分散的农户通过立体网络联结起来，建立、依托、运行各自网络中心内所形成的特色农产品，通过网络技术链接对接目标消费群体。而以农户、村庄、乡镇、县域为层级的四级产业立体网络平台一旦建设成功，则一方面可以提升农村产业的可持续性与盈利性空间，另一方面也可以使青年群体有宽广的职业发展空间。农村青年职业及盈利空间的拓展也成就、构造了农村青年的发展路径。

基本精神与想法还体现在如下成果中：

李斌、黄改：《产业立体网络平台体系：青年发展与乡村振兴的基础逻辑》，《中国青年研究》2019 年第 9 期。

3. 动员外出人员积极参与农村家乡建设，推动农村产业发展

发动已经迁移出家乡的、有一定成就的各类人士，积极参与农村家乡建设。挖掘家乡各类资源，特别是文化资源，推进多样化民俗文化活动，如民宿及关联性文创活动，带动乡村社区发展；也可以立足于建立生态休闲文创产业带、生态社区示范带，促进产业、生态、人文、景观等协调发展。

基本精神与想法还体现在如下成果中：

李敢：《社区总体营造视野下乡村活力的维系与提升——基于新旧“莫干乡村改进实践”的案例比较》，《城市规划》2017 年第 12 期。

4. 需要增加农村地区具有较高素质的基层民政人员数量

基层民政人员以解决城乡社区困难居民的困难为己任，但是目前面临数量严重不足、队员素质不适应新时代要求的情况，需要增加民政人员数量，最好是通过政府购买服务，聘请高素质的社会工作者进入社区，开展专业减贫救困工作。

（二）农业转移人口市民化、城市融入方面

1. 设置科学合理的、对农民工有吸引力的入户指标

各城市应该根据自身的发展定位，设置好吸引农业转移人口入户的指标体系，让农民工在所在城市的工作过程中，或者在日常公共事务的管理中，能够清楚知道他们自己入户的可能性以及需要具备的条件，以方便他们增加入户积分，使他们的迁移预期能够明朗化。

基本精神与想法还体现在如下成果中：

雍昕：《农民工迁移行为预期研究》，《湖南医科大学学报》2017 年第

5 期。

2. 忽略农民与市民的区分，倡导“公民”或“国民”

到 2017 年 3 月，全国绝大部分省（区、市）取消了农业户口与非农户口区分。政策层面需要积极应对以“市民身份”为基线的多重庞杂的“城市身份”体系。因此，我们建议使用“公民”或“国民”概念以便实现全国范围内国民身份的平等。这样才能形成积极的新时代背景下的个体行动策略问题。中国梦需要全体国民努力，设计自己的行动策略，与新时代契合，为中国梦的实现做贡献。

基本精神与想法还体现在如下成果中：

李斌、张贵生：《农业转移人口身份认同的分化逻辑》，《社会学研究》2019 年第 3 期；

李斌、毛鹏飞：《流动人口城市融入的复杂性逻辑》，《湖南大学学报》2017 年第 4 期。

3. 增加城市对农业转移人口的吸引力

第一，获得工作岗位并能够有所发展是农业转移人口进入城市的最关键第一步；第二，帮助农业转移人口解决住房问题，并让其中优秀而勤奋的人员确信他们在可以预计的未来，能够获得住房产权，成为城市的新市民；第三，监管各用人单位，确保农业转移人口的各种保险能够落实到位，解决流动人口的后顾之忧。总之，政府需要从结构整合性、行为选择性、城市归属感、现代性、制度保障等多方面认识农业转移人口，提升他们融入现代社会生活、工作的能力与素质，保障农业转移人口权益。

基本精神与想法还体现在如下成果中：

李斌、毛鹏飞：《流动人口城市融入的复杂性逻辑》，《湖南大学学报》2017 年第 4 期。

4. 通过政府购买服务，让社会工作机构进驻失地安置小区

鉴于失地农民小区出现的生活与工作环境的转变，以及农民获得巨额财富所形成的复杂环境与心态，每个失地农民小区需要进驻由政府购买服务的社会工作机构，开展专题服务，帮助农民从“迷茫”中清醒过来，进而在城市寻找到合适的工作岗位。社会工作机构设定的短期目标是转化失地农民的非理性工作态度与观念，引导促进其积极就业与创业；中期目标是改善和解决失地农民在拆迁安置后的城市融入问题；长期目标是在解决失地农民创业就业和城市融入问题的基础上，为中国目前新型城镇化战略的有效实施提供经验和路径。

基本精神与想法还体现在如下成果中：

李斌、曾东霞：《城镇化进程中失地青年“偏离性”发展研究》，《中国青年研究》2017 年第 2 期；

李斌、汤秋芬：《从“迷茫性脱嵌”到“分化性嵌入”：社会工作助推失地农民就业的研究》，《湖南大学学报》2018 年第 6 期。

（三）城市居住空间变动方面的建议

1. 让“商品房体系”与“保障房体系”各自独立，确保“住房是用来住的、不是用来炒的”“人人住有所居”

习近平新时代中国特色社会主义住房改革制度需要以“人人住有所居”为目标。这就必须要建构各自独立运行、不能交叉重合的“商品房体系”与“保障房体系”。只让商品房在市场上独立运作，升值或者贬值；严格禁止保障房进入市场交易，不能升值，重新考虑并重新激发单位在住房保障体系中的作用。

如果住房的分类体系得以建构，农业转移人口就会提高对社会服务的积极性，从而提升其社会资本总量，增加其城市生活的满意度。

基本精神与想法还体现在如下成果中：

李斌：《效率与分化：中国城市住房改革 40 年回顾》，《人民论坛 · 学术前沿》2018 年第 21 期。

2. 提倡混合居住、插花安置，减少公共住房中低收入群体过度集聚的状况

分割居住、大门社区已经成为当今社会难以解决的社会隔离的重要问题，因此在居住空间的安排上要尽可能地实行混合居住，加强各阶层居民之间的了解与认识，或者需要通过社区整合与“随机选择邻居”活动来实现。

基本精神与想法还体现在如下成果中：

潘泽泉、何倩：《居住空间、社会交往和主观地位认知：农民工身份认同研究》，《湖南社会科学》2017 年第 1 期；

李斌、张贵生：《居住空间与公共服务差异化：城市居民公共服务获得感研究》，《理论学刊》2018 年第 1 期。

3. 谨防封闭社区的产权过度张扬侵害基层政治与公民社会

城市社区住房越来越成为“霸权性”变量，它已经超越教育、职位、收入等要素成为社会分层的核心。它已经偏离主流社会逻辑，正逐步挑战既有的公平与效率原则，甚至影响城市基层政治。因此，需要从顶层设计上降低住房的霸权特征。

基本精神与想法还体现在如下成果中：

吴晓林：《城市封闭社区的改革与治理》，《国家行政学院学报》2018年第2期。

4. 提高农业转移人口的住房条件和职业保障水平

由于住房改革过度强调住房的商品化与产权、政府对土地出让金的追求、银行货币政策变动以及“渐进改革”本身的缺陷，住房改革过程出现了分化，导致在城市工作多年的农民工只有不超过2%的人在城市买得起住房。新型城镇化需要吸收农业转移人口，则要提高他们的住房条件。另外，获得城市住房产权比获得城市户籍更能激发农业转移人口参与社区治理的热情。有关农业转移人口的社区治理正逐渐由属地化原则向居住地原则转变。

基本精神与想法还体现在如下成果中：

李斌、张贵生：《城市社区阶层分割与城市居民邻里社会资本——一个多水平分析》，《中南大学学报》2019年第3期；

李斌：《分化与效率：中国城市住房改革40年》，《学术前沿》2018年第11期；

李斌、张贵生：《住房产权与农业转移人口社区治理参与》，《社会治理》2019年第1期。

5. 根据居住空间性质配置社会服务，财政着力解决低端社区的公共服务配置问题

应根据居住空间的性质提供相应服务，包括：对低端社区，要加大财政投入力度，强化政府主导社会服务供给；对中端社区需要推进社会服务供给主体和方式的多元化；对高端社区，要积极构建社会服务供需契合的机制，尽量使用市场机制解决服务供给问题。因此，政府要综合高、中、低端社区的复杂组合，建立政府与社会组织共生型社会服务合作供给模式。在低、中端社区引进政府购买服务型的社会工作机构。

基本精神与想法还体现在如下成果中：

廖鸿冰、廖彪：《基于居住空间结构变动的城市社区社会服务供给侧研究》，《社会工作与管理》2019 年第 2 期；

李斌、张贵生：《城市社区阶层分割与城市居民邻里社会资本——一个多水平分析》，《中南大学学报》2019 年第 3 期。

（四）城乡社区治理方面的建议

1. 中国城市治理应该采用制度性集体行动理论，寻找公民而非顾客

城市治理从“地理单元指向”发展出大都市政府理论、多中心治理理论、新区域主义理论与尺度重构主张；从“公共权力指向”发展出精英主义、多元主义、城市增长机器理论、新马克思主义城市治理理论和城市政体理论的演进路线。中国城市治理经过多年的探索，发现制度性集体行动理论更适合我们。于是，中国城市治理需要着力寻找公民，而非顾客。应培育遵纪守法，有责任感、使命感，乐于服务他人，散发正能量的公民；而不是仅仅支付货币购买享受的“顾客”。

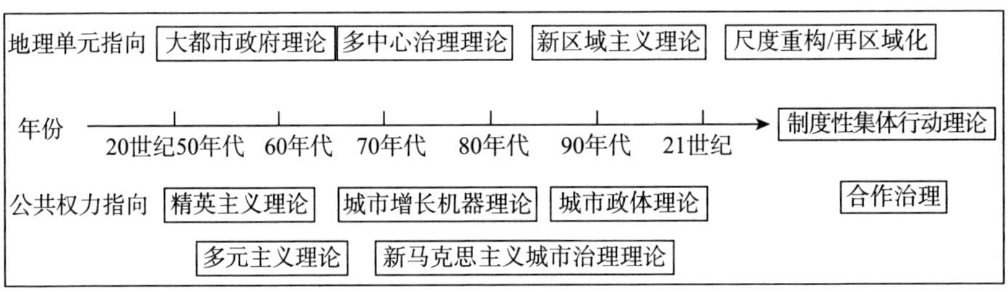

图 10-1　城市社区治理理论的发展

基本精神与想法还体现在如下成果中：

吴晓林、侯雨佳：《城市治理理论的“双重流变”与融合趋向》，《天津社会科学》2017 年第 1 期。

2. 赋权城市社区，提升社区居民的社区治理能力

社区赋权是指给予社区相应的资源和权利、激发居民的参与意识、增强居民参与治理能力的过程，从而达成社区合作治理和可持续发展的结果。社区被赋权的空间越大，其自理能力也相应更强。

基本精神与想法还体现在如下成果中：

吴晓林、张慧敏：《社区赋权引论》，《国外理论动态》2016 年第 9 期。

3. 尽可能组织社区居民，化解个体化困境

政府需要向社会组织购买服务，推动社区社会组织机构实施社区居民组织化工程。构建以“助人助他”为理念、组织形式上类似于银行“存储-支付”体系的“跨时空服务提供-跨时空服务提取”式的服务组织体系——“服务银行”。在这一组织化建设过程中，社会工作尤其需要在既有提供专业社会服务与角色的基础上，成为建构跨时空服务传递网络系统的主体。

基本精神与想法还体现在如下成果中：

李斌、王镒霏：《化解社区治理中个体化困境的有效途径》，《社会工作与管理》2017 年第 2 期。

4. 城市社区要确保公共空间，且不被侵占

鉴于城市空间具有很高的市场价值，公共空间常常遭到侵占，或者划分欠清晰，导致其后的社区运行矛盾重重；或者因公共利益的需要，私人利益或个体利益不让步，导致更大范围福利的政策难以实施。因此，城市社区必须在规划时就要划分出公共空间与私人利益空间的分界。在已经没有预留公共空间的社区实施惠民公共政策，则需要有广泛地动员，异化地推行公共政策，甚至要做先行示范。

基本精神与想法还体现在如下成果中：

吴晓林：《从封闭小区到街区制的政策转型：形势研判与改革进路》，《江汉论坛》2016 年第 5 期。

5. 赋权社区业主组织，促使其健康发展，监督其行使责任

政府需要将业主委员会视为城市治理的积极力量，赋权业主组织，促使其健康发展，督促并监督其行使公共责任，超越个益维护工具的狭小视野，夯实共益组织的基础，引导其发挥公益组织的能力。

基本精神与想法还体现在如下成果中：

吴晓林、谢伊云：《房权意识何以外溢到城市治理？——中国城市社区业主委员会治理功能的实证分析》，《江汉论坛》2018 年第 1 期。

6. 严格控制商品房业主冲突，谨防上升为群体利益冲突

积极化解业主冲突，以积极心态发掘、培育和支持业主组织，将商品房社区的矛盾和冲突引导在体制内解决。首先，立足于封闭社区与开放社区的业主需求差异，提供精细化、差异化的公共服务，满足业主的居住需求，保障居民的合法居住权益，同时将选择物业管理模式的决定权交由业主，培育物业自治。其次，观照封闭社区业主对社会交往的需求较为突出、共同体产权意识进一步发育的特点，强化对业主组织的支持和培育，提高业主委员会成员的政治性、志愿性和专业性，完善业主委员会的治理结构、增强业主委员会的自组织能力，发挥其体制吸纳的作用，将社区冲突控制在合理的范围，防止社区的“一阶冲突”转化为“二阶冲突”。再次，利用“互联网+”和大数据等现代化信息技术，搭建“业主、社会、市场、政府”之间的信息化桥梁，创新业主与业主组织的意见表达渠道，完善社区多元治理。最后，积极地探索设立物业巡回法庭，将法院的审理和调解下沉到社区，直面矛盾的根源，把冲突解决在社区。

健全法律法规，保证业主与市场主体“权益平衡”；健全市场体制，确保业主群体与市场组织利益增进；赋权业主组织，构建市场、社会和政府协商平台；引入大数据技术，推进城市社区治理现代化。

要预防业主维权冲突升级扩大，主要是解决业主权利维护的制度问题，应当在对住房市场动态预警的基础上，健全法律法规，促使业主与市场主体“权益平衡”，发挥业主同市场主体的协商作用。

基本精神与想法还体现在如下成果中：

吴晓林、李昊徐：《城市商品房社区的冲突与精细化治理——一个以业主行为为中心的考察》，《中南大学学报》2017 年第 5 期；

吴晓林：《中国城市社区的业主维权冲突及其治理：基于全国 9 大城市的调查研究》，《内蒙古社会科学》2019 年第 2 期；

吴晓林、邓聪慧、张翔：《重合利益中的工具性：城市基层协商民主的导向研究》，《学海》2016 年第 2 期；

吴晓林、邓聪慧：《城市垃圾分类何以成功？——来自台北市的案例研究》，《中国地质大学学报》2017 年第 6 期；

吴晓林、张慧敏：《治理视野中的城市基层管理改革：问题、悖论与出路》，《行政论坛》2016 年第 4 期；

董海军、郭岩升：《中国社会变迁背景下的环境治理流变》，《学习与探索》2017 年第 7 期；

李斌：《迈向“共建共治共享”的中国社区治理》，《中南大学学报》2018 年第 6 期；

吴晓林：《中国的城市社区更趋向治理了吗——一个结构 - 过程的分析框架》，《华中科技大学学报》2015 年第 6 期。

（五）城乡社区养老方面

国务院总理李克强于 2019 年 8 月 21 日主持召开国务院常务会议，专题部署扩大养老服务供给，促进养老服务消费。本课题组受湖南省民政厅委托，针对湖南省老年服务体系现状展开研究，提出湖南省养老服务体系建设需要在供给与需求两方“双管齐下”，即以“需求拉动供给”构建民生型养老服务保障体系；以“供给推动需求”构建健康有效的老年服务市场体系。国家福利保障生存性养老，不向老人收费，采取国家购买服务的形式；社会资本应对体面型养老，养老机构向老人收取略高于成本的费用，让社会资本能够获得略高于银行存款利率的收益；投资性资本应对老人的高端服务需求，养老机构向老人收取有市场盈利的费用。湖南省计划到 2025 年，以居家为基础、社区为枢纽、机构为专业，县（市、区）层面有养老服务管理监督中心、医养相结合的养老服务体系基本建成。就此议题，主要出台了一些政府急需的研究报告。

通过社区服务型组织来引导社区居民形成守望相助、和谐有序的积极邻里关系，来解决老龄化社会带来的孤独无助、养老无望等困境，同时通过有序的社区参与，形成良性的社区治理结构，以提升公共福利。

基本精神与想法还体现在如下成果中：

李斌、毛鹏飞：《养老资源的结构与积极型养老模式的建构》，《理论学刊》2016 年第 5 期；

李斌、张贵生：《城市社区阶层分割与城市居民邻里社会资本——一个多水平分析》，《中南大学学报》2019 年第 3 期。

参考文献

岸根卓郎：《新型国家的创造——城乡融合社会系统》，王伟军、于晓明译，东北林业大学出版社，1987。

奥斯科尔科娃：《人口的零增长及其对西方国家的影响》，《国外社会科学》1986 年第 9 期。

巴里·卡林沃思、文森特·纳丁：《英国城乡规划》，陈闽齐等译，东南大学出版社，2011。

白永秀、王颂吉：《马克思主义城乡关系理论与中国城乡发展一体化探索》，《当代经济研究》2014 年第 2 期。

保罗·诺克斯、琳达·麦克卡西：《城市化》，顾朝林、汤培源、杨兴柱等译，科学出版社，2009。

边燕杰：《城市居民社会资本的来源及作用：网络观点与调查发现》，《中国社会科学》2004 年第 3 期。

边燕杰、卢汉龙：《改革与社会经济不平等：上海市民地位观》，载边燕杰主编《市场转型与社会分层：美国社会学者分析中国》，生活·读书·新知三联书店，2002。

博特罗：《论城市伟大至尊之因由》，华东师范大学出版社，2006。

蔡禾、曹志刚：《农民工的城市认同及其影响因素——来自珠三角的实证分析》，《中山大学学报》2009 年第 1 期。

蔡禾、贺霞旭：《城市社区异质性与社区凝聚力——以社区邻里关系为研究对象》，《中山大学学报》2014 年第 2 期。

曹子玮：《农民工的再建构社会网与网内资源流向》，《社会学研究》2003 年第 3 期。

柴彦威：《城市空间》，科学出版社，2001。

陈阿江：《中国城市化道路的检讨与战略选择》，《南京师大学报》（社会科学版）1997年第3期。

陈国权：《社会转型与有限政府》，人民出版社，2008。

陈立旭：《都市文化与都市精神：中外城市文化比较》，东南大学出版社，2002。

陈明：《家户主义的行为逻辑及其公共治理》，中国社会科学出版社，2018。

陈明生：《马克思主义经典作家论城乡统筹发展》，《当代经济研究》2005年第3期。

陈明星、叶超、陆大道等：《中国特色新型城镇化理论内涵的认知与建构》，《地理学报》2019年第4期。

陈平：《雕梁画栋：古代居住文化》，江苏古籍出版社，2002。

陈秋红、于法稳：《美丽乡村建设研究与实践进展综述》，《学习与实践》2014年第6期。

陈伟、白彦：《城乡一体化进程中的政府基本公共服务标准化》，《政治学研究》2013年第1期。

陈伟东：《社区自治：自组织网络与制度设置》，中国社会科学出版社，2004。

陈修颖、汤放华：《城乡一体化背景下地方府际关系重构与政府职能转型》，《经济地理》2014年第12期。

陈映芳：《行动力与制度限制：都市运动中的中产阶层》，《社会学研究》2006年第4期。

陈永林、谢炳庚、李晓青等：《2003－2013年长沙市土地利用变化与城市化的关系》，《经济地理》2015年第1期。

陈云松、张翼：《城镇化的不平等效应与社会融合》，《中国社会科学》2015年第6期。

陈忠：《城市现代性的政治逻辑：历史转换与伦理趋向》，《哲学研究》2014年第9期。

程必定：《中国的两类“三农”问题及新农村建设的一种思路》，《中国农村经济》2011年第8期。

崔裴、胡金星、周申龙：《房地产租赁市场与房地产租买选择机制——基于发达国家住房市场的实证分析》，《华东师范大学学报》2014年第1期。

崔裴、李慧丽：《城市化与产业结构升级的两种模式》，《城市问题》2012

年第 6 期。
崔岩:《流动人口心理层面的社会融入和身份认同问题研究》,《社会学研究》2012 年第 5 期。
大卫·哈维:《新帝国主义》,社会科学文献出版社,2009。
大卫·沃克:《消失的城市:穿越时空的世界城市朝圣之旅》,江苏人民出版社,2009。
戴维·奥斯本、特德·盖布勒:《改革政府:企业家精神如何改革公共部门》,周敦仁等译,上海译文出版社,2006。
丹尼尔·贝尔:《后工业社会的来临:对社会预测的一项探索》,商务印书馆,1984。
蒂姆·昂温、周希增:《发展中国家的城乡相互作用:一个理论透视》,《地理译报》1991 年第 3 期。
董四代:《对大邱庄集体致富模式的文化反思》,《社会主义研究》2001 年第 1 期。
杜鹰、白南生:《走出乡村:中国农村劳动力流动实证研究》,经济科学出版社,1997。
樊杰、郭锐:《新型城镇化前置条件与驱动机制的重新认知》,《地理研究》2019 年第 1 期。
范柏乃:《我国城市居民生活质量评价体系的构建与实际测度》,《浙江大学学报》2006 年第 4 期。
范海燕、李洪山:《城乡互动发展模式的探讨》,《中国软科学》2005 年第 3 期。
范和生:《中国应怎样认识拉美——国内相关研究动态与镜鉴意义》,《人民论坛·学术前沿》2014 年第 17 期。
范剑勇、莫家伟、张吉鹏:《居住模式与中国城镇化——基于土地供给视角的经验研究》,《中国社会科学》2015 年第 4 期。
范晓光、陈云松:《中国城乡居民的阶层地位认同偏差》,《社会学研究》2015 年第 4 期。
斐迪南·滕尼斯:《共同体与社会》,林荣远译,商务印书馆,1999。
费孝通:《生育制度》,北京大学出版社,1998。
费孝通:《乡土中国·乡土重建》,群言出版社,2016。

封建民、赵敏宁、李晓华：《近30年来西安市城市用地扩展时空变化研究》，《水土保持研究》2013年第4期。

冯健、吴芳芳、周佩玲：《郊区大型居住区邻里关系与社会空间再生——以北京回龙观为例》，《地理科学进展》2017年第3期。

冯健、周一星：《中国城市内部空间结构研究进展与展望》，《地理科学进展》2003年第22期。

冯兰瑞：《一个新型的农工商共同体——大邱庄模式》，《经济科学》1987年第3期。

冯仕政：《中国社会转型期的阶级认同与社会稳定——基于中国综合调查的实证研究》，《黑龙江社会科学》2011年第3期。

付伟：《城乡融合发展进程中的乡村产业及其社会基础——以浙江省L市偏远乡村来料加工为例》，《中国社会科学》2008年第6期。

高珮义：《中外城市化比较研究》，南开大学出版社，2004。

高志仁、朱波：《城乡统筹发展与建设和谐社会》，中国社会出版社，2009。

戈大专、龙花楼、屠爽爽等：《新型城镇化与扶贫开发研究进展与展望》，《经济地理》2016年第4期。

葛天任：《国外学者对全球城市理论的研究述评》，《国外社会科学》2018年第5期。

辜胜阻、朱农：《中国城镇化的发展研究》，《中国社会科学》1993年第5期。

谷延方、侯建新：《17世纪英国城市化与非农化——危机下的社会转型》，《世界历史》2013年第1期。

顾朝林：《论中国建制镇发展，地域差异及空间演化——兼与“中国反城市化论”者商榷》，《地理科学》1995年第3期。

顾朝林、甄峰、张京祥：《集聚与扩散——城市空间结构新论》，东南大学出版社，2000。

管彦波：《论中国民族聚落的分类》，《思想战线》2001年第2期。

桂勇、黄荣贵：《城市社区：共同体还是“互不相关的邻里”》，《华中师范大学学报》2006年第6期。

郭鸿懋、江曼琦、陆军等：《城市空间经济学》，经济科学出版社，2002。

郭荣朝：《“南街村模式”与农村经济可持续发展》，《农业经济》2006年第1期。

郭文:《“空间的生产”内涵、逻辑体系及对中国新型城镇化实践的思考》,《经济地理》2014 年第 6 期。

郭小东、付升华:《社会保护底线支出、城镇偏好与城乡居民收入差距》,《社会保障研究》2017 年第 2 期。

郭星华、杨杰丽:《城市民工群体的自愿性隔离》,《江苏行政学院学报》2005 年第 1 期。

韩道铉、田杨:《韩国新村运动带动乡村振兴及经验启示》,《南京农业大学学报》2019 年第 4 期。

韩启民:《城镇化背景下的家庭农业与乡土社会——对内蒙赤峰市农业经营形式的案例研究》,《社会》2015 年第 5 期。

韩宇:《美国制造业城市转型的失业问题及联邦政府相关对策》,《求是学刊》2019 年第 3 期。

何为、黄贤金:《半城市化:中国城市化进程中的两类异化现象研究》,《城市规划学刊》2012 年第 2 期。

贺东航:《从内生型城市化到建构型城市化——我国城乡一体化中的“晋江模式”》,《东南学术》2007 年第 2 期。

赫茨勒:《世界人口的危机》,何新译,商务印书馆,1963。

洪小良:《城市农民工的家庭迁移行为及影响因素研究——以北京市为例》,《中国人口科学》2007 年第 6 期。

侯东栋、王晓慧:《流动人口的城市融合:从疏离到结缘——基于差序格局理论的分析》,《西北人口》2018 年第 11 期。

胡焕庸、张善余:《世界人口地理》,华东师范大学出版社,1982。

奂平清:《社会资本视野中的乡村社区发展》,《社会工作人大复印资料》2009 年第 5 期。

黄志华、仇荀:《中国城市化:路径检讨与路径选择》,《理论探讨》2013 年第 6 期。

姬超:《西欧近代城市化的路径差异及其对中国的启示——基于英、法、德三国城市化的比较》,《经济与管理研究》2016 年第 3 期。

姜乾之:《中印城市化比较研究》,《亚太经济》2012 年第 4 期。

焦必方、孙彬彬:《日本的市町村合并及其对现代化农村建设的影响》,《现代日本经济》2008 年第 5 期。

接栋正：《从社会结构变迁看中国人口城镇化政策》，《浙江社会科学》2013年第6期。

孔雪松、谢世姣、朱思阳等：《湖北省人口—土地—产业城镇化的时空分异与动态耦合分析》，《经济地理》2019年第4期。

赖小科、刘晓东：《追思费孝通先生与“温州模式”》，《杭州金融研修学院学报》2018年第10期。

郎友兴、葛俊良：《让基层治理有效地运行起来：基于社区的治理》，《浙江社会科学》2014年第7期。

冷炳荣、易峥、钱紫华：《国外城乡统筹规划经验及启示》，《规划师》2014年第11期。

黎熙元、陈福平：《社区论辩：转型期中国城市社区的形态转变》，《社会学研究》2008年第2期。

李宾：《城乡二元视角的农村环境政策研究》，中国环境科学出版社，2012。

李斌：《分化的住房政策：一项对住房改革的评估性研究》，社会科学文献出版社，2009。

李斌：《分化与效率：中国城市住房改革40年》，《学术前沿》2018年第11期。

李斌：《福利型新农合政策研究》，经济日报出版社，2015。

李斌：《共有的住房习俗》，光明日报出版社，2007。

李斌：《农村居民的城市融入：基于工作状态研究的分析》，《国际社会科学杂志》2013年第4期

李斌：《效率与分化：中国城市住房改革40年回顾》，《人民论坛·学术前沿》2018年第21期。

李斌：《住房利益分化与社会分层机制变迁》，中南大学出版社，2004。

李斌、毛鹏飞：《走向更具包容性发展的新型城镇化理论》，《湖南师范大学社会科学学报》2016年第6期。

李斌、张贵生：《农业转移人口身份认同的分化逻辑》，《社会学研究》2019年第3期。

李斌、张贵生：《住房产权与农业转移人口社区治理参与》，《社会治理》2019年第1期。

李秉文：《甘肃省精准扶贫与新型城镇化联动机制研究》，《生产力研究》

2018 年第 9 期。
李春玲:《当代中国社会的声望分层——职业声望与社会经济地位指数测量》,《社会学研究》2005 年第 2 期。
李春玲:《社会阶层的身份认同》,《江苏社会科学》2004 年第 6 期。
李辉:《韩国工业化过程中人口城市化进程的研究》,《东北亚论坛》2005 年第 2 期。
李金来:《我国城市化应走优先发展中等城市的道路》,《城市问题》1990 年第 2 期。
李克强:《论我国经济的三元结构》,《中国社会科学》1991 年第 3 期。
李玲:《构建城乡一体化的教育体制机制研究》,《教育科学研究》2011 年第 5 期。
李路路、王鹏:《转型中国的社会态度变迁》,《中国社会科学》2018 年第 3 期。
李培林:《流动民工的社会网络和社会地位》,《社会学研究》1996 年第 4 期。
李培林:《透视"城中村"——我研究"村落终结"的方法》,《思想战线》2004 年第 1 期。
李强:《城镇化应鼓励"县域经济"和"小资产者"》,《新农业》2014 年第 19 期。
李强:《当前我国社会分层结构变化的新趋势》,《江苏社会科学》2004 年第 6 期。
李强:《就近城镇化与就地城镇化——以城市群为主体的大中小城市协调发展的重要支撑》,《北京日报》2019 年 2 月 25 日,第 018 版。
李强:《影响中国城乡流动人口的推力与拉力因素分析》,《中国社会科学》2003 年第 1 期。
李强、陈宇琳、刘精明:《中国城镇化"推进模式"研究》,《中国社会科学》2012 年第 7 期。
李强、陈振华、张莹:《就近城镇化与就地城镇化》,《广东社会科学》2015 年第 1 期。
李强、李凌:《农民工的现代性与城市适应——文化适应的视角》,《南开学报》2014 年第 3 期。
李强等:《多元城镇化与中国发展:战略及推进模式研究》,社会科学文献出版社，2013。

李实、罗楚亮：《中国城乡居民收入差距的重新估计》，《北京大学学报》2007 年第 2 期。

李天华：《论中国城市化道路的正确选择》，《江汉论坛》2003 年第 10 期。

李养秀、张立：《韩国新村运动的政府援助及应用策略》，《国际城市规划》2016 年第 6 期。

连倩倩、安乾：《中国城市化的历史进程及特征分析》，《当代经济》2018 年第 15 期。

列宁：《列宁全集》第 19 卷，中共中央马克思恩格斯列宁斯大林著作编译局译，人民出版社，1972。

列宁：《列宁全集》第 3 卷，中共中央马克思恩格斯列宁斯大林著作编译局译，人民出版社，1959。

林孟清：《推动乡村建设运动：治理农村空心化的正确选择》，《中国特色社会主义研究》2010 年第 5 期。

刘宝香：《产城融合视角下我国农业转移人口住房模式研究——基于就业效应作用渠道的分析》，《经济问题探索》2017 年第 7 期。

刘博轩：《三大产业对城镇化各阶段的影响研究》，《中国城市经济》2011 年第 29 期。

刘成军、孙育红：《主导产业对城镇化的促进作用探析》，《理论月刊》2015 年第 3 期。

刘沛林：《古村落：和谐的人聚空间》，上海三联书店，1997。

刘彦随：《中国农村空心化的地理学研究与整治实践》，《地理学报》2009 年第 10 期。

刘义强、胡军：《动员型自主：韩国新村运动的运作过程与核心机制》，《青海社会科学》2015 年第 3 期。

刘玉照：《移民化及其反动：上海农民工与大陆台商反移民化倾向的比较分析》，《探索与争鸣》2005 年第 7 期。

刘志林、钱云：《紧凑城市：OECD 国家实践经验的比较与评估》，中国建筑工业出版社，2013。

芦千文、姜长云：《乡村振兴的他山之石：美国农业农村政策的演变历程和趋势》，《农村经济》2018 年第 9 期。

鲁春阳、高成全、杨庆媛等:《不同职能城市土地利用结构影响因素分析》,《地域研究与开发》2012 年第 1 期。

鲁能、白永秀:《城乡发展一体化模式研究:一个文献综述》,《贵州社会科学》2013 年第 7 期。

陆立军、王祖强:《浙江模式:政治经济学视角的观察与思考》,人民出版社,2007。

陆学艺:《晋江模式与农村现代化》,知识出版社,1995。

陆学艺:《中国农村现代化基本问题》,中共中央党校出版社,2004。

陆学艺、杨桂宏:《破除城乡二元结构体制是解决“三农”问题的根本途径》,《中国农业大学学报》2013 年第 3 期。

路锦非:《中国城市移民二代的社会融入测量研究——理论反思与实证检验》,《公共管理学报》2018 年第 2 期。

吕萍:《以促进两个转化为目标推进住房制度改革》,《中国房地产》2015 年第 34 期。

罗士泂、赵旭东:《文化的抵抗:美丽乡村建设的遭遇及反思》,《河北学刊》2019 年第 1 期。

罗中枢、王卓:《公民社会与农村社区治理》,社会科学文献出版社,2010。

马丹丹:《中产阶层社区的涌现——从中国住房改革的角度梳理》,《社会科学论坛》2015 年第 6 期。

马克思、恩格斯:《马克思恩格斯全集》,中共中央马克思恩格斯列宁斯大林著作编译局译,人民出版社,1971。

马克思、恩格斯:《马克思恩格斯全集》第 3 卷,中共中央马克思恩格斯列宁斯大林著作编译局译,人民出版社,1960。

马乐庆:《哪些国家的出生率正在下降》,《现代外国哲学社会科学文摘》1981 年第 2 期。

马亮:《人口流出让农村治理“空心化”?》,《社会政策研究》2017 年第 1 期。

马林诺夫斯基:《文化论》,费孝通译,华夏出版社,2002。

马威、罗婷:《行动中的文化:乡-城移民子女文化适应的社会工作介入》,《青年研究》2014 年第 3 期。

毛小平:《住房产权、社会和谐与居民幸福感研究》,《统计与决策》2013

年第3期。

毛泽东:《毛泽东选集》,人民出版社,1944。

闵学勤:《精准治理视角下的特色小镇及其创建路径》,《同济大学学报》2016年第5期。

聂雷、郭忠兴:《不同类型城市的建设用地利用结构特征分析》,《经济问题探索》2019年第4期。

潘泽泉:《社会资本影响个人健康水平吗?——基于CGSS 2008的中国经验证据》,《浙江社会科学》2019年第1期。

潘泽泉、刘丽娟:《空间生产与重构:城市现代性与中国城市转型发展》,《学术研究》2019年第2期。

平力群:《日本农业政策的转向:从社会政策到产业政策》,《现代日本经济》2018年第2期。

普里高津:《确定性的终结》,上海科技教育出版社,1998。

齐秀琳、伍骏骞:《身份异质性、差序格局与社会信任》,《中南财经政法大学学报》2017年第2期。

任冲、宋立军:《印度城市化进程中存在的问题及原因探析》,《东南亚纵横》2013年第8期。

沈关宝:《〈小城镇大问题〉与当前的城镇化发展》,《社会学研究》2014年第1期。

石崧:《城市空间结构演变的动力机制分析》,《城市规划汇刊》2004年第1期。

石玉顶:《马克思恩格斯关于城乡统筹发展的思想及其启示》,《经济学家》2005年第6期。

丝奇雅·沙森:《全球城市:纽约、伦敦、东京》,周振华等译,上海社会科学院出版社,2005。

宋洪远:《调整城乡关系:国际经验及其启示》,《经济社会体制比较》2004年第3期。

宋立:《着力推进三次产业内部结构调整优化》,《宏观经济管理》2014年第11期。

宋林飞:《"苏南模式"的重大理论与实践问题》,《江南论坛》2001年第6期。

孙成军：《马克思主义城乡关系理论与我们党城乡统筹发展的战略选择》，《马克思主义研究》2006 年第 4 期。

孙红、张乐柱：《美英日三国城镇化路径比较分析》，《亚太经济》2016 年第 3 期。

孙伶俐：《城市居民生活质量研究的几个问题》，《党史文苑》2013 年第 8 期。

塔娜、柴彦威、刘志林：《过滤理论的起源、概念及研究进展》，《人文地理》2011 年第 1 期。

谭琳：《建设社会主义新农村与性别平等》，中国妇女出版社，2007。

滕建华、刘美平：《近代中国城乡经济结构失衡的历史原因》，《北方论丛》2003 年第 1 期。

田明、何流：《中国城市化的发展趋势及未来模式》，《现代城市研究》2000 年第 6 期。

万向东、刘林平：《世界体系论对发展中国家过度城市化的解释》，《求索》2001 年第 6 期。

万秀丽：《精准扶贫视野下“空心化”农村治理探析》，《甘肃社会科学》2017 年第 2 期。

汪玉凯：《中国行政体制改革 30 年回顾与展望》，人民出版社，2008。

王昺、梁晓：《温哥华华人新移民的社会融合》，《世界民族》2003 年第 4 期。

王春光：《流动中的社会网络：温州人在巴黎和北京的行动方式》，《社会学研究》2000 年第 3 期。

王春光：《新生代农村流动人口的社会认同与城乡融合的关系》，《社会学研究》2001 年第 3 期。

王春光、孙晖：《中国城市化之路》，云南人民出版社，1997。

王春光、赵玉峰、王玉琪：《当代中国农民社会分层的新动向》，《社会学研究》2018 年第 1 期。

王桂新、武俊奎：《城市农民工与本地居民社会距离影响因素分析——以上海为例》，《社会学研究》1996 年第 4 期。

王建民：《社会转型中的象征二元结构以农民工群体为中心的微观权力分析》，《社会》2008 年第 2 期。

王开泳、肖玲：《城市空间结构演变的动力机制分析》，《华南师范大学学报》2005 年第 1 期。

王开泳、肖玲、王淑婧：《城市社会空间结构研究的回顾与展望》，《热带地理》2005 年第 1 期。

王良健、陈坤秋、李宁慧：《新农村建设中值得注意的国外经验与教训》，《人口学刊》2017 年第 5 期。

王铭：《科学技术与城市化进程》，《社会科学辑刊》2007 年第 6 期。

王任、冯开文：《改革以来农民住房的改善及其原因探讨——基于返乡调查数据的实证分析》，《中国农业大学学报》2017 年第 3 期。

王燊成、杨子强：《社会生态系统理论视角下城镇低收入青年劳动力就业现状、影响因素及对策研究》，《中国青年研究》2018 年第 8 期。

王伟波、向明、范红忠：《德国的城市化模式》，《城市问题》2012 年第 6 期。

王文龙：《试论韩国、智利与不丹经济发展模式之成功及不可模仿性——兼论破赶超思维立追随战略》，《现代财经》2011 年第 11 期。

王文龙、万颖：《乡村的终结与新生：政府作用探讨》，《经济体制改革》2013 年第 1 期。

王喜平：《城乡人际关系差异成因的系统考察》，《系统科学学报》2001 年第 3 期。

王彦君、刘科伟：《近现代以来西安市社会空间结构演变研究》，《城市发展研究》2018 年第 2 期。

王业强、魏后凯：《大城市效率锁定与中国城镇化路径选择》，《中国人口科学》2018 年第 2 期。

王毅杰、童星：《流动农民社会支持网探析》，《社会学研究》2004 年第 2 期。

王勇辉、管一凡：《英国城乡统筹政策对我国城乡一体化战略的启示》，《城市观察》2014 年第 5 期。

王振霞：《中国住房制度改革 40 年：回顾与反思》，《财经智库》2018 年第 2 期。

韦曙林、许经勇：《透过“民工荒”现象看其问题的本质》，《学术研究》2005 年第 1 期。

韦伟、赵光瑞:《日本都市圈模式研究综述》,《现代日本经济》2005 年第 2 期。

魏饴:《城头山遗址对我国新型城镇化的启示》,《城市发展研究》2010 年第 2 期。

文彬:《论农村空心化治理的多重逻辑》,《西南民族大学学报》2018 年第 7 期。

乌尔拉尼斯:《世界各国人口手册》,魏津生等译,四川人民出版社,1982。

吴碧波、黄少安:《中国农村就地城镇化模式选择研究》,《制度经济学研究》2016 年第 1 期。

吴兵:《南街村模式的经济伦理意义》,《南京大学学报》2003 年第 3 期。

吴丰华、韩文龙:《改革开放四十年的城乡关系:历史脉络、阶段特征和未来展望》,《学术月刊》2018 年第 4 期。

吴海盛:《农村老年人农业劳动参与的影响因素——基于江苏的实证研究》,《农业经济问题》2008 年第 5 期。

吴克明、卢同庆、曾新:《高等教育社会流动功能弱化现象研究》,《教育发展研究》2013 年第 9 期。

吴穹、仲伟周、张跃胜:《产业结构调整与中国新型城镇化》,《城市发展研究》2018 年第 1 期。

吴秋明、黄灿煌:《新型城镇化背景下的基本公共服务水平提升研究——以福建省泉州市为例》,《发展研究》2017 年第 11 期。

吴晓、王慧等:《我国大城市流动人口就业空间解析:面向农民工的实证研究》,四川人民出版社,2015。

吴业苗:《城乡二元结构的存续与转换——基于城乡一体化公共性向度》,《浙江社会科学》2018 年第 4 期。

吴莹:《空间变革下的治理策略——“村改居”社区基层治理转型研究》,《社会学研究》2017 年第 6 期。

吴莹、叶健民:《“村里人”还是“城里人”——上楼农民的社会认同与基层治理》,《江海学刊》2017 年第 3 期。

武廷海、张能、徐斌:《空间共享:新马克思主义与中国城镇化》,商务印书馆,2014。

西奥多·W. 舒尔茨:《改造传统农业》,梁小民译,商务印书馆,1987。

西蒙·库兹涅茨：《人口、收入与资本》，《国际社会科学杂志》1999 年第 3 期。

夏柱智、贺雪峰：《半工半耕与中国渐进城镇化模式》，《中国社会科学》2017 年第 12 期。

向春玲：《中国城市化发展与反思》，云南教育出版社，2013。

向春玲：《中国特色城镇化重大理论与现实问题研究》，中共中央党校出版社，2015。

肖东平、李娅：《新农村金融：美国的经验做法及中国的路径选择——基于建设社会主义新农村视角》，《城市发展研究》2006 年第 3 期。

肖林：《业主社区的兴起及其自主治理》，《中国治理评论》2013 年第 2 期。

肖林、周国平：《卓越的全球城市——不确定未来中的战略与治理》，格致出版社，2017。

谢富胜：《资本主义的劳动过程：从福特主义向后福特主义转变》，《中国人民大学学报》2007 年第 2 期。

谢文惠、邓卫：《城市经济学》，清华大学出版社，1996。

谢文瑄、黄庆旭、何春阳：《山东半岛城市扩展模式与生态足迹的关系》，《生态学报》2017 年第 3 期。

谢新华、李思明、马润生：《在乡青年及其观念中的社会互动——以湖南 M 镇为例》，《青年研究》2008 年第 5 期。

新望、刘奇洪：《苏南、温州、珠江模式之反思》，《中国国情国力》2001 年第 7 期。

新玉言：《国外城镇化：比较研究与经验启示》，国家行政学院出版社，2014。

邢祖礼、陈杨林、邓朝春：《新中国 70 年城乡关系演变及其启示》，《改革》2019 年第 6 期。

熊建生、程仕波：《试论习近平关于人民获得感的思想》，《马克思主义研究》2018 年第 8 期。

徐琪：《“混合型”主观阶层认同：关于中国民众阶层认同的新解释》，《社会学研究》2018 年第 6 期。

徐维、陈东平：《珠江模式及其发展前景》，中央编译出版社，2011。

徐学庆：《我国城乡关系的失衡及其调整》，《中州学刊》2014 年第 4 期。

徐永祥：《社区发展论》，华东理工大学出版社，2000。

许经勇:《中国农村经济改革研究》，中国金融出版社，2001。

许学强、朱剑如:《现代城市地理学》，中国建筑工业出版社，1988。

宣朝庆:《政府如何主导新农村建设——基于韩国新村运动的分析》，《社会科学战线》2011年第10期。

薛力:《城市化背景下的“空心村”现象及其对策探讨———以江苏省为例》，《城市规划》2001年第6期。

亚当·斯密:《国民财富的性质和原因的研究》，商务印书馆，1972。

严强:《公共政策学》，社会科学文献出版社，2008。

岩根卓郎:《迈向21世纪的国土规划》，科学出版社，1990。

燕继荣:《服务型政府建设：政府再造七项战略》，中国人民大学出版社，2009。

杨传张:《城市老旧厂房拓展为文化空间的政策障碍及建议》，《社会学研究》1996年第4期。

杨风、陶斯文:《中国城镇化发展的历程、特点与趋势》，《兰州学刊》2010年第6期。

杨欢:《英格兰城乡空间划分体系演进及其借鉴意义》，《国际城市规划》2017年第5期。

杨菊华:《从隔离、选择融入到融合：流动人口社会融入问题的理论思考》，《人口研究》2009年第33期。

杨菊华:《流动人口在流入地社会融入的指标体系——基于社会融入理论的进一步研究》，《人口与经济》2010年第2期。

杨敏:《作为国家治理单元的社区——对城市社区建设运动过程中居民参与和社区认知的个案研究》，《社会学研究》2007年第4期。

杨升祥:《当代中国城市化的历程与特征》，《史学月刊》2000年第6期。

杨团:《推进社区公共服务的经验研究——导入新制度因素的两种方式》，《管理世界》2001年第4期。

杨卫泽、洪银兴:《创新苏南模式研究：无锡的实践与探索》，经济科学出版社，2007。

姚尚建:《城乡一体中的治理合流——基于“特色小镇”的政策议题》，《社会科学研究》2017年第1期。

叶昌东、周春山:《中国特大城市空间形态演变研究》，《地理与地理信息科学》2013 年第 3 期。

叶超、陈明星：《国外城乡关系理论演变及其启示》，《中国人口·资源与环境》2018 年第 1 期。

叶南客：《当代城市居民生活质量的现状和评估》，《社会》1991 年第 7 期。

易宪容：《中国住房居住功能的理论论证——基于现代房地产理论的一般性分析》，《社会科学战线》2017 年第 11 期。

殷志静、郁奇虹：《中国户籍制度改革》，中国政法大学出版社，1996。

尹继佐：《2003 年上海社会发展蓝皮书：提高城市的生活质量》，上海社会科学院出版社，2002。

于立：《城乡和谐发展与发展政策及实践中的“城市倾向”问题》，《城市规划学刊》2010 年第 5 期。

俞金尧：《20 世纪发展中国家城市化历史反思——以拉丁美洲和印度为主要对象的分析》，《世界历史》2011 年第 3 期。

俞可平：《治理与善治》，社会科学文献出版社，2000。

袁霓：《中国就业结构现状及其调整》，《改革与战略》2011 年第 12 期。

曾峻：《公共管理新论——体系、价值与工具》，人民出版社，2006。

战洋、童小溪：《“城中村”与中国城市化的特殊道路》，《清华大学学报》（哲学社会科学版）2017 年第 6 期。

张贵生、李斌：《农转非对农业转移人口城里人身份认同度的影响——基于中国综合社会调查数据的分析》，《城市问题》2019 年第 7 期。

张海波、童星：《被动城市化群体城市适应性与现代性获得中的自我认同——基于南京市 561 位失地农民的实证研究》，《社会学研究》2006 年第 2 期。

张红宇：《城乡一体化视阈下政府职能转变的动力和阻力研究》，《知识经济》2014 年第 15 期。

张鸿雁：《中国新型城镇化理论与实践创新》，《社会学研究》2013 年第 3 期。

张吉：《城镇化与我国农村人力资源开发——关于农村教育的几点思考》，《中国农业大学学报》（社会科学版）2004 年第 2 期。

张沛、张中华、孙海军：《城乡一体化研究的国际进展及典型国家发展经验》，《国际城市规划》2014 年第 1 期。

张强、叶齐茂：《新农村建设中值得注意的国外经验与教训》，《世界农业》2006 年第 7 期。

张仁寿、李红：《温州模式研究》，中国社会科学出版社，1990。

张淑华、李海莹、刘芳：《身份认同研究综述》，《心理研究》2012 年第 1 期。

张天勇、王蜜：《城市化与空间正义——我国城市化的问题批判与未来走向》，北京人民出版社，2015。

张庭伟：《1990 年代中国城市空间结构的变化及其动力机制》，《城市规划》2001 年第 7 期。

张卫枚：《农民工融入城市过程中的文化适应》，《城市问题》2012 年第 8 期。

张文奎、刘继生、王力：《论中国城市的职能分类》，《人文地理》1990 年第 3 期。

张翼：《新中国成立 70 年来中国人口变迁及未来政策改革》，《中国特色社会主义研究》2019 年第 4 期。

张正河：《准城市化下“空心村”解决思路》，《中国土地》2009 年第 8 期。

张志胜：《土地流转视阈下的“空心村”治理》，《长白学刊》2009 年第 2 期。

章征涛、宋彦、丁国胜等：《从新城市主义到形态控制准则——美国城市地块形态控制理念与工具发展及启示》，《国际城市规划》2014 年第 1 期。

赵双：《地扶贫搬迁在推进城镇化进程中面临的主要问题及对策探析——以 X 乡为例》，《小城镇建设》2018 年第 12 期。

赵伟：《工业化与城市化：沿海三大区域模式及其演化机理分析》，《社会科学战线》2009 年第 11 期。

赵煦：《英国城市化的核心动力：工业革命与工业化》，《兰州学刊》2008 年第 2 期。

郑殿元、文琦、王银等：《农村人口空心化驱动机制研究》，《生态经济》2019 年第 1 期。

郑震：《空间：一个社会学的概念》，《社会学研究》2010 年第 5 期。

中华人民共和国国家统计局:《中国统计年鉴（2012)》,中国统计出版社,2013。

钟敬文:《民俗学概论》,上海文艺出版社,1998。

钟水映:《人口流动与社会经济发展》,武汉大学出版社,2000。

周大鸣:《外来工与“二元社区”——珠江三角洲的考察》,《中山大学学报》2000年第2期。

周浩、吴书舍:《论中国城市化道路的选择》,《湖南社会科学》2017年第3期。

周维宏:《社会政策视域下的日本农村振兴路径》,《日本学刊》2018年第5期。

周晓虹:《流动与城市体验对中国农民现代性的影响——北京“浙江村”与温州一个农村社区的考察》,《社会学研究》1998年第5期。

周泽宾:《新型农村社区应走集聚式发展道路》,《中州建设》2011年第20期。

周祝平:《中国农村人口空心化及其挑战》,《人口研究》2008年第2期。

周作翰、张英洪:《解决三农问题的根本:破除二元社会结构》,《当代世界与社会主义》2004年第3期。

朱考金、刘瑞清:《青年农民工的社会支持网与城市融入研究——以南京市为例》,《青年研究》2007年第8期。

朱力:《论农民工阶层的城市适应》,《江海学刊》2002年第6期。

朱文策:《中国商品房编年史第一批商品房业主从深圳走出》,《南方都市报》2005年7月18日。

祝华军、白人朴:《我国乡村城市化进程中的“小城镇病”》,《中国人口·资源与环境》2000年第1期。

邹一南:《中国城镇化水平的再认识与城镇化转型——基于新增城镇人口的来源结构角度》,《东岳论丛》2016年第11期。

Amini, A., Kung, K., Kang, C. et al., “The Impact of Social Segregation on Human Mobility in Developing and Industrialized Regions,” *Epj Data Science* 3 (2014).

Ashforth, B. E., Fugate, “Role Transitions and the Life Span,” In B. E. Ashforth (ed.), *Role Transitions in Organizational Life: An Identity-based Perspective* (*Mahwah*, *N. J.*: Lawrence Erlbaum, 2001).

Bohner, Gerd, Dickel, Nina, "Attitudes and Attitude Change," *Annual Review of Psychology* 62 (2011).

Bourne, L. S. (eds.), "Internal Structure of the City," (New York: Oxford University Press, 1971).

Caren, Neal, *Political Process Theory* (The Blackwell Encyclopedia of Sociology, 2007).

Castel, Robert, "The Roads to Disaffiliation: Insecure Work and Vulnerable Relationships," *International Journal of Urban & Regional Research* 24 (2010).

Chen, Aimin, "China's Urban Housing Market Development: Problems and Prospects," *Journal of Contemporary China* 7 (1998).

Davis, Jenny, L., Tony, P., "The Effect of Status on Identity Stability," *Sociological Perspectives* 60 (2016).

Douglass, M., Friedmann, J. (eds.), *Cities for Citizens: Planning and the Rise of Civil Society in a Global Age* (London: John Wiley, 1998).

Farias, C., Farias, G., "Cycles of Poverty and Consumption: The Sustainability Dilemma," *Competitiveness Review* 20 (2010).

Foley, L. D., "An Approach to Metropolitan Spatial Structure," In Webber, M. M. et al., *Exploration into Urban Structure* (Philadelphia: University of Pennsylvania Press, 1964).

Friedman, J., *Regional Development Policy* (Cambridge: MIT Press, 1966).

Gallent, N., *Planning and Development in the Countryside* (Britain: New Labour's Countryside Rural Policy in Britain since 1997, 2008).

Gardner, A., Grafen, A., "Capturing the Superorganism: A Formal Theory of Group Adaptation," *Journal of Evolutionary Biology* 22 (2010).

Goix, R. L., "Gated Communities: Sprawl and Social Segregation in Southern California," *Housing Studies* 20 (2005).

Granovetter, Mark, "The Strength of Weak Ties," *American Journal of Sociology* 78 (1973).

Haller, W., Portes, A., Lynch, S. M., "Dreams Fulfilled, Dreams Shattered: Determinants of Segmented Assimilation in the Second Generation," *Social Forces* 89 (2011).

Halpern, D., *Social Capital* (Cambridge: Polity Press, 2005).

Hanson, D. A., "Reinventing the Melting Pot: The New Immigrants and What It Means to be American (Jacoby, ed.)," *Journal of American Folklore* 124 (2011).

Harris, J. R., Todaro, M. P., "Migration, Unemployment & Development: A Two-Sector Analysis ," *American Economic Review* 60 (1970).

Heberle, R., "The Causes of Rural-Urban Migration a Survey of German Theories," *The American Journal of Sociology* 43 (1938).

Hindess, B., " Citizenship in the International Management of Populations," *American Behavioral Scientist* 43 (2000).

Hirschman, R. B. C., "Convergence and Polarization: The Story of Hispanics in the United States," *Contemporary Sociology* 18 (1989).

Howard, E., *Tomorrow: A Peaceful Path to Real Reform* (London: Swan Sonnenschein, 1898).

Howlett, M., Ramesh, M., "Studying Public Policy: Policy Cycles and Policy Subsystems," *American Political Science Association* 91 (2009).

Huber, B., "The Concept of Social Integration: A Policy-Research Agenda," *International Social Science Journal* 55 (2010).

Johansen, A., Sornette, D., "Finite-time Singularity in the Dynamics of the World Population, Economic and Financial Indices," *Physical Statistical Mechanics & Its Applications* 294 (2001).

Jorgensen, D. W., "Response of a System of Point Transducers to Turbulent Boundary-ayer Pressure Field," *The Journal of the Acoustical Society of America* 43 (1968).

Kojima, R., "Introduction: Population Migration and Urbanization in Developing Countries," *The Developing Economies* 34 (1997).

Kooiman, Vliet, *Modern Governance: Management. Society interractious* (London: Sage Publisher Co., 1995).

Kraus, M. W., Piff, P. K., Mendoza-Denton, R. et al., "Social Class, Solipsism, and Contextualism: How the Rich are Different from the Poor," *Psychological Review* 119 (2012).

Kuznets, S., "Economic Growth and Income Inequality," *American Economic Review* 45 (1955).

Lefebvre, Henri, *The Survival of Capitalism: Reproduction of the Relations of Production*, trans. by Fran Bryant (London: Allison & Busby, 1976).

Lewis, Arthur, W., *The Theory of Economic Growth* (George Allen & Unwin, 1955).

Lewis, W., "Economic Development with Unlimited Supplies of Labour," *Manchester School of Economic & Social Studies* (1954).

Lewis, Mumford, *The City in History: Its Origins, Its Transformations, and Its Prospects* (New York: Harcourt, Brace and World, Inc., 1961).

Lipton, M., "The New Economics of Growth: A Review," *World Development* 5 (1977).

McCarthy, John, D., Zald, Mayer, N., "Resource Mobilization and Social Movements: A Partial Theory," *American Journal of Sociology* 82 (1977).

Mcgee, T. G., *Desakota* (John Wiley & Sons, Ltd.: The International Encyclopedia of Geography, 2017).

Mel Fugate, Angelo, J., Kinicki et al., "Employability: A Psycho-Social Construct, Its Dimensions, and Applications," *Journal of Vocational Behavior* 65 (2004).

Mele, A., "A Structural Model of Segregation in Social Networks," *Social Science Electronic Publishing* 27 (2010).

Michael, Lipton, "Editorial: Poverty—Are There Holes in the Consensus," *World Development* 25 (1997).

Michael, Lipton, "Farm Water and Rural Poverty Eeduction in Developing Asia," *Irrigation and Drainage* 56 (2007).

Michael, Lipton, *Why Poor People Stay Poor: Urban Bias in World Development* (Cambridge: Harvard University Press, 1977).

Michael, P. Todaro, "A Model of Labor Migration and Urban Unemployment in

Less Developed Countries," *American Economic Review* 59 (1969).

Myrdal, G., *Beyond the Welfare State: Economic Planning in the Welfare States and Its International Implications* (London: Methuen, 1958).

Myrdal, G., *Economic Theory and Underdeveloped Regions* (London: General Duckworth & Co., 1957).

Myrdal, K. G., *Economic Theory and Under-Developed Regions* (London: Gerald Duckworth, 1957).

Naess, R. D., "Managing Investments in a Changing Economy," *Analysts Journal* 9 (1953).

Nurkse, Ragnar, *Problems of Capital Formation in Underdeveloped Countries* (New York: Oxford University Press, 1953).

Perrous, F., Benjamin Higgins, Donald J. Savoie, *The Pole of Development's New Places in a General Theory of Economic Activity* (Unwin Hyman Ltd. Press, 1988).

Perroux, F., *Peregrinations of an Economist and the Choice of His Route* (Recollections of Eminent Economists, 1989).

Petersen, Dawn, C., "Can Jobs Help the Underclass Break the Cycle of Poverty?," *Journal of Economic Issues* 26 (1992).

Pryor, R. J., "Defining the Rural-Urban Fringe," *Social Forces* 47 (1968).

Pryor, R. J., "Defining the Rural-Urban Fringe," *Social Forces* (Publishing Corporation, 1943).

Putnam, R., "Bowling Alone: America's Declining Social Capital in America," *Journal of Democracy* 6 (1995).

Qureshi, S., Breuste, J. H., Lindley, S. J., "Green Space Functionality along an Urban Gradient in Karachi, Pakistan: A Socio-Ecological Study," *Human Ecology* 38 (2010).

Ramanathan, R., "Jorgenson's Model of a Dual Economy-An Extension," *The Economic Journal* 77 (1967).

Ranis, G., Fei, J. C., "A Theory of Economic Development," *American Economic Review* 51 (1961).

Ranis, G., John, C. H. F., "A Theory of Economic Development," *The Ameri-*

can Economic Review 51 (1961).

Ravenstein, E. G., "The Laws of Migration," *Journal of the Statistical Society of London* 48 (1885).

Ray, M. Northam, *Urban Geography* (New York: John Wiley & Sons, 1975).

Robin, J. Pryor, "Defining the Rural-Urban Fringe ," *social forces* 47 (1968).

Rondinelli, D. A., Johnson, J. H., Kasarda, J. D., "The Changing Forces of Urban Economic Development: Globalization and City Competitiveness in the 21st Century," *Cityscape* 3 (1998).

Saarinen, Eliel, *The City. Its Growth-Its Decay-Its Future* (New York: Reinhold Publishing Corporation, 1943).

Salsecci, G., "Dualistic Economic Structure and Money Non-Neutrality," *Economics Letters* 28 (1988).

Sassen, Saskia, "at the Systemic Edge: Expulsions," *European Review* 24 (2016).

Sassen, Saskia, "Embedded Borderings: Making New Geographies of Centrality," *Erritory, Politics, Governance* 6 (2018).

Schultz, John, C., Adamson et al., "Pathology of Labour and Puerperium: Fatal Liver Disease after Intravenous Administration of Tetracycline in High Dosage ," *Obstetrical & Gynecological Survey* 19 (1964).

Schultz, Theodore, W., "Changing Relevance of Agricultural Economics," *Journal of Farm Economics* 46 (1964).

Scott, A. J., Carter, C., Reed, M. R. et al., "Disintegrated Development at the Rural-urban Fringe: Re-connecting Spatial Planning Theory and Practice," *Progress in Planning* 83 (2013).

Shi, Yuanyuan, Jianning Dang, Wenwen Zheng, Li Liu, "Dual Identity and Prejudice: The Moderating Role of Group Boundary Permeability," *Frontiers in Psychology* 195 (2017).

Snow, D. A., Rochford, E. B., Worden, S . K. et al., "Frame Alignment Processes, Micromobilization, and Movement Participation," *American Sociological Review* 51 (1986).

Solinger, D. J., "Citizenship Issues in China's Internal Migration: Comparisons with Germany and Japan," *Political Science Quarterly* 114 (2013).

Stryker, Sheldon, Peter, J. , Burke, "The Past, Present, and Future of an Identity theory," *Social Psychology Quarterly* 63 (2000).

Tversky, A. , Kahneman, D. , "Advances in Prospect Theory: Cumulative Representation of Uncertainty," *Journal of Risk & Uncertainty* 5 (1992).

Whitehand, J. W. R. , Morton, N. J. , "Urban Morphology and Planning: The Case of Fringe Belts," *Cities* 21 (2004).

Willis, P. , *Learning to Labor: How Working Class Kids Get Working Class Jobs* (New York: Columbia University Press, 1977).

Wilson, William Julius, "The Political and Economic Forces Shaping Concentrated Poverty," *Political Science Quarterly* 123 (2013).

Wilson, William Julius, "When Work Disappears: New Implications for Race and Urban Poverty in the Global Economy," *Ethnic & Racial Studies* 22 (1999).

Wright, Frank Lloyd, *The Disappearing City* (New York: Walter Fraquhar Payson, 1932).

Yitzhaki, Shlomo, "Relative Deprivation and the Gini Coefficient," *Quarterly Journal of Economics* 93 (1979).

后　记

习近平总书记在2019年国庆节庆典仪式上指出，“70年来，全国各族人民同心同德、艰苦奋斗，取得了令世界刮目相看的伟大成就”。进入21世纪以来，中国城乡关系发生巨大变动，其中重要的变动表现在城乡人口结构性的转换上，中国城市人口数量超过了农村人口；表现在中华大地的互联互通上；表现在农村基础设施的巨大更新上；表现在农村生活设施的巨大改进上；表现在农村贫困人口的脱贫成为伟大的政治任务加以解决上；表现在城市更新、城市引领上，如深圳市被确定为社会主义先行示范区。因此，新型城镇化背景下的城乡关系变动旨在提升农村居民生产生活质量，以城市尤其是先进示范城市为引领，形成带动型、整合型、发展型、和谐有序型的城乡关系。

本课题组认为“中国梦”概括了70多年来中华民族发展所取得的伟大成就以及中华儿女所做出的各种贡献，因此，“中国梦”需要更多时间去观察与思考。新型城镇化与城乡关系变动这一宏大议题也需要更多后继研究。

在本书中，笔者指导的研究生分别为具体章节资料的收集与文字的撰写做出了贡献，具体分工为：张贵生，第二章“国际经验和理论话语中的城市化与城乡关系”；黄改，第四章“脱贫攻坚与村镇空间发展”、第五章“农村社区居民发展”；曾东霞，第七章“新型城镇化背景下的城市空间”；艾冬丽，第八章“社区治理：城乡关系的公共话语”；张贵生、邓韵雪、汤秋芬，第九章“业主、邻里与物业：城市社区日常话题”；谢寒，第十章“发现、讨论与建议”。需要特别指出的是，湖南女子学院刘海云在作者指导下完成了第六章“城乡关系发展之实践话题：城市融入”的写作任务，是该章的执笔人。按照出版社要求整理文献的工作由夏冰倩协助完成。

本书的出版要感谢社会科学文献出版社的编辑谢蕊芬与庄士龙热心的工作与友情催促，另外还要特别感谢中南大学一流学科建设基金项目的支持。

图书在版编目(CIP)数据

新型城镇化背景下的城乡关系 / 李斌著. -- 北京：社会科学文献出版社，2020.10

ISBN 978-7-5201-7492-3

Ⅰ. ①新… Ⅱ. ①李… Ⅲ. ①城市化-关系-城乡关系-研究-中国 Ⅳ. ①C912.8

中国版本图书馆 CIP 数据核字(2020)第 204078 号

新型城镇化背景下的城乡关系

著　　者 / 李　斌

出 版 人 / 谢寿光
组稿编辑 / 谢蕊芬
责任编辑 / 任晓霞
文稿编辑 / 庄士龙

出　　版 / 社会科学文献出版社 · 群学出版分社(010)59366453
地址：北京市北三环中路甲 29 号院华龙大厦　邮编：100029
网址：www.ssap.com.cn

发　　行 / 市场营销中心（010）59367081　59367083

印　　装 / 三河市龙林印务有限公司

规　　格 / 开 本：787mm × 1092mm　1/16
印 张：18.5　字 数：302 千字

版　　次 / 2020 年 10 月第 1 版　2020 年 10 月第 1 次印刷

书　　号 / ISBN 978-7-5201-7492-3

定　　价 / 118.00 元

本书如有印装质量问题，请与读者服务中心（010-59367028）联系